文化観光立国時代の
◆
やさしい博物館概論

幸泉満夫

芙蓉書房出版

まえがき

　大学で開講される「博物館概論」にかんしては、これまでにも全国各社から数多くのテキストが出版されて参りました。けれども、相次ぐ法改正によって今日、大学の学芸員資格用として使用できる教科書は少なくなりつつあります。加えて、文化芸術の振興、あるいは、観光促進を前提とした施策も近年、つぎつぎと推進されているのが現状です。少し以前の、例えば平成の頃のような学校支援、あるいは生涯学習的活動に主眼をおいていた時代からは、はやくも運営指針に著しい、変化の兆しがみえはじめているのです。

　著者は、「博物館概論」の講義を15年以上続けて参りました。そしてその経験から、従来のテキストでは新時代にそぐわなくなりつつある現状を憂慮してきた次第です。いま、地方の博物館運営で最も重視されるべきは「人口減少問題」への対応であり、行政や市民との協働のもと、魅力的な地域の未来を築いていくことだと捉えています。当該科目にかんしても、この問題に対して積極的に取り組んでいくべき時代といえるでしょう。

　ともあれいま、「学芸員」という専門職の存在に何となく気付きはじめた読者の皆さんは、間違いなく、幸運といえるでしょう。資格取得に至る一連の養成課程を通して修得できるであろう、膨大な知識や技能の数々は、風土や歴史、芸術、自然などの「文化（財）資源」に対する理解を深め、地域の個性やニーズを知る手がかりを与えてくれることでしょう。そしてやがては、その地域の文化的活動を支える多種多様なスペシャリストとして、未来への発展に寄与できるものと、将来が大いに期待できるからです。大事なのは、そうした未来に対する展望をはやくから自覚し、何らかのかたちで自身オリジナルの、クリエイティブな将来を描き出せるかどうかなのです。

　本書は、世界じゅうどこからでも、そう、たとえリモート授業であっても、以上に必要な基礎知識や関連法規について効率的に学べるよう、配慮して編集されています。まずは本書をじっくりと読み進めることで、新たな展望が生まれはじめることを期待しています。

2025（令和七）年1月7日

　　　　　　　　　　　　　　　　　　　　　　　　　　　　　　幸泉満夫

目　次

まえがき

第Ⅰ部　博物館概論 …………………………………………………………………5
第Ⅰ章　まずは博物館を知ろう ……………………………………………………6
　第Ⅰ-1節　博物館という施設とその多様性………………………………………6
　　第Ⅰ-1-1項　博物館とは何ですか ………………………………………………6
　　第Ⅰ-1-2項　さまざまな博物館 …………………………………………………6
　第Ⅰ-2節　学芸員とは何ですか……………………………………………………9
　　第Ⅰ-2-1項　学芸員という専門職 ………………………………………………9
　　第Ⅰ-2-2項　多様な学芸員業務 …………………………………………………10
　第Ⅰ-3節　博物館学とその学問体系………………………………………………11
　　第Ⅰ-3-1項　博物館学とは ………………………………………………………11
　　第Ⅰ-3-2項　博物館学の起源と発展の歴史（抄）……………………………11
　　■リモート課題① ……………………………………………………………………14
　　■リモート課題② ……………………………………………………………………15

第Ⅱ章　学芸員をめぐる主な業務 …………………………………………………16
　第Ⅱ-1節　博物館資料が生まれるまで……………………………………………16
　第Ⅱ-2節　学芸員による資料の収集活動…………………………………………17
　第Ⅱ-3節　学芸員による資料の保存管理…………………………………………18
　第Ⅱ-4節　学芸員による資料の調査研究…………………………………………19
　第Ⅱ-5節　学芸員による資料の展示………………………………………………21
　第Ⅱ-6節　学芸員による普及教育活動……………………………………………22
　　■リモート課題③ ……………………………………………………………………26
　　■リモート課題④ ……………………………………………………………………27

第Ⅲ章　博物館をめぐる法的枠組みの概要 ………………………………………28
　第Ⅲ-1節　日本国憲法の精神とその概略…………………………………………28
　第Ⅲ-2節　教育基本法の概略………………………………………………………29
　第Ⅲ-3節　社会教育法の概略………………………………………………………30
　第Ⅲ-4節　文化芸術基本法の概要…………………………………………………31
　第Ⅲ-5節　文化観光推進法の概要…………………………………………………32
　第Ⅲ-6節　博物館法の解釈…………………………………………………………33
　第Ⅲ-7節　博物館法施行規則への解釈……………………………………………39
　第Ⅲ-8節　関連する地方自治法の概略……………………………………………40
　第Ⅲ-9節　文化財保護法の概要……………………………………………………42
　第Ⅲ-10節　公開承認施設について…………………………………………………50
　　■リモート課題⑤ ……………………………………………………………………54
　　■リモート課題⑥ ……………………………………………………………………55

第Ⅳ章 博物館の歴史 ……………………………………………………………… 56
第Ⅳ-1節 博物館の条件 ……………………………………………………… 56
第Ⅳ-2節 有史以前からつづく人類の感性とその潜在的要素 ……………… 57
第Ⅳ-3節 地中海周辺における博物館の黎明とその淵源 …………………… 59
第Ⅳ-4節 日本における博物館の源流 ………………………………………… 63
第Ⅳ-5節 日本における古代・中世の動勢 …………………………………… 64
第Ⅳ-6節 中世ヨーロッパにおける博物館誕生の予兆 ……………………… 67
第Ⅳ-7節 欧州における博物館の誕生と発達 ………………………………… 67
第Ⅳ-8節 近世日本における博物館の成立前夜 ……………………………… 69
第Ⅳ-9節 近代日本における博物館の成立 …………………………………… 71
第Ⅳ-10節 明治期の博物館とその関連施設 …………………………………… 73
第Ⅳ-11節 帝国博物館から帝室博物館へ ……………………………………… 76
第Ⅳ-12節 通俗教育と棚橋源太郎 ……………………………………………… 77
第Ⅳ-13節 東京科学博物館誕生から関東大震災、そして第二次世界大戦まで …… 80
第Ⅳ-14節 戦後復興と新たな法整備 …………………………………………… 84
第Ⅳ-15節 学芸員資格誕生のころ ……………………………………………… 86
第Ⅳ-16節 戦後日本の発展史と新たな諸問題 ………………………………… 87
第Ⅳ-17節 日本の博物館をめぐる近年の動向 ………………………………… 90
第Ⅳ-18節 現代の関連施策と今後に期待される博物館像 …………………… 93
　　■リモート課題⑦ ……………………………………………………………… 96
　　■リモート課題⑧ ……………………………………………………………… 97

第Ⅴ章 博物館の組織体制 ………………………………………………………… 98
第Ⅴ-1節 公立博物館の組織体制を比較する ………………………………… 98
第Ⅴ-1-1項 国立系博物館 …………………………………………………… 98
第Ⅴ-1-2項 都道府県立系博物館 …………………………………………… 106
第Ⅴ-1-3項 市町村立系博物館 ……………………………………………… 113
第Ⅴ-2節 ボランティア制度 …………………………………………………… 119
第Ⅴ-3節 指定管理者制度のこれまでと、これから ………………………… 122
第Ⅴ-4節 指定管理者制度に期待されるこれからの展望 …………………… 123
第Ⅴ-4-1項 指定管理者制度導入のメリット ……………………………… 124
第Ⅴ-4-2項 指定管理者制度導入のデメリット …………………………… 125
第Ⅴ-4-3項 指定管理者制度をめぐる今後の展望 ………………………… 127
　　■リモート課題⑨ ……………………………………………………………… 130
　　■リモート課題⑩ ……………………………………………………………… 131

第Ⅵ章 近未来に向けた明るい展望 ……………………………………………… 132
第Ⅵ-1節 めざすべき近未来とは ……………………………………………… 132
第Ⅵ-2節 地域と、博物館とをつなぐ3つの先進的事例 …………………… 134
第Ⅵ-2-1項 沖縄ガンガラーの谷 ―ツアーガイドを介した旧石器洞窟と地域観光― …… 134
第Ⅵ-2-2項 愛知県瀬戸市のエコミュージアム構想と「窯垣の小径」 …… 141
第Ⅵ-2-3項 長州藩ゆかりの地、萩の城下町とまちじゅう博物館 ……… 151
第Ⅵ-最終節 そして未来へ ―博物館に託された次世代への真の課題とは― … 166
　　■リモート課題⑪ ……………………………………………………………… 170
　　■リモート課題⑫ ……………………………………………………………… 171

◆

第Ⅱ部　博物館関連法令集……………………………………………………………… 173
A　日本国憲法（抄）…………………………………………………………………… 174
B　教育基本法（抄）…………………………………………………………………… 174
C　社会教育法（抄）…………………………………………………………………… 176
D　文化芸術基本法（抄）……………………………………………………………… 178
E　文化観光推進法（抄）……………………………………………………………… 184
F　博物館法……………………………………………………………………………… 190
G　博物館法施行規則…………………………………………………………………… 196
H　地方自治法（抄）…………………………………………………………………… 203
I　文化財保護法（抄）………………………………………………………………… 204
J　公開承認施設に関する規定等（抄）……………………………………………… 215

参考文献
　1　参考文献（日文）………………………………………………………………… 216
　2　参考文献（英独文）……………………………………………………………… 220

あとがき……………………………………………………………………………………… 222
著者略歴……………………………………………………………………………………… 224

第Ⅰ部

博物館概論

第Ⅰ部　博物館概論
第Ⅰ章　まずは博物館を知ろう

第Ⅰ-1節 博物館という施設とその多様性

第Ⅰ-1-1項 博物館とは何ですか

「博物館」とは、いったい、どのようなところでしょう？

のち第Ⅲ章で学ぶこととなる日本の「博物館法」第2条を、先に要約しておきましょう。博物館とは「資料」を「収集」し、「保管」し、「展示」して、「教育」的配慮のもと必要な事業を行い、あわせて関連資料に対する「調査研究」を行うことを目的とする機関のうち、国内では、法的に「登録」を受けたもの、と定義されています。

第Ⅰ-1-2項 さまざまな博物館

ただ、あらためて考えてみると、ひとことに「博物館」といっても、さまざまな種類があることに気付くことでしょう。大きくは「複合系」、「人文社会系」、「芸術系」、「理学・工学（理工）系」、「自然史系」の五態に分かれます。それぞれは、その観点によって第Ⅰ-1図に示されるように細分されていきます。

わが国では幕末の1866（慶応二）年、福沢諭吉による『西洋事情』で博物館の存在が認識され、その種類が紹介されて以降、様々な考究が重ねられてきました。のち、1950年に博物館学者の棚橋源太郎によって体系化が成されてからは、鶴田総一郎や伊藤寿朗、加藤有次、鷹野光行らが、細やかな議論を展開しています（棚橋1950、鶴田1956、加藤1980、伊藤・森田編1978、伊藤1993、鷹野2000、鷹野ほか2011ほか）。そして令和の時代を迎えた今日、グロー

第Ⅰ章　まずは博物館を知ろう

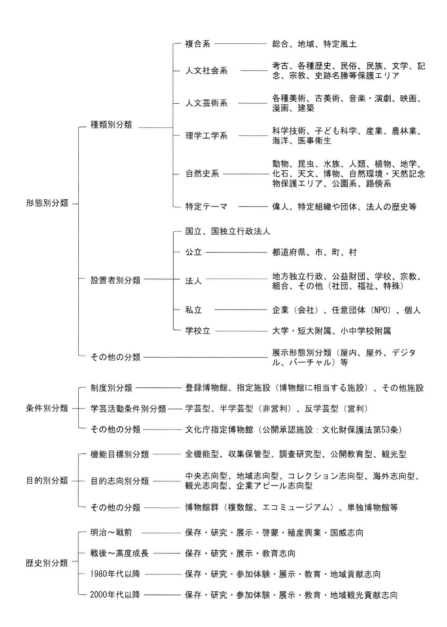

第Ⅰ-1図 博物館の系統分類
(棚橋1950、鶴田1956、加藤1980、伊藤1993、鷹野2000、鷹野ほか2011を基盤に著者作成)

バル化や少子高齢化が急速に進展するなかで、博物館をめぐる社会環境も刻々と変化を続けています。将来の博物館のあるべき姿を見すえ、近年、日本政府や中央行政機関では「文化観光施策の拡充」、「文化財の活用」が再び、重視されようとしているのです。

　以上の情勢を踏まえ、第Ⅰ-1図には、今日的な視点を反映させた博物館の分類体系を用意しました。たとえば、生きた生物をあつかう動物園や水族館、そして植物園は「生体（生態）展示」と表現され、広く自然史系博物館の一種に含まれます。また、わが国でよく見かける「総合博物館」は人文、芸術、理工、自然の垣根を越えた文理横断型を特徴とした複合系列を指します。とくに財源の厳しい地方では、地域に根ざしたさまざまなテーマに対して、総合的に取り組むことのできる一つの理想型とされてきました。1970～1980年代前後の頃、主に考古、歴史、民俗、美術から成る人文系と、岩石、化石、生物を基軸とした自然史系が同居する都道府県立クラスの公立館が、数多く設置されたのです。ただ、限られた施設面積のなか複数の分野が共存することで、各専門分野の個性が薄れやすく、SNSやIT環境がほぼ存在しなかった戦後、昭和の高度経済成長期の発想や展示内容だけでは今日、一般市民の興味関心や満足感を得続けることが難しくなっています。貴重な地域の資源を守り、伝えるという使命は今後も不変ですが、そこに甘んじているようでは、公立館としての存続意義を問われても仕方がないということです。現に、そうした時代変化のもと、1980～1990年代以降には展示環境や資料保存、集客性、公開志向等といったさまざまな観点からも、この総合型には限界が生じはじめています。結果、美術館の多くが独立し、次いで自然史系列が人文系と分離傾向を示すようになりました。さらに子どもの体験学習や、参加体験志向に力点を据えた理工科学系（子ども科学館等）、あるいは特定のテーマのみに特化した博物館が増加傾向を示すなど、常に変化を重ねていることもわかります。つまり中長期的視点に立てば、博物館をめぐる環境も不変ではないということです。

近年では、文化芸術の促進、そして観光立国の観点から法整備が進められることによって、再び、地域に根ざした人文系の存在が注視されつつあります（地域観光貢献志向型）。以上の流れは、今後のわが国における博物館園のあり方を見通すうえでも重要な視点となってくることでしょう。本書でも、のち第Ⅳ章～第Ⅵ章のなかで、あらめて、くわしく整理していきます。

第Ⅰ-2節 学芸員とは何ですか

第Ⅰ-2-1項 学芸員という専門職

　博物館を支える専門性の高い職種に、国家資格「学芸員」があります。博物館法の第4条第3・4項には「博物館に、専門的職員として学芸員を置く」とあり、「学芸員は、博物館資料の収集、保管、展示及び調査研究その他これと関連する事業についての専門的事項をつかさどる」と明記されています。

　ここで、一つ気をつけたいことがあります。それは「国家免許」(医師、弁護士、公認会計士、税理士、教員、運転など）や、「国家検定」（英語検定、漢字検定、日商簿記検定など）と、「学芸員」の属する「国家資格」は、多少意味合いが異なる、ということです。「国家資格」もまた、その人の技能や知識を国が認定する制度ですが、法の定める「博物館」に採用されてはじめて「学芸員」と認められることから、「任用資格」などと表現される場合があるほどです。つまり「国家資格」には、取得することではじめて、その専門業務を担当できるようになる、という意味合いがあるのです（鶴田1956,p52 ほか）。逆に、資格は有していても、法的に認可された学芸員ポストに就いていなければ、「学芸員」ではありません[註Ⅰ-1]。この点が、「国家免許」や「国家検定」とは大きく異なるのです。第Ⅳ章で学ぶ「登録博物館」では学芸員採用が必須条件、また博物館相当の「指定施設」でも、多くの場合、必要とされる資格です[註Ⅰ-2]。

第Ⅰ-2-2項 多様な学芸員業務

博物館資料を基盤とした学芸員の五大業務として、「①収集、②保管、③展示、④調査研究、⑤教育普及」があります（写真Ⅰ-1・2など）。以後、本書でも頻出しますから、ここでよく覚えておきましょう。

写真Ⅰ-1 特別展の開催
（提供：福井県立若狭歴史博物館）

ただ、仕事はそれだけではありません。「博物館実習」の実践授業の場で、よく学芸員の方々が自らを揶揄して、「学芸員は、雑芸員」などと表現されます。実は、この言葉は玄妙（意味深）で、必ずしも、学芸業務の多忙さばかりを卑下しているわけではありません。学芸員の職務がいかに多様であるかという、表層的な意味合いも当然、含まれてはいます。しかしその真意は、長い経験と実績を積むことによってはじめて、スペシャリストとしての貢献や、やりがいを獲得できる、というところにあるのです。学芸員業務を学びはじめた実習生たちに対して、仕事の厳しさや責任感を多少、自嘲的に表現した格言の一つと捉えるべきでしょう。

ちなみに「博物館資料」は、すべての学芸員業務の中心に位置しています。ここでいう資料とは、館園がその運営上、体系的なコレクション形成や展示、調査研究、教育活動を目的に収集する、全ての「モノ」を指しています。展示品、陳列品、文化財、標本などと呼ばれる一群も、概ねみな、これに属しています。加えて、それらを写真や図面、スケッチ、動画等で記録したデータ類も、博物館では「博物館二次資料」といっ

写真Ⅰ-2 実践の学芸員に求められる
フランクなトーク術
（展示解説風景／著者／山口県立山口博物館）

た表現のもと、大切に収集、保管、活用され続けてきたのです。

第Ⅰ-3節 博物館学とその学問体系

第Ⅰ-3-1項 博物館学とは

　つづいて「博物館学」という、多少耳慣れない用語がでてきましたね。けれども、これから博物館や学芸員資格について、くわしく学ぼうとする読者の皆さんには最も大切な学問分野となりますから、よく概念を理解してから、先に進むようにしましょう。

　本書の第Ⅲ～Ⅳ章でも学んでいくように、地域社会や、国家間をめぐる博物館の使命および役割は時代、地域、そして環境によって様々に変化してきました。しかしながら、いつの時代でも活動の主翼とされてきたのが、資料の収集、保管、活用の三態です。人類の営為、あるいは国土の自然が生み出してきた幾多の資源を資料として収集、保管し、それらを調査研究して、活かしながら後世へと受け継いでいくことなのです（「歴世相伝」（れきせいそうでん）といいます）。事実、後者の「活用」こそは、日本政府や各自治体行政がいま、最も力を注いでいるところともいえるでしょう。

　「博物館学」（Museology）とは、このように時代とともに変化を繰り返しつつも、いかに「地域資源」の存在価値を社会的に高め、後世へと伝えていくことで貢献していけるかどうか、そのことを理論的、技術的側面から考究する、総合的（学際的）な学問といえるのです。

第Ⅰ-3-2項 博物館学の起源と発展の歴史（抄）

　学史的には18世紀の前半、1727年にドイツ東部のライプツィヒで、世界初の博物館学書『Museographia（ムーセオグラフィア）』が刊行されています（Neickel, Caspar Friedrich 1727）。この書物は、博物館の実際的な活動を支援

するため、欧州を中心に広く活用されていました（水嶋 2012,p12-13）。そしてそれらの視点は、今日の博物館における施設整備や資料の保存修理、展示技術の向上など、さまざまな分野で継承され続けているのです[註 I-3]。

　第二次世界大戦以後、各国とも博物館施設の社会的、文化芸術的、観光経済的な意義が再評価されるなかで、博物館の理論的研究も次第に進展してきました。1988 年、ドイツの博物館学者クラウス・シュレイナーは『博物館学用語辞典』のなかで「博物館学」を社会科学、なかでも「文化学の一派」と位置付けました。そこでは博物館資料を基軸に「収集、保存、資料解読、調査研究、展示、コミュニケーションを進める博物館、および博物館資料に関する原理や法律、構造など、複数にわたる方法論を解明するための学問」と定義付けたのです。そして、「博物館学」の目的が「博物館業務に理論的基礎を与えるものであり、博物館分野での経験にもとづく知識を一般化、ならびに体系化させること」にあると述べています（Klaus Schreiner, Heinz Wecks 1988）。

　このようにして、「博物館学」は関連施設の歴史や社会的存在意義を理論体系化させるための総合的な学問として、欧米を中心に周知され、発展してきたのです。そして今日では、以下に掲げるような諸分野へと派生し、発展を続けています。

- 「博物館資料学」（Material Museology）
- 「博物館教育学」（Educational Museology）
- 「博物館経済学」（Economuseology）
- 「博物館経営学」（Museum Management Studies）
- 「博物館社会学」（Museum Sociology）
- 「博物館哲学」（Museum Philosophy）
- 「エコ博物館学」（Eco-museology）
- 「科学技術系博物館学」（Museologie Scientifique）

・「博物館観光学」（Tourism Museology）
・「博物館情報学」（Museum Informatics）　　など

　さらに別途、分野目的別に「考古博物館学」、「歴史博物館学」、「民俗博物館学」、「美術館学」、「自然史博物館学」、「理工系博物館学」、「動物園学」、「植物園学」、「総合博物館学」といったふうに、専門分野や館運営の違いを背景に、「博物館学」との関係解明を進める学者たちや学生さんたちまでいるのです（加藤ほか編 2000 など）。

　以上のように、「博物館学」は研究領域を多方面、かつ学際的に広げ続けているといえるでしょう。これから皆さんが、本書を通して学びはじめる「博物館概論」という大学での資格科目もまた、実は、上記諸分野における研究成果の概要をやさしく、大学講義用としてまとめ直したものなのです。

第Ⅰ部第Ⅰ章註

（註Ⅰ-1）もっとも登録博物館においても、特に理系分野の学芸員を新規採用したい場合は、資格取得の有無よりも、特定の専門分野における業績や実務能力のほうが優先されるケースが多いようです。仮に無取得で採用された場合は、採用後に文部科学省の国家試験に挑むことになります。近年の法改正では試験が二年に一度程度となる可能性が懸念されています。ともあれ合格までの間は「学芸員」の肩書きが付与されず、「研究員」等の表現で、博物館業務にあたることになります。

（註Ⅰ-2）日本国内では、広く文化財保護等を担当する一部の地方公共団体（教育委員会等）のなかでも、職員ポストの一つとして「学芸員」の肩書きが公的に使用されている場合が少なくありません。また法律上の「博物館」に属さない施設や企業、非営利団体等の組織のなかでも、そう名乗る方々がいらっしゃいます。これらも、国家資格の意味が正しく活用されていないという側面を反映した一例といえるでしょう。背景としては、法の定める「学芸員資格」の公的身分制度の不整備や、関連機関における身分保障の曖昧さが挙げられるでしょう。

（註Ⅰ-3）日本では 1911（明治四十四）年、黒板勝美による『西遊弐年 欧米文明記』ではじめて、「博物館学」という用語が使用されています（青木 2010,p4 ほか）。

■リモート課題①■

Q1．第Ⅰ-1図で学んだ博物館の系統分類のなかから、興味のあるジャンルを一つ選択しなさい。
　　【　　　　　　　　　　　　　　　　　　　　　　　　　　　　　】

Q2．上記Q1のジャンルについて、それと深い関係にあると思われる館園を3館以上、調べて例示しなさい。

_____
_____
_____
_____
_____
_____
_____
_____

Q3．上記Q2のうち1館を挙げ、その活動内容の概要について、調べて述べなさい。

_____
_____
_____
_____
_____
_____
_____
_____

　　　　　　　✝　✝　✝　✝　✝　✝　✝　✝　✝

【ねらい】
　まずは博物館の多様性について理解を深めていきます。さまざまなジャンルのなかから興味関心の持てる分野を自由に選択し、具体的な博物館の活動事例を調べてみることで、受講者自身が将来、学芸員資格を取得したのちにどう活かすことが可能か、具体的に考える機会につなげます。

第Ⅰ章　まずは博物館を知ろう

■リモート課題②■

Q1．あなたがもし博物館の学芸員になったなら、一番やってみたい展示のテーマは何ですか。その概要をまず述べなさい。その際、必ず現実にある資料名を展示対象として挙げること。

＿＿＿＿＿＿＿＿＿＿＿＿＿＿＿＿＿＿＿＿＿＿＿＿＿＿＿＿＿＿＿＿＿＿
＿＿＿＿＿＿＿＿＿＿＿＿＿＿＿＿＿＿＿＿＿＿＿＿＿＿＿＿＿＿＿＿＿＿
＿＿＿＿＿＿＿＿＿＿＿＿＿＿＿＿＿＿＿＿＿＿＿＿＿＿＿＿＿＿＿＿＿＿
＿＿＿＿＿＿＿＿＿＿＿＿＿＿＿＿＿＿＿＿＿＿＿＿＿＿＿＿＿＿＿＿＿＿
＿＿＿＿＿＿＿＿＿＿＿＿＿＿＿＿＿＿＿＿＿＿＿＿＿＿＿＿＿＿＿＿＿＿
＿＿＿＿＿＿＿＿＿＿＿＿＿＿＿＿＿＿＿＿＿＿＿＿＿＿＿＿＿＿＿＿＿＿
＿＿＿＿＿＿＿＿＿＿＿＿＿＿＿＿＿＿＿＿＿＿＿＿＿＿＿＿＿＿＿＿＿＿
＿＿＿＿＿＿＿＿＿＿＿＿＿＿＿＿＿＿＿＿＿＿＿＿＿＿＿＿＿＿＿＿＿＿

Q2．その展示を行うことで、どのような社会的効果が期待できそうですか。具体的に例を挙げながら、述べなさい。

＿＿＿＿＿＿＿＿＿＿＿＿＿＿＿＿＿＿＿＿＿＿＿＿＿＿＿＿＿＿＿＿＿＿
＿＿＿＿＿＿＿＿＿＿＿＿＿＿＿＿＿＿＿＿＿＿＿＿＿＿＿＿＿＿＿＿＿＿
＿＿＿＿＿＿＿＿＿＿＿＿＿＿＿＿＿＿＿＿＿＿＿＿＿＿＿＿＿＿＿＿＿＿
＿＿＿＿＿＿＿＿＿＿＿＿＿＿＿＿＿＿＿＿＿＿＿＿＿＿＿＿＿＿＿＿＿＿
＿＿＿＿＿＿＿＿＿＿＿＿＿＿＿＿＿＿＿＿＿＿＿＿＿＿＿＿＿＿＿＿＿＿
＿＿＿＿＿＿＿＿＿＿＿＿＿＿＿＿＿＿＿＿＿＿＿＿＿＿＿＿＿＿＿＿＿＿
＿＿＿＿＿＿＿＿＿＿＿＿＿＿＿＿＿＿＿＿＿＿＿＿＿＿＿＿＿＿＿＿＿＿
＿＿＿＿＿＿＿＿＿＿＿＿＿＿＿＿＿＿＿＿＿＿＿＿＿＿＿＿＿＿＿＿＿＿

† † † † † † † †

【ねらい】
　同じく、受講者自身が将来、学芸員資格を取得したのちにどう活かせられるか、具体的に考えてみる機会とするものです。展示テーマを考えるということは、関連する博物館資料のありようを調べることにもつながります。さらに展示活動を通して社会一般への効果を見通すことで、地域のなかにおける博物館運営のあり方についても考えがめぐるよう、配慮されています。

第Ⅰ部 博物館概論
第Ⅱ章 学芸員をめぐる主な業務

　前章では、「博物館資料」を基盤とした学芸員の五大業務として、「①収集、②保管、③展示、④調査研究、⑤教育普及」があることを学びました。以上の事項は、つづく第Ⅲ章で学ぶ「博物館法」の第4条でも明示されています。

　本章では、これら学芸員の五大業務について理解を深めるため、以下、各々の概要について学んでいくことにしましょう。

第Ⅱ-1節 博物館資料が生まれるまで

　収集の対象となる「博物館資料」にかんしては、つづく第Ⅲ章で登場する「博物館法」に規定があります。同法の第2条第4項で、「博物館資料」とは、「博物館が収集し、保管し、又は展示する資料（電磁的記録（電子的方式、磁気的方式その他人の知覚によっては認識することができない方式で作られた記録をいう。次条第1項第三号において同じ。）を含む。）をいう。」と定められています。ただし、とくに何がいけない等と定められているわけではありません。むしろ、博物館活動に資するものであれば、何でも、博物館資料になり得るのです。近年ではデジタル機器やその各種コンテンツもあまねく、関連資料に含まれるようになりました。

　ちなみに将来「博物館資料：Museum-object」となり得る可能性のあるものに対して、博物館学的には「素資料（Proto-object）」と呼び分けます（写真Ⅱ-1）。博物館の収蔵スペースには、どこも限界があります。少なくとも、無限ではあり得ません。ですから、学芸員は事前に対象物を調査し、収蔵を検討するに値する、その館にとってふさわしい、学術的、文化芸術的、観光的、あるいは教

第Ⅱ章 学芸員をめぐる主な業務

育的価値があるかどうかを、判断する必要があるわけです。とくに、自動車サイズ以上に達するような特大サイズの資料の場合は、館の将来を充分に見通したうえで、収集の是非を判断しなければなりません。

加えて、美術系や歴史系分野には偽物（贋作、フェイク資料）が少なからず存在します。近年では、SNS上でも簡単に収集できるようになり、その手段は拡がり続けていますが、安易な購入による失敗は、のちの博物館の信用性を著しく失墜させますので、収集には慎重を要するのです(註Ⅱ-1)。

こうして収集、整理、登録された資料を「博物館資料」、そして、一定ジャンルの一群を「コレクション：Collection」と呼び分けています。

写真Ⅱ-1 素資料の黒曜石サンプルを求めて歩くフィールドワークのようす
（河原に散在する考古系石器素材のサンプリング調査例）
（熊本県小国町大山川にて／著者撮影）

第Ⅱ-2節 学芸員による資料の収集活動

収集の種類には「採集」、「寄贈（きそう／きぞう）」、「寄託（きたく）」、「購入」、「製作」、「交換」、「借用」などがあります。「採集」は、自然史系と考古学系で一般的な方法です。さらに動物園などの生きた生物を扱う施設では「繁殖」や「発生」、「分割」による資料（生物）増加も期待できます。注意しておきたいのは「寄贈」と、「寄託」のちがいです。「寄託」とは、原所有者がそのまま（つまり、

- 17 -

写真Ⅱ-2 資料整理の一例（ラベルと土器注記）
（山口市上東遺跡／著者採集・撮影）

移譲されないまま）で、希望により博物館において保管、展示されている状態の資料のことを指します。古い古文書や仏像、骨董、美術品などに一定量みられるパターンです。いずれにせよ、借り物であることを意識し、資料の取り扱いや保存管理には十二分の注意が必要といえるでしょう。万一、破損や劣化、盗難などの被害にあうと、たいへんなことになりますからね。

収集に際しては、関連する情報を速やかに整理し、資料と情報をセットで保管しておく必要があります。たとえば、遺跡の発掘（考古系）資料の場合は「いつ」、「どこ（どの地点）」で、「どのような状態」で出土したのか、類似品に紛れて、そうした個々の基盤的情報が失われないよう、ひとつひとつの資料に「注記（ナンバーリング）」を行い、専用の「ラベル」を付与しながら、整理を進めていかなくてはなりません（写真Ⅱ-2）。また別途、記録写真や図などを添付した「資料台帳」の整備も不可欠です。発掘資料などの場合は一遺跡で何万点、何十万点といった膨大な資料群が得られることも少なくないからです。限られた予算、人員、期間で、それらを完璧に整理することが不可能なケースもあり得ます。その場合は仕分け上の優先順位を定め、活用頻度が高いと予想される資料のみを優先的に抽出して整理公開するという手法も、現実には数多く採られています。

第Ⅱ-3節 学芸員による資料の保存管理

博物館活動として収集されたばかりの「素資料（Proto-object）」が、利活用可能なように整理、研究、保管され、展示活用が可能な状態になったものを、

第Ⅱ章 学芸員をめぐる主な業務

一般的に「博物館資料（Museum-object）」と呼び分けます。

そして「保管（保存管理）」とは、専用の収蔵庫内における適切な環境のもと、安定的な状態で、恒久的に安置されつづけている状態を指します（写真Ⅱ-3）。以上は、その後の資料活用のための基盤的環境と言い換えてもよいでしょう。

管理されている博物館資料は、次いで「いつでも」、「だれにでも」利活用可能なように、日頃から整理登録や貸し出し、外部からの調査受け容れ体制を整えておく必要もあります。これは、博物館として望まれるべき最低限の責務といえるでしょう。利用希望者の所属や身分、年齢層、出身地、性別、身体的特徴などによって館側の対応が異なるなどは、けっして、あってはなりません。ただし、博物館の規模や設備、関係スタッフの体制上の限界に加え、資料のジャンルや状態によって、活用条件は異なってきます。大切なのは、常に利用者側の希望や立場に立って、でき得る限りのサービスを公平に、提供しつづけることにあるといえるでしょう。

写真Ⅱ-3 収蔵庫内の一例
註：展示終了後に元の収納場所に戻せるよう、持ち出し箇所にフセンや張り紙で明示しています。
（山口県立山口博物館／著者実施・撮影）

第Ⅱ-4節 学芸員による資料の調査研究

学芸員による調査研究活動は、業務ですから、たとえば大学のように、学術的事象であれば何でも研究対象にしてよいというわけではありません。しかし博物館活動に沿い、地域の資料保存や活用、教育、文化、芸術、観光に資するための活動、あるいは博物館の所在地周辺における「文化財」を対象とした内容ならば、何でも、調査研究が可能ということにもなります[註Ⅱ-2]。

博物館法の第3条第1項第五号には「博物館資料に関する専門的、技術的な

- 19 -

調査研究を行うこと」、さらに同第六号には「博物館資料の保管及び展示等に関する技術的研究を行うこと」と明記されており、事業として、博物館資料を調査研究することが広く認められています。また「文化財」に対する調査研究に対しても、同第九号に「当該博物館の所在地又はその周辺にある文化財保護法（昭和二十五年法律第二百十四号）の適用を受ける文化財について、解説書又は目録を作成する等一般公衆の当該文化財の利用の便を図ること。」とあります。地域の一般市民等に対する展示や教育普及、解説書や目録の作成など、そのすべてにおいて調査研究が不可欠であることは自明です。地方の小～中規模館においては、しばしば調査研究の時間を犠牲にして事務作業等に追われる、あるいは専念してしまう姿を目にします。しかし、それが常態化してしまうと、個々の博物館の個性は失われてしまうでしょう。学芸員を中心とした博物館の調査研究に対して適正な環境が整備され、維持されつづけること、また学芸員自身も調査研究が博物館運営の原動力につながるよう、業務計画のあり方には充分な注意が必要なのです。以上は、博物館運営の根幹にかかわる、とても大事な部分といえるでしょう。

　ちなみに、調査研究は学芸員だけで行うものではありません。関連活動の一つに「市民調査」というものがあります。これは、子どもたちを含む大勢の地域市民の参加を前提に、集団規模で調査を進めるタイプの活動です。たとえば、滋賀県立琵琶湖博物館が支援する「琵琶湖お魚ネットワーク」では、琵琶湖周辺の一般市民たちが広く手を取り合い、企業や行政とも協力し合いながら、市民参加型の魚類調査を展開しています。琵琶湖特有の水資源や生態系情報として、その成果を後世に伝え続けているのです。

　また神奈川県平塚市の平塚市博物館が支援する「ひらつかセミのぬけがら調査隊」では、広く地域住民とともに「セミのさなぎの抜け殻」を種類ごとに分類し、採集地点を地図上に記録化していくという取り組みが進められています。それらの蓄積によって、市内のどこで、いつ、どのような種類のセミが羽化し、

第Ⅱ章 学芸員をめぐる主な業務

繁殖し、活動しているかを把握できるのです。そしてそれらの成果から、住宅地、田畑、山間部といった市内の環境差によってセミの分布がどう変化しているのか、市民とともに調査を進めているわけです。調査研究をテーマに、地域とのつながりを大切にする、博物館ならではの活動といえるでしょう。

第Ⅱ-5節 学芸員による資料の展示

　学芸員や地域市民等によって収集、調査研究されてきた成果を公開する場が、「展示」です。無論、学芸員は収集、調査研究の段階から、展示までのスケジュールを見通しつつ一連の活動を計画し、進めていくのが理想といえるでしょう。

　もっとも、現実には展示空間や人員、予算、期間など、博物館によってさまざまな制約が加わります。そこで、専属の学芸員が長い長い年月から得た経験、そして知識が、重要となってくるわけです。利用者層のニーズを常に察知し、これを前提に、内容的にも、技術的にも繊細な工夫を重ねていく努力が不可欠となってくるからです（写真Ⅱ-4など）。

　常設展示において、長年、展示内容を固定化させてしまうということは、職員の怠慢を意味します。なかには、その博物館にとって目玉ともいえる代表資料であるがゆえに、常に同じ展示であることが当然等と、その正当性を主張する関係者もいますが、それは方便に過ぎません。なぜなら、常に時代のトレンドに合わせた展示の工夫が必要だからです。いつも、最新の研究成果や時事的話題をもとに、新しい展示スタイル（見ていただくための工夫）を繰り返せるような環境整備およびその継続もまた、博物館にとっては重要な使命

写真Ⅱ-4 受託業者と学芸員の連携による
縄文時代の巨大丸木舟展示のようす
（提供：福井県立若狭歴史博物館）

といえるでしょう。

　なお先の調査研究ともかかわりますが、展示に付随した図録や解説書、ワークシート等の充実も、以上の活動とは不可分の関係にあります（写真Ⅱ-5）。

第Ⅱ-6節 学芸員による普及教育活動

　広く博物館活動で得られた一連の成果を、地域市民を中心とした利用者すべてに「社会教育」や「文化芸術の創造」、あるいは「観光イベント」の一環として企画公開し、展示や研究論文とは別の手段で普及させていく事業の総称といえるでしょう。学芸員による日常的な業務のひとつとして、1980年代ごろから大きな割合を占めるようになりました。

　合理的で、統一的な教育システムが好まれやすい「学校教育」とは異なって、こちらは、すべての世代の利用者を対象とします。個々人の要求にもとづき、非定型ともいえるさまざまな方法で進められるのが特徴です（ただし、博物館でも学校団体への展示説明や見学会、イベントなどでは、学校教育に準じた定型的方法が採用される場合もあります）。

　大きくは（A）「展示内容を利用した教育」と、（B）「それ以外の教育」に大別できます。

　うち（B）群には、次の14種類があげられます。(B1)「調査研究活動の開放や共同研究にもとづいた成果の共有と教育」、(B2)「講演会などの活動成果発表会にからむ教育」、(B3)「実物や教材資料を活用した教育」、(B4)「博物館事業への関心を高めるための導入型教育」、(B5)「学校教育への支援」、(B6)「博物館施設の開放や提供による教育」、(B7)「資料貸出しに伴う教育」、(B8)「レファレンス（何でも相談）型教育」、(B9)「印刷物（図録や解説書等）を介した非同期型教育」、(B10)「印刷物（ワークシート等）を介した同期型・非同期型教育」、(B11)「工作・体験型教育」、(B12)「人材育成のための教育」、(B13)

「インターンシップや実習などの学校授業に伴う教育」、(B14)「客寄せ興行的なレクリエーション教育」などです。

そもそも博物館では (A) の「博物館展示が最大の教育であらねばならない」とする主張をよく耳にします (青木 2012,p27 ほか)。傾聴に値するものの、以上に列記するような (B) 群の諸活動すべてを、限られた展示内容のうちに常時織り込むことは不可能ですし、展示テーマのかたよりなどを考えると、(A) とは別に、(B) による多様な学習機会の提供も、あわせて重視されるべきでしょう。

かつて、博物館学者の伊藤寿朗は「博物館の展示は目的ではなく、博物館の

写真Ⅱ-5 展示室内に配置された
解説シートの数々
(山口県立山口博物館／著者作成・撮影)

成果を人びとに示すひとつの手段」と論じました (伊藤 1993,p38 など)。「博物館資料」をもとに利用者すべての学習機会を保証し、あらゆる手段のもとでサポートしていくことこそが、博物館に課せられた真の使命といえるからです。

したがって博物館の教育事業は多岐に及びます。ただ、必ずしも学芸員だけが企画し、運営しているわけではありません。たとえば山口県の萩博物館では事業の多くを地元のNPO法人がサポートしていますし、福岡県の北九州市立自然史・歴史博物館でも、地域市民が組織する「友の会」が月一回程度、講演会やイベントを主催し、常に自主的な運営のもと、多彩に活動を進めています。

これら市民による活動は、学芸員を介して、考古、歴史、民俗、文学、美術、地学、生物、天文、理工など、専門分野別に進められるケースが一般的ですが、

滋賀県立琵琶湖博物館のように複数の、分野間横断型で進められている館園も散見できます。また、関連施設(生涯学習センターや公民館、図書館、役場、学校、観光施設、道の駅など)との共同運営により実施される教育活動も、各種あげられるでしょう。

　大切なのは、常に、利用者側にとって「たのしくて、ためになる」学習環境を提供するといった姿勢を、忘れないことです。仮に、数値目標ありきの姿勢から(B14)のような内容の薄いイベントばかりを乱発し続けていると、参加者は楽しいだけですから、しだいに知的満足度が薄れていきます。そして結果的に、それらの開催意義はもとより、博物館のオリジナリティーや運営自身の衰退へとつながっていきかねないわけで、注意が必要なのです。「たのしい」という要素はとても大切ですが、同時に「ためになる」という、オリジナルの学習要素を失わないことが、博物館の活動には求められているのです。

　博物館は活動成果をすべて、利用者へと普及還元させることを使命としています。伊藤寿朗は、さらに博物館側から発信するばかりではなく、活動を通して利用者自らが自主的に学習を進め、その文化的創造の成果を再び博物館へと蓄積させ、発信を重ねていくこと、博物館側ではまた、それらの活動を常々サポートできるような体制を整備していくことが必要であり、以上の定着した姿こそが理想と述べています(伊藤1993,p73・76・132ほか)。

　たとえば千葉市の加曽利貝塚博物館では、古く1972年に同館「友の会」が「土器づくりの会」をスタートさせています。そして、会のクォリティー維持の目的から二年後には直営の「加曽利貝塚土器づくり同好会」を誕生させ、現在に至っています。博物館と、同好会の市民ボランティアによる質の高い調査研究活動が以来、半世紀以上にわたって継続されているのです(写真Ⅱ-6)。以降、同館では多くの活動成果を展示や普及事業のみならず、調査研究の成果としても、還元させつづけているのです。

　地域や社会の文化的な発展、そして、観光立国としての日本の将来を考えて

いくならば、こうした博物館の普及教育活動にもとづいた地域市民との協働活動こそが、最も欠かせない要素といえるでしょう。

博物館における教育普及事業とは、けっして、数値目標ありきの表層的な活動であってはならないということを、読者のみなさんも理解できたのではないでしょうか。

写真Ⅱ-6 加曽利貝塚土器づくり同好会の活動風景
（千葉市加曽利貝塚博物館／著者取材・撮影）

第Ⅰ部第Ⅱ章註

(註Ⅱ-1) ただし、贋作（フェイク資料）であることを認知したうえで、それらさえも文化の一つととらえたならば、贋作群もまた、立派な博物館資料となり得ます。各国における時代、時代の社会性や文化的背景を考察するうえで、実は、看過できないテーマの一つであることを、忘れてはならないでしょう。

(註Ⅱ-2) ここでいう「文化財」とは、文理を問わず、広く日本国や自治体にとって保存する価値が高いと認められたものの総称をいいます。有形文化財（建造物、美術工芸品など）、無形文化財（芸能、工芸技術など）、民俗文化財（無形：民俗芸能など、有形：民族衣装、道具、家など）、埋蔵文化財（土地に埋もれた遺跡、遺構、遺物）、記念物（史跡：貝塚、古墳、城郭など、名勝：庭園、海浜、渓谷、山岳など、天然記念物：動植物、鉱物など）、伝統的建造物群保存地区（宿場町、城下町など）があります。くわしくは、次章の「文化財保護法」を参照してみましょう。

■リモート課題③■

Q1．あなたの身近で、「博物館資料」になりそうなものを一つ挙げてください。
　　【　　　　　　　　　　　　　　　　　　　　　　　　　　　　】

Q2．上記Q1の資料について、たとえば、どのような活用が可能だと思いますか。

　_____
　_____
　_____
　_____
　_____
　_____
　_____
　_____
　_____

Q3．「博物館資料」とは何ですか。その概要を、分かりやすく説明しなさい。

　_____
　_____
　_____
　_____
　_____
　_____
　_____
　_____
　_____
　_____
　_____

　　　　　　　† 　† 　† 　† 　† 　† 　† 　†

【ねらい】
　博物館資料について、具体的に考えてみるための初歩的な課題です。Q3の博物館資料が何なのかを理解できていれば、柔軟で、ユニークな回答が導き出せるかもしれません。「モノをして語らしめよ」の実践力を試す課題ともいえます。

第Ⅱ章　学芸員をめぐる主な業務

■リモート課題④■

Q1．地域の博物館と学校が連携し合うことを、何と呼びますか。
　　【　　　　　　　　　　　　　　　　　　　　　　　　　　】

Q2．上記Q1にかんし、博物館と学校の具体的な連携事例について、一つ以上調べて、その具体的な活動概要を説明しなさい。

Q3．博物館と地域の学校が連携することで、何が期待できますか。

† † † † † † † †

【ねらい】
　日本で博物館が本格的に学校教育とかかわりはじめたのは、戦後1940年代以降のことです（棚橋 1950,p80 ほか）。そして2000年代以降、地方の博物館と学校との結びつきが一層強化されてきたわけです。学校から博物館への団体見学やインターンシップ等、博物館から学校への出前授業や出張展示等は、今や日本全国どこでもみられるようになりました。学校教育を知り、互いに支援体制を強化させていくことの意味を考え、理解を深めていく機会としましょう。

第Ⅰ部　博物館概論
第Ⅲ章　博物館をめぐる法的枠組みの概要

　これから学んでいく各関連法規は、将来、学芸員資格を社会のなかで実践的に役立てていくうえで必須となる、日本国内での大切な約束ごとです。当然、法令違反には厳しい罰則が伴いますから、資格取得をめざす皆さんは、注意して学習しましょう。以下、特に同資格を取得するうえで欠かすことのできない法規、条項を厳選して、解説していきましょう。

　なお、近年の日本国では社会システムや思想、ICT（Information and Communication Technology：情報通信技術）の発展、グローバル化を前提とした日常環境の変容、ならびに世界的情勢の変化をふまえて、各種の法律が目まぐるしく改正を繰り返しています。ゆえに本書の第Ⅱ部で掲載される法令集もまた、いずれはその一部が改正されていくことでしょう。その年ごとに開講される大学講義では随時、最新情報をもとに授業が進められてくるはずですが、社会に出てから法律を確認する場合は、たとえひと手間でも、あらかじめ文部科学省ホームページ等で最新の関連法規を確かめたうえで、本章の解説を参考に、活用していくとよいでしょう。

第Ⅲ-1節 日本国憲法の精神とその概略

　国の最高法規である「日本国憲法」（以下、本書では「憲法」と称します）では、その第26条で、国民が等しく「教育を受ける権利」について記されています。
　ここで示される「教育」とは、「学校教育」に限られず、「社会教育」も含まれています。つまり、「教育を受ける権利」に年齢制限はありません。
　こうした憲法の精神にのっとり、教育の目的や、あり方の基本について制定

されたのが、つぎに掲げる「教育基本法」となります。

第Ⅲ-2節 教育基本法の概略

　「教育基本法」は、日本の教育に関する基本的な考え方や、教育制度に対する基本事項を定めた法律です。本則は全四章、十八の条文でシンプルに構成されています。さまざまな教育系法規の解釈、運用上の基幹ともなる法律であることから、「教育憲法」と呼ばれることさえあるのです。同法では、博物館を含む「社会教育」のあり方への言及が成されています。

　前文では「民主的で文化的な国家を更に発展」させ、「世界の平和と人類の福祉の向上に貢献」するため、「公共の精神」を尊びながら「伝統」を継承しつつ、教育を推進していくことへの重要性が説かれています。

　第2条第五号にある「伝統と文化」の尊重、「郷土愛」の精神は2006年の改正で追加された文言ですが、近年施行された「文化芸術基本法」や、いわゆる「文化観光推進法」の指針ともつながる視点といえるでしょう。わが国における、これからの博物館事業の発展にとっても欠かせないくだりです。

　第3条は「生涯学習」の理念を説くものです。「その生涯にわたって、あらゆる機会に、あらゆる場所において学習することができ、その成果を適切に生かすことのできる社会の実現」とあり、博物館の社会的使命が示されています。

　そして第12条では、上記理念の達成のため、地方における博物館設立と運用が不可欠であると記されています。

　同条の第2項では「社会教育」の振興のため、国および地方公共団体が「図書館、博物館、公民館その他」の関連施設の充実に努めなければならないと明記されています。この点も、押さえておきましょう。

第Ⅲ-3節 社会教育法の概略

　「社会教育」とは、学校教育を除く「主として青少年及び成人に対して行われる組織的な教育活動」をいいます（第2条）。同法では、社会教育に対する国や、地方公共団体の任務を明らかにすることを目的としています。

　第9条には、「図書館及び博物館は、社会教育のための機関」と明記されています。この法律が、元来「博物館法」の親規定にあたることを、ここで理解しておきましょう。

　次いで第12条に記される「いかなる方法によっても、不当に統制的支配を及ぼし、又はその事業に干渉を加えてはならない」とする文言は、なかでも特筆に値する規定といえます。つまり、諸処の社会教育活動の自主性を尊重して発展を促し、国および地方公共団体の当局は、求めに応じて指導や助言を行う程度に留めよ、ということなのです。公権による無用の規制や拘束こそが「民主的で文化的な」活動、あるいはまた、有為の研究者や活動家達による「たゆまぬ努力」の芽を摘みかねないことを戒めた、優れた条文といえるでしょう。

　第20条には「公民館」が登場します。一見、「博物館」と同じような非営利目的の社会教育機関にみえますが、「資料」を基盤としない点が、「博物館」とは大きく異なる点です。また第21条で記される通り、公民館には国立、都道府県立、私立の区分もありません。すべて市町村が設置する、という点にも大きな違いがあるのです（ただし市町村管轄の公益財団法人を含む）。もっとも、なかには社会教育複合型の大規模施設（センター等）も存在します。施設内に市町村立の図書館や博物館等の関連施設が複数併設されるというケースで、明確には区分ができません（第Ⅲ-1図など）。

　第27条は、公民館の職員についてです。「館長」を置くことは博物館と同じですね。けれど、ここでは学芸員ではなく「主事」、その他の必要な職員を配置するとのみ記されています。「主事」とは、地方公共団体で日常的業務を担

う一般的な正規雇用職員のことを指します。つまり公民館では、職員に特別な国家資格や技能などは要求されておらず、市町村職員、あるいはその外郭団体、委託契約職員等が適宜配属されるという点に、違いがみられるのです。

第Ⅲ-4節 文化芸術基本法の概要

近年の日本社会で深刻化する人口減少問題、あるいはグローバル化の進展に伴い、2018（平成二十九）年以降、「博物館」が「文化芸術に関する基本的な施策」の一環としても位置づけられるようになりました。今後の博物館活動が「文化芸術の創造、継承、発展」に一層寄与できる可能性があることを考えれば、今は現状の施策を前向きに解

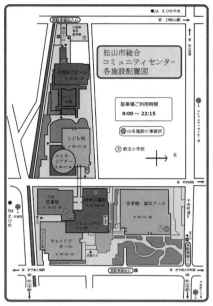

第Ⅲ-1図 大規模複合型社会教育施設の一例
（松山市総合コミュニティセンター：四国の中核都市、愛媛県松山市内の中心部にある大規模複合施設。敷地面積28,843㎡、延床面積47,896㎡、敷地内には図書館、こども館、文化ホール、研修会議室、体育館、プール、プラネタリウム、企画展示ホールなどが併設されています。原図提供：（公財）松山市文化・スポーツ振興財団）

釈し、積極的に議論と行動を重ねていくべき時代といえるでしょう。文化芸術にかかる総合的な施策の実施によって、関連産業の育成や観光促進、地域資源にもとづく文化的なまちづくり、国際交流の推進、さらには教育その他の関連分野の一層の活性化が期待できるからです。長らく、地域における社会教育の中核をなしてきた博物館が、同法と次節の「文化観光推進法」の制定により今後、大きく変貌をとげる可能性が期待できるということですね（第26条ほか）。たとえば第12条には、「食文化」に代表される「生活文化」の数々の見直しによる再発見と、さらなる振興が示されています。他にも日本が育んできた「娯

楽」、「出版物及びレコード」等の普及促進についても、今後は博物館で意識的に捉えていくべきでしょう。

　以上を実現させるため、同法では、関連団体が果たす役割についても明記されています（第５条の二）。加えて、国や地方公共団体、政府の責務（第８～36条）、ならびに上記公的機関と各種法人、任意団体、民間事業者等の連携、協働についても規定されるようになりました（第３～５条）。政府が「文化芸術推進基本計画」を策定することは無論（第７条）、各省庁の横断的な体制として「文化芸術推進会議」を設けるべきこと等についても、同法で明記されています（第36条）。

第Ⅲ-5節 文化観光推進法の概要

　2020（令和二）年公布の新たな関連法です。この法律は、文化振興を観光事業の推進や地域の活性化へとつなげ、それらによる経済的効果が、再び、文化振興の再投資へとつながるような好循環の実現を、目標に掲げています。ここでは地域の司令塔たる「文化観光拠点施設」としての、「博物館」の存在が注視されていることが明白です（第１～７条ほか）。とくに公立館では今後、地域の政策拠点として、見直しと再評価が加速していくことでしょう。

　方策としては、これまで連携関係が充分ではなかった地域の関係事業者や、観光地域づくり法人（NPO）その他と博物館を相互に連携させることによって、「観光」を通じた各種事業の発展に寄与できるよう、その整備と意識改革が求められています。

写真Ⅲ-1 人気の絶えない日本各地の観光名所
（昨今では大雪の日も観光客が絶えません
「鹿苑寺金閣」／著者撮影）

同法では、次世代に向けた情報発信や交通アクセスの向上を念頭に、博物館関連施設に対するインフラ整備（第8～10条）はもとより、多言語、Wi-Fi、キャッシュレス機能にかんする整備拡充をうながすなど、今後、地域が一丸となって取り組むことのできる観光型環境を整えることへの重要性も説かれています。そのため同法では、それらの計画推進や各種事業に対する特別措置、公的支援、連携等の規定についても盛り込まれているのです。

第Ⅲ-6節 博物館法の解釈

　「博物館法」は、戦後すぐの1951（昭和二十六）年に制定されました。そもそもは前掲の「社会教育法」のみにもとづいていましたが、近年これに「文化芸術基本法」が親規定として加わりました。ともあれ「博物館」の定義や設置、運営に関する必要事項等を本書で学んできた読者の皆さんにとって、最も重要な法律であることに変わりはありませんね。約70年ぶりとなる2022年公布（翌2023年より施行）の大幅改正では、今後の「文化観光」重視に向けた姿勢が鮮明に読み取れます。以下、くわしくみていきましょう。

　前章でも紹介したように、冒頭の第2条では「博物館とは何か」が示されています。「収集」、「保管」、「展示」、「調査研究」そして「教育」がキーワードでしたね。

　つづく第3条では、博物館事業の定義が示されています。「博物館資料」を豊富に「活用」できる関連施設や学校教育とも、積極的に「連携」すべきことが記されています。

　第4条は、学芸員資格の取得をめざす方々にとっては、特に重要な項目です。同第2項では、博物館の「館長」が「館務を掌理（しょうり）し、所属職員を監督して、博物館の任務の達成に努める」とあります。当然、単なる行政組織上の天下り先や、お飾りポストであっては困るからです。博物館に対する豊富

写真Ⅲ-2 大学生への博物館実習のようす
（提供：高知県立歴史民俗資料館）

な実務経験は無論のこと、経営能力や文化発信能力を発揮できるセンス、何より、所属スタッフ全員から厚く信頼され、組織を一つにまとめ上げることのできる柔軟で、建設的な統率力や思考力こそが、館園では要求されるのです。

　そして同第3項には「博物館に、専門的職員として学芸員を置く」とあり、同第4項では「学芸員は、博物館資料の収集、保管、展示及び調査研究その他これと関連する事業についての専門的事項をつかさどる」と明記されています。つまり、「学芸員」は国家の法律によって規定された専門職であり、「学芸員」が配置されていない施設は法律上、正規の「博物館」とは呼べないわけです。

　各々の博物館における専門ジャンル（学術分野）や運営方針によって、個々の学芸員が得意とする学問分野（考古や歴史、文学、美術、岩石、生物などの資料学分野）は異なります。けれども、現行の同法では、そうした技能や知識、能力差が資格には反映されていません。この点にかんしては、今なお一定の課題を残しているといえるでしょう。

　加えて、近年では学校連携、教育普及、文化芸術、観光促進の観点から、以上の資料学分野に軸足をおいた専門スタッフの配置のみでは、運営上、すでに不充分であることが明白です。別途、広報や経営マネージメントのスペシャリスト、あるいは地域や市民との積極的な連携、教育普及を担うエデュケーター（Educator）や、資料の保存管理や修復を専門とするコンサベーター（Conservator）といった人材スタッフの拡充こそが、文化観光を推進させていくうえでは不可欠の課題といえるでしょう。けれど地方の小〜中規模館では、限られた予算のなか、そうした組織の拡充は現実には至難といえます。した

第Ⅲ章 博物館をめぐる法的枠組みの概要

がって、学芸員自身もそうした各種ノウハウを積極的に身につけていくための一定の努力が求められていると認識し、前向きに臨むべきと考えるほかありません。当然、博物館職員の採用募集においても、今後は、学芸員資格や、専門分野にかんする知識、業績経験のみならず、実践的技能やコミュニケーション、プレゼン能力にかんする素養、

写真Ⅲ-3 博物館学芸員に求められる
意欲的な姿勢
（来館者へのギャラリートークを行う著者
／山口県立山口博物館）

何より、それらへの意欲が強く問われるであろうことは、想像にかたくありませんね（写真Ⅲ-2・3）。

　なお、地方や小～中規模館の人材不足を解消するための効率的な手段としては、地域内外における関連機関どうしの連携ネットワークの構築、学校教員との相互連携、質の高いボランティア組織の拡充や、NPO団体等からの支援受け容れ、そして、協働運営の摸索などが考えられます。

　第5条では、国家資格としての「学芸員」資格の取得方法について定められています。実は、こうした国民への資格制度は海外ではめずらしく、ほとんど見当たりません。日本特有ともいえる同制度は、世界的にも注目されてきたわけですね。ですから、今後とも有資格者それぞれの資質が問われ続けることになるでしょう。

　第5条の第1項第一号には「学芸員」が「学士の学位を有する者で、大学において文部科学省令で定める博物館に関する科目の単位を修得したもの」とあります。「学士」とは、日本の四年制大学で所定の卒業単位の全てを修得した者に授与される称号のことです。学士には、四年制大学で修得した学問分野によって、さまざまな種類があります（文学、教育学、理学、農学など）。学芸員資格にかんする大学での具体的な履修科目や、その修得方法については、次

節で学ぶ「博物館法施行規則」で一定の指針が示されています[註Ⅲ-1]。

　第11～22条には、法改正後の事項の一つ、「登録博物館」について定められています。従来の登録制度では、同法制定当初（昭和20年代）の設置者が地方公共団体や財団法人、宗教法人で大半を占めていたという事情を踏まえ、設置主体を厳格に、公立の施設のみに限定していました。しかしながら今日、さまざまな設置者による多様な施設が幅広く、公益的な活動を展開しています（第Ⅰ-1図参照）。そこで、直近の新しい「博物館登録制度」では第31条に規定されるように、国と国の独立行政法人を除いたあらゆる法人（地方行政法人やNPO法人など）を対象に、法的登録を受けることが可能となったのです。

　改正法では、従来からの登録基準である「学芸員の有無」、「博物館資料の有無」、「土地建物の有無」、「開館日数150日以上」といった外形的な条件のみならず、活動のあり方そのものを、実務レベルで確認できるような内容に変更されています。さらには「資料を取り扱う体制」、「学芸員を含む職員の配置」、「施設や設備に関する新たな基準」までを定めることで、実質的な活動要素がより豊富に盛り込まれました。登録審査に際しては、学識経験者から意見や、アドバイスを受けるという仕組みも加わっています。

　第15～16条では、登録博物館が自治体に対して定期的に、運営状況を報告することが義務付けられています。これは従来、登録博物館の活動内容や経営状況が登録以降に大きく変化した場合でも、何らの具体的処置がほどこされてこなかったという、過去への反省にもとづいた規定でもあります。

　第23～25条は、外郭となる「博物館協議会」について示されています。同協議会は博物館の運営や直近の事業計画等に対して、専門的立場はもとより、地域、学校、利用者側といったさまざまな視点を踏まえ、公正な外部関係者で組織され、博物館に対して建設的な意見を述べることで、優れた役割を果たしてきました。博物館運営が真に地域の実状や、今後の文化観光立国の推進とも上手くリンクし、より魅力的に機能していくためにも、特に地方においては不

可欠な民主的システムといえるでしょう。

　そこでは、博物館や教育委員会内部への忖度（そんたく）などは機能しないと期待できます。さまざまな立場から"生"の意見が発せられ、また反映されるという、すばらしい制度といえるでしょう。同会議では原則、博物館職員も同席すべきでしょう。また最低でも年一回程度、次年度事業の計画確立前には開催されるべきところです。

　つづく第26条は、入館料についてです。「公立博物館は、入館料その他博物館資料の利用に対する対価を徴収してはならない」と定められています。けれども、日本国内の諸例を思い起こしてみれば、実際はどうでしょう。多くの館園で入館料が要求されますね。では、それらはみな法令違反でしょうか。同条項のつづきをみてみましょう。「ただし、博物館の維持運営のためにやむを得ない事情のある場合は、必要な対価を徴収することができる」とも記されているのです。では、「やむを得ない事情」、あるいは「必要な対価」とは何なのか。

　館園のなかには入館料や利用料、拝観料等として、時に、何千円もの料金が求められるケースもありますよね。さらに、世間一般には「受益者負担」という考え方もあります。例えば、公共性の高い文化的な演奏会や演劇の場合では、相応の入場料を求められるのが当たり前です。ここでは、社会教育にかかわる活動とみなされるか否かが焦点となるわけです。その場合は資料閲覧の機会均等性といった観点から、少なくとも高額の金銭徴収は相応しくないという結論に行き着くのでしょうね。けれども、いっぽうで入館者数の確保を優先させたような人気映画や、アニメキャラなどに頼りきったレベルの特別展だと、どうでしょう。そういうイベントにまで貴重な公的税金を投入し、無料ないし低価格に設定する必要はないのではないでしょうか。読者の皆さんも一度よく、日本の現状を考えてみてください。

　第五章第31条では博物館に相当する施設、すなわち近年再設定された「指定施設」（従前の相当施設）について定められています。先の「登録博物館」

との外形的な違いも、一部見直されました。まず同第1項第一号に「文部科学大臣 国又は独立行政法人が設置するもの」と、それ以外の個人立を含む、あらゆる施設が「指定施設」の対象となり得ることが明記されています。例えば、京都市の藤井斉成（さいせい）会が運営する有鄰館（ゆうりんかん：つづく第Ⅳ章の写真Ⅳ-12参照）は、国宝、重文を含む中国古美術等を多数収蔵し、展示する、大正時代創設の有名な私立美術館です。しかしながら、月に2日間（毎月の第一、第三日曜日）しか開館しておらず、さらに車椅子やベビーカーでの入館も制限されるなど、法的基準には全く適合していません。これと似たケースは、古くから続く神社仏閣などにも数多く認められます。指定施設の基準にかんしては、先の登録博物館における認定基準で定めるとされていますが、社会の多様化に伴い、登録博物館の要件にそぐわない施設に対しても、博物館に相当する指定施設として、より柔軟に認定を進めていく必要があるのかもしれませんね。そのことで、広く博物館事業の社会的評価の向上や、文化財保護の促進が期待できるとともに、文化芸術の振興、地域における一連の観光事業の促進にもつながることが期待できるからです。

　なお、新制度においても国と、国の独立行政法人が設置する施設のみ例外的に文部科学大臣による指定とされ、地方自治の対象外とされています。その他の、都道府県と政令指定都市に所在する施設に対しては、社会教育の観点から、それぞれを自治する教育委員会が指定を担っています。

　こうした、国の機関のみに対する例外措置は、地域の社会教育施設とは異なる陳列施設、等といった解釈で説明される場合が多いのですが、法律上では、何も記されてはいません。先の第26条でみた入館料問題等とも実のところ連関し合っているものとみられますが、わが国の博物館政策を考えていくうえでは、やはり、再考を要する項目の一つといえそうです。

第Ⅲ-7節 博物館法施行規則への解釈

「博物館法施行規則」は、先の博物館法に基づいて文部科学省が具体的な事項や手続きを定めた「省令」です。直近の改正では、第5条の試験認定、第9条の審査認定にかかる制度上の受験資格や、第18条の学芸員補の資格にかかる再整備、登録、指定博物館の選定、取り消し基準に対する見直しや新設にかんする項目が、大幅に加えられています（第19～27条）。

第1条は、学芸員資格取得にかかる国家試験、「博物館に関する科目」と、各単位数について示されています（第Ⅲ-2図）。そして同第2項では「大学において修得した科目の単位」が、上記「修得すべき科目の単位に替えることができる」と定められています。

第2条では、「博物館実習」3単位に関する規定として、博物館に相当する「指定施設」以上、つまりは「登録博物館」、ないしは、「指定施設」における実習によって修得すべきことが、明記されているので注意しましょう。

ただ、同項の末尾には「大学においてこれに準ずると認めた施設を含む」ともあります。一般に、大学附属の「博物館その他の施設」のことを指していますが、近年増加傾向にある「ジオパーク」などの団体に対しても、大学が特例として認める場合があるようです。ただし、その場合も都道府県の認可基準と引けを取らない、あるいは、それ

科目	単位数
生涯学習概論	二
博物館概論	二
博物館経営論	二
博物館資料論	二
博物館資料保存論	二
博物館展示論	二
博物館教育論	二
博物館情報・メディア論	二
博物館実習	三

第Ⅲ-2図 修得すべき科目
（博物館法施行規則より）

以上の審査を行ったうえで、単年度の例外措置としてのみ認めるべきでしょうし、あくまで、学生への教育的効果が担保されていることを前提としなければならないでしょう。

さらに同第2項では「博物館実習には、大学における博物館実習に係る事前及び事後の指導を含む」（2単位）と規定されています。文化庁による「博物館実習ガイドライン」では、上記を意味する「学内実習」は通年で、博物館学専任教員による週1コマ90分年30回以上（セメスター制の半期授業ならば週2コマ以上で合計30回以上）の実施が推奨されています（文化庁2024）。

第3～12条では、学芸員の認定にかんする規定が記されています。第4条から、文部科学大臣による資格認定（試験認定と審査認定）を前提としますが、第7条では、大学で「試験科目に相当する科目の単位を修得した者」について、試験が免除されることも記されています。

第9・10・12・18条では、試験や大学での単位修得以外での審査認定の基準、条件等についても示されています。

第19～27条は、前節の博物館法で学んだ博物館の登録基準について、体制や申請手続、審査、指定の取消し等に関する基準が、くわしく定められています。

第Ⅲ-8節 関連する地方自治法の概略

「地方自治法」は、地方自治の本旨に基づき、地方公共団体の区分や地方公共団体の各組織及び運営に関する事項の大綱を定め、国と地方公共団体の基本的関係を確立させることを目指しています。

第244条の二では「指定管理者」に「公の施設の管理を行わせることができる」と定めるとともに、諸処の基準が整備されています。以下、条文の抜粋です。

同第1項「普通地方公共団体は、法律又はこれに基づく政令に特別の定めがあるものを除くほか、公の施設の設置及びその管理に関する事項は、条例でこ

れを定めなければならない。」。

　同第2項「普通地方公共団体は、条例で定める重要な公の施設のうち条例で定める特に重要なものについて、これを廃止し、又は条例で定める長期かつ独占的な利用をさせようとするときは、議会において出席議員の三分の二以上の者の同意を得なければならない。」。

　同第3項「普通地方公共団体は、公の施設の設置の目的を効果的に達成するため必要があると認めるときは、条例の定めるところにより、法人その他の団体であって当該普通地方公共団体が指定するもの（以下本条及び第二百四十四条の四において「指定管理者」という。）に、当該公の施設の管理を行わせることができる。」。

　同第4項「前項の条例には、指定管理者の指定の手続、指定管理者が行う管理の基準及び業務の範囲その他必要な事項を定めるものとする。」。

　同第5項「指定管理者の指定は、期間を定めて行うものとする。」。

　同第6項「普通地方公共団体は、指定管理者の指定をしようとするときは、あらかじめ、当該普通地方公共団体の議会の議決を経なければならない。」。

　同第7項「指定管理者は、毎年度終了後、その管理する公の施設の管理の業務に関し事業報告書を作成し、当該公の施設を設置する普通地方公共団体に提出しなければならない。」。

　同第8項「普通地方公共団体は、適当と認めるときは、指定管理者にその管理する公の施設の利用に係る料金（次項において「利用料金」という。）を当該指定管理者の収入として収受させることができる。」。

　同第9項「前項の場合における利用料金は、公益上必要があると認める場合を除くほか、条例の定めるところにより、指定管理者が定めるものとする。この場合において、指定管理者は、あらかじめ当該利用料金について当該普通地方公共団体の承認を受けなければならない。」。

　同第10項「普通地方公共団体の長又は委員会は、指定管理者の管理する公

の施設の管理の適正を期するため、指定管理者に対して、当該管理の業務又は経理の状況に関し報告を求め、実地について調査し、又は必要な指示をすることができる。」。

同第11項「普通地方公共団体は、指定管理者が前項の指示に従わないときその他当該指定管理者による管理を継続することが適当でないと認めるときは、その指定を取り消し、又は期間を定めて管理の業務の全部又は一部の停止を命ずることができる。」。

以上の条文により、現在、日本各地の多くの地方公共団体で「指定管理者制度」が導入、運営されているのです。

第Ⅲ-9節 文化財保護法の概要

つづく第Ⅳ章でも再び学びますが、「文化財保護法」は、かつての第二次世界大戦や、その前後の社会経済の混迷にもとづく無惨な文化財の破壊、盗難、散逸、そして海外流出といった事態の悪化、さらにはその延長上として生じてしまった奈良県「法隆寺金堂壁画」や京都府「鹿苑寺金閣」の焼失を最終的な契機として、急遽1950（昭和二十五）年5月に成立、同年8月に施行されたものです。

それ以前、文化財保護にかんする法律は、1871（明治四）年布告の「古器旧物保存方」をはじめ、複数が並立していました。同法は、それまでの各法（「国宝保存法」、「史跡名勝天然記念物保護法」、「重要美術品等の保存に関する法律」など）を統合し、整備拡大されたものなのです。文化財全般をその対象範囲とし、指定、管理、活用にいたる諸制度の体系化がはかられました。また、のちの文化庁発足へとつながる「文化財保護委員会」が設置されるなど、わが国の文化財行政に対する強化も実現されたのです。

同法が対象とする範囲は、人の手による人文系資料や建造物のみならず、貴

第Ⅲ章 博物館をめぐる法的枠組みの概要

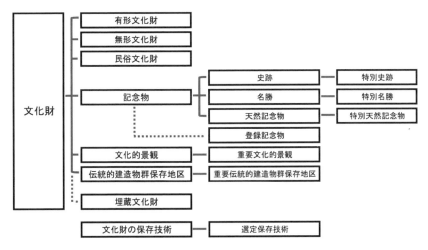

第Ⅲ-3図 文化財の体系
（文化庁文化財第二課 2022 より再編）

重な生物や地質などの自然遺産、祭事や技能にかかわる無形の文化遺産にまでおよんでいます。近年では、「文化的な景観」などにも対象範囲を広げました。

　先の博物館法第三条第１項第九号には、この文化財保護法の適用を受ける文化財に対して、「解説書又は目録を作成する等一般公衆の当該文化財の利用の便を図ること」と記されています。この条文から、学芸員は博物館資料のみならず、広く文化財全般の調査研究に従事できるのです。

　文化財保護法では1950年の制定以後、100年近くもの間、文化財の保護と、保存に重点が据えられてきました。しかし直近、2018（平成三十）年の法改正（翌2019年施行）により、文化、芸術、観光促進の観点から、「活用」という文言が各所に盛り込まれるようになりました。これは、近年制定された「文化芸術基本法」や「文化観光推進法」等にみる「活用」促進とリンクしたもので、日本の文化財行政は今、歴史的な大転換期を迎えつつあるともいえるでしょう。

　上記さまざまなジャンルの文化財を幅広く保護対象とするため、近年、既存の「指定」制度を補完した「登録」制度も創設されるようになりました（第Ⅲ

-3図)。この「登録」制度を活用して、近年では、海外でも人気の日本の「食文化」の保護が積極的に進められるようになったのです。地域の、特色ある郷土食やその風俗慣習、食品加工技術、長い歴史のなかで料理人等によって継承されてきた芸術性のある「わざ」等も、これからは「文化財」になり得るのです。

　法的に指定、または登録、選定、選択された文化財に対しては、以降それぞれ、行政が何らかの施策や対応を行う義務を負います。現状変更や修理、輸出などに一定の制限が課せられる一方、有形文化財の保存修理や防災、買い上げ、また無形文化財にかんしても伝承者の養成や、記録の作成等、保護のために必要なさまざまな助成措置が講じられることとなるのです。

　第2条では、こうした文化財の定義が示されています。うち第1項第四号の表現はやや難解ですが、「貝づか、古墳、都城跡、城跡、旧宅その他の遺跡で我が国にとって歴史上又は学術上価値の高いもの」を「史跡」、「庭園、橋梁、峡谷、海浜、山岳その他の名勝地で我が国にとって芸術上又は観賞上価値の高いもの」を「名勝」、「動物（生息地、繁殖地及び渡来地を含む。）、植物（自生地を含む。）及び地質鉱物（特異な自然の現象の生じている土地を含む。）で我が国にとって学術上価値の高いもの」を「天然記念物」と分別します。

　つづく第3～4条では政府、地方公共団体、ならびに国民が、各々同法の目的達成のため、その趣旨の徹底に努め、協力しなければならないと定められています。

　第27条は「重要文化財」（以下、「重文」）の指定にかんする規定です。これらは、先の「有形文化財」のなかから文部科学大臣が選定するとあります。「有形文化財」は大きく「建造物」と、「美術工芸歴史資料」（絵画、工芸品、彫刻、書跡、典籍、古文書、考古資料、歴史資料など）の2系列に分かれます。さらに上記「重要文化財のうち世界文化の見地から価値の高いもので、たぐいない国民の宝たるもの」が、「国宝」に指定されるのです。ちなみに、近年では保護すべき対象物の多様化を鑑みて、2004（平成十六）年の法改正以降、とくに

近代以降に作成され、一括して保存されている資料・文書類などを「登録有形文化財（美術工芸品）」、また建造物群のうち「国土の歴史的景観に寄与しているもの」や「造形の規範となっているもの」、あるいは「再現することが容易でないもの」を「登録有形文化財（建造物）」として保護できるよう、制度が拡充されました。「記念物（史跡名勝天然記念物）」にかんしても、別途「特別史跡」、「特別名勝」、「特別天然記念物」のように設定されており（写真Ⅲ-4など）、同様に「登録記念物」の枠が加わっています（第Ⅲ-3図）。

写真Ⅲ-4 特別史跡「三内丸山遺跡」
（青森県青森市／縄文時遊館／著者撮影）

第31条では重文の管理、第38・39条では国宝の管理、修理等にかんする事項が示されています。

第44条では、一部の例外を除いて、重文は「輸出してはならない」と記されています。

第46条では、重文の売買にかんする規定が示されています。原則として、まず「文化庁長官に国に対する売渡しの申出をしなければならない」と記されています。売却の有事に際して、国による介入を大前提としたシステムがとられていることを理解しましょう。

第48条、第53条では、重文の公開にかんする規定が定められています。

第57条は有形文化財の登録、および「文化財登録原簿」についての規定です。文部科学大臣は、あらかじめ関係地方公共団体の意見を聴くこととされています。もっとも、近年の「文化観光推進法」制定に伴い、文化観光拠点施設を中核とした地域では、逆に、文部科学大臣に対して自治体側から「文化財登録原簿」への登録を提案できるという、多少柔軟な制度にも改訂されました（「文

化観光推進法」第16条も参照)。

　第71条に登場する「重要無形文化財」にかんしては、その「保持者又は保持団体」の認定に対する事項が定められています。ちなみに「人間国宝」とは、「重要無形文化財保持者」に認定された人物を指す通称で、制度上の呼称ではありません。演劇（歌舞伎、能楽、文楽：ぶんらく、組踊：くみおどりなどの伝統芸能）や音楽、工芸技術（陶芸、染織、漆芸、金工、人形、竹細工、和紙など）等が、これに該当します。

　第78条では「重要有形民俗文化財」、および「重要無形民俗文化財」について定められています。民俗文化財とは、わが国の、各地方に根差した衣食住・生業・信仰・年中行事等にかかわる「風俗慣習」、「民俗芸能」、「民俗技術」、ならびに、それらに用いられる衣服、器具、家屋、その他の物件など、国民が日常生活のなかで創造し、継承してきた有形・無形の文化財を指し示します。

　第92～105条では、原則として地中や海中などに埋没していた「埋蔵文化財」（略して「埋文」）にかんする規定がまとめられています。発見にはじまり、発掘、帰属（収納）先、保管方法等に対する各種の規定が示されています。うち第93条では「土木工事その他埋蔵文化財の調査以外の目的で、貝づか、古墳その他埋蔵文化財を包蔵する土地として周知されている土地（以下「周知の埋蔵文化財包蔵地」という。）を発掘しようとする場合」、60日前までに、文化庁長官に届け出る必要があると定められています。また第96条では「土地の所有者又は占有者が出土品の出土等により貝づか、住居跡、古墳その他遺跡と認められるものを発見したときは、第九十二条第1項の規定による調査に当たって発見した場合を除き、その現状を変更することなく、遅滞なく、文部科学省令の定める事項を記載した書面をもつて、その旨を文化庁長官に届け出なければならない。」とも決められています。これらの条文は、読者のみなさんのうち、仮に地方の教育委員会等、公的関連機関に就職して、広く文化財保護にたずさわる場合は、文理を問わず、必ず知っておかなければならない法的根

- 46 -

第Ⅲ章 博物館をめぐる法的枠組みの概要

拠となりますので、よく理解しておきましょう。開発によって失われようとしている無二の、貴重な埋蔵文化財の存在が把握された場合は、早急な対応が必要になります。まずはその価値について、有識者を交えた協議が必要となります。時に、土木系開発業者や土地所有者（地権者）とのせめぎ合いが生じやすいなかで、常に文化財保護の立場から、適切に対応する必要があるからです。

第109～125条では「史跡名勝天然記念物」の指定や管理、復旧等についての各規定が定められています。この制度にかんしては、先にも触れた通り、それを補完するものとして緩やかな保護措置（指導・助言・勧告を基本とする）を講じることのできる「登録」制度が追加されました。直ちに、指定を行うことが困難な事例のうち、放置すると消滅や崩壊等の危険性が高いケースなどが主な対象です。

登録制度は当初、建造物（有形文化財の一系列）に対して限定的に導入されていました。しかし地域開発の多様化に伴い、近年では保存活用の観点から、対象とすべき文化財や記念物が増加しているのです。2005（平成十七）年、記念物にもこの登録制度が導入された背景といえるでしょう。

たとえば、上記の「埋蔵文化財」が出土した場所、つまり「遺跡」は、指定を受けることで「史跡」として扱われるようになりますが、開発や自然災害に伴った不時発見の場合、この登録制度を活用した応急措置が有効でしょう。

記念物の「登録」に際しては、文部科学大臣が指定の「史跡名勝天然記念物（…中略…）以外の記念物（…中略…）のうち、その文化財としての価値にかんがみ保存及び活用のための措置が特に必要とされるものを文化財登録原簿に登録することができる。」（文化財保護法第132条）と定められています。「文化財登録原簿」に登録された記念物は

写真Ⅲ-5 重要文化的景観　遊子水荷浦の段畑
（愛媛県宇和島市／著者撮影）

- 47 -

以降、「登録記念物」と呼称されるようになります。

　第134条では「重要文化的景観」について記されています。「文化的景観」とは「地域における人々の生活又は生業及び当該地域の風土により形成された景観地で我が国民の生活又は生業の理解のため欠くことのできないもの」を指します（文化財保護法第2条第1項第五号）。日常の生活に根ざした身近な景観を対象とするため、気付かれにくいケースも多いのが現実です。しかしそれゆえに、安易な土地開発や自然災害、あるいは経済的理由等で最も失われやすいのが、先の「名勝」と、この「文化的景観」なのです。古くから山の斜面に築かれてきた「棚田」や「段畑」などの農村風景（写真Ⅲ-5）、「漁港」などの漁村風景なども、すべて日本特有の風土や文化が生み出してきたものであり、後世に伝えるべき文化財の一つとなる可能性を秘めているのです。今後、日本が文化芸術や観光を一層推進していくうえで、とても重要な制度となることでしょう。

　「文化的景観」のなかでも特に重要とみなされる例は、都道府県または市区町村の申し出にもとづいて「重要文化的景観」に選定されます。選定された景観に対しては、現状を変更し、あるいは、その保存に影響を及ぼす行為を進めようとする場合には、事前に、文化庁長官へ届け出ることが義務づけられるようになります。ただし、通常の生産活動にかかわる行為や非常災害における応急措置等の場合はこの限りではないともされており、注意が必要です。こうした非常事態でも貴重な景観が失われないようにするためには、日常における巡回や管理、保護対策に加え、何より、近隣住民の保護意識への理解を高めておくことが肝要といえるでしょう。そのため、日ごろの博物館活動が不可欠となるのです。もしかしたら、学芸員の問題意識や行動力次第で、その地域の「文化的景観」が大きく左右されるかもしれない、そういうことですね。

　ちなみに、「文化的景観」の保存活用のために行われるさまざまな事業、例えば調査や保存活用計画の策定、整備、普及・啓発事業にかんしては、国から

第Ⅲ章 博物館をめぐる法的枠組みの概要

経費の一部補助が成されています。以上の制度は、2004（平成十六）年における文化財保護法の一部改正によって開始されました。

第142～144条は「伝統的建造物群保存地区」についての規定です。前頁の「文化的景観」とは近しい関係にありますが、こちらは、古くから残されてきた町並みを構成する建造物群が対

写真Ⅲ-6 重要伝統的建造物群保存地区
うだつの町並み
（徳島県美馬市／著者撮影）

象となります。当然ながら建造物群に対する歴史のほうが古く、すでに1975（昭和五十）年の法改正によって制度が開始されています。城下町、宿場町、門前町など、全国各地に残る歴史的な集落・町並みの保存が対象とされてきました（写真Ⅲ-6）。法的手続きとしては、まず市町村が「伝統的建造物群保存地区」を選定し、保存活用計画を定めます。次いで都道府県の仲介のもと、国が市町村からの申出を受けて、審査するという仕組みです。結果、我が国にとって特に価値が高いと判断される例が「重要伝統的建造物群保存地区」（略して「重伝建」）に選定され、国からの補助を可能とします（第144条）。文化庁や都道府県教育委員会では、これらに該当しそうな市町村に対して指導や助言も行っています。また市町村が行う修理・修景事業や防災設備の設置事業、案内板の設置事業等に対しても援助し、税制優遇措置を設ける等の支援も行っているのです。こうした取り組みの蓄積によって現在、日本全国には3万件以上もの伝統的建造物群、および環境物件が選定され、保護されているのです。

第147条では「選定保存技術」の保護と、認定について示されています。文化財の保存と保護活用のため欠くことのできないのが、人の手による伝統的な技術や技能です。そのうち、措置を講ずる必要のあるものを「選定保存技術」とし、保持者や、保存団体を公的に認定していくという制度です。この制度を

活用し、地域では技術者の確保のための伝承者養成など、将来に向けた技術の維持向上と、技術の記録化などの取組みが進められているのです。

　なお第153条では、文部科学大臣が以上の各指定や解除に際し、「文化審議会」へ諮問しなければならないと定められています。

　第182条には、以上にかんする地方公共団体、および教育委員会の役割が定められています。

　第193条以下は罰則にかんする規定です。第195条では重要文化財を対象に、損壊・毀棄（きそん）・隠匿（いんとく）すると5年以下の懲役、禁錮、または100万円以下の罰金が科せられると定められています。第196条は「史跡名勝天然記念物」が対象です。こちらも現状の変更、または保存に影響をおよぼす行為によって滅失・毀損・衰亡させると5年以下の懲役、禁錮、または100万円以下の罰金が科せられると示されています。一般に、他者の所有物を破壊する行為には「器物損壊罪」が適用されます。けれども、文化財保護法が対象とする「文化財」を破壊した場合は、この器物損壊罪よりも重い刑罰が科せられるのです。ちなみに、上記各項目が文化財の所有者自身の手による行為であった場合も、それぞれ2年以下の懲役、禁錮、または50万円以下の罰金が科せられることになります。

第Ⅲ-10節 公開承認施設について

　文化財保護法の第53条にもとづき、国宝や重文などが適切な施設で公開されるための基準を定めた制度です。文部科学省が規定する省令「重要文化財の所有者及び管理団体以外の者による公開に係る博物館その他の施設の承認に関する規定」で定められています。国宝や重文は、かけがえのない国民の宝ですから当然、100年、200年先も同じ材質、状態を保ったまま、活用され続けなければなりません。したがって、これらに見合う展示施設を審査して承認すべ

き、という考え方にもとづいています。

　以下紹介するように、各種の厳しい認定基準をクリアーした恒常的な施設や設備を備えており、かつ、国指定文化財に対する一定期間の公開実績が要件とされています（写真Ⅲ-7～9など）。

　第2条では、文化庁長官が国宝や重文の公開促進をはかるため、すべての基準をクリアーした博物館等の施設を承認するとあります。また同3項には、承認日から起算して5年経過の後には、その効力が失われてしまうともあります。つまり、恒久的な優遇措置ではないとする、たいへん厳格な制度であることがわかりますね。

　第3条では、以下の通り、具体的な承認基準が示されています。

　第1項第一号では、「博物館等の施設の設置者が、重要文化財の公開を円滑に実施するために必要とされる経理的基礎及び事務的能力を有しており、かつ、重要文化財の公開に係る事業を実施するにふさわしい者であること」が示されています。

　ついで同第二号では、以下に示すような、組織にかんする承認基準が示されています。

　「イ　重要文化財の保存及び活用について専門的知識又は識見を有する施設の長が置かれていること。」

　「ロ　博物館法（昭和26年法律285号）第5条第1項に規定する学芸員の資格を有する者であり、文化財の取扱いに習熟している専任の者が二名以上置かれていること。」

　「ハ　博物館等の施設全体の防火及び防犯の体制が確立していること。」

　さらに同第三号では、以下に記されるような、建設設備にかんする承認基準も示されています。

　「イ　建物が、耐火耐震構造であること。」

　「ロ　建物の内部構造が、展示、保存及び管理の用途に応じて区分され、防火

写真Ⅲ-7 公開承認施設 岩手県立博物館
（岩手県盛岡市／著者撮影）

写真Ⅲ-8 公開承認施設 神奈川県立歴史博物館
（神奈川県横浜市／旧横浜正金銀行本店本館
／著者撮影）

写真Ⅲ-9 公開承認施設 山口県立美術館
（山口県山口市／著者撮影）

のための措置が講じられていること。」

「ハ　温度、相対湿度及び照度について文化財の適切な保存環境を維持することができる設備を有していること。」

「ニ　防火及び防犯のための設備が適切に配置されていること。」

「ホ　観覧者等の安全を確保するための十分な措置が講じられていること。」

「ヘ　博物館等の施設が同一の建物内で他の施設（商業施設を除く。）と併設して設置されているときは、文化財の保存又は公開に係る設備が、当該博物館等の施設の専用のものであること。」

「ト　博物館等の施設が同一の建物内で商業施設と併設して設置されているときは、当該博物館等の施設が、文化財の公開を行う専用の施設として商業施設から隔絶（非常口を除く。）していること。」

最後に、同第四号で「博物館等の施設において、承認の申請前五年間に、法第53条第1項に基づく重要文化財の公開を適切に三回以上行った実績があること」が、承認条件とされているのです。

第Ⅰ部第Ⅲ章註

(註Ⅲ-1) 第5条第1項第一号の「博物館に関する科目」は、文部科学省主催の国家試験によっても認定を受けられます。ほか同資格の取得方法として、第5条第1項第二号は、第6条で示される「学芸員補」(大学や短大に2年以上在学し、短期大学士の学位あるいはそれ以上を有しつつ、文部科学省令（博物館法施行規則）が定める「博物館に関する科目」の学位を全て修得したもの）の職務を3年以上勤めた方に対する認定の規定が示されています。さらに第5条第1項第三号には、文部科学大臣が、第一〜二号と「同等以上の学力及び経験を有する者」と認めた場合も取得可能と記されています。

■リモート課題⑤■

Q1. 博物館以外で、展示活動を行っている施設名を一つ以上挙げなさい。
【　　　　　　　　　　　　　　　　　　　　　　　　　　　】

Q2. 上記Q1の施設について、博物館と何が違うのか、よく整理して回答しなさい。

Q3. 博物館とはどのような施設のことをいいますか。上記Q1・2を踏まえながら、「博物館資料」をキーワードに、適確に述べなさい。

　　　　　　　† 　† 　† 　† 　† 　† 　† 　†

【ねらい】
　博物館の定義について、展示と、博物館資料の視点から復習しておくための課題です。さまざまな店舗、観光地、道の駅、そして最近ではバーチャル世界などで陳列される商品のなかにも、展示や空間ディスプレイといった観点で通じるものを見出せます。この課題に向き合うことで、博物館の存在意義についてあらためて考えてもらいます。

第Ⅲ章　博物館をめぐる法的枠組みの概要

■リモート課題⑥■

Q1．博物館学芸員の専門分野は多様です。テキストを参考に、以下、思いつく分野を列記しなさい（例：考古学）。

_____
_____
_____

Q2．上記Q1で挙げた諸分野のうち、あなたが一番関心の持てる分野を一つ挙げ、その分野の博物館における活動上の特徴について、調べて概説しなさい。

_____
_____
_____
_____
_____
_____
_____

Q3．あなたは、上記Q2で回答した分野の学芸員だとします。あなたの住む地域を対象に、調査研究してみたいテーマを一つ挙げ、その、予想される活動意義を述べなさい。

_____
_____
_____
_____
_____
_____
_____

　　　　　†　　†　　†　　†　　†　　†　　†　　†

【ねらい】
　博物館法で登場する「学芸員」の多様性について、認識を深めるための課題です。学芸員の諸活動が、実は大学で学んでいるさまざまな学問分野とリンクしていることを理解することで、受講生のそれぞれが、自らの専門性をみがく必要性を実感できるための機会にもしています。

第Ⅰ部 博物館概論
第Ⅳ章 博物館の歴史

第Ⅳ-1節 博物館の条件

　2022年開催のICOM（イコム／アイコム：International Council of Museums：国際博物館会議）第26回総会（General Assembly）、プラハ大会で採択された定義によると、博物館とは、「有形及び無形の遺産を研究、収集、保存、解釈、展示する、社会のための非営利の常設機関である。博物館は一般に公開され、誰もが利用でき、包摂（ほうせつ）的であって、多様性と持続可能性を育む。倫理的かつ専門性をもってコミュニケーションを図り、コミュニティの参加とともに博物館は活動し、教育、愉しみ、省察（せいさつ）と知識共有のための様々な経験を提供する。」と定められています（和訳：ICOM日本委員会編 2023）(註Ⅳ-1)。

　少しむずかしい表現がならんでいますね。これから、みなさんが博物館の歴史を学んでいくうえで、とくに重要となるキーワードは、前章で学んだ日本の博物館法が定める「収集・保存・展示・研究・教育」という資料学上の側面のみではなく、「一般に公開」され、「社会のための非営利」団体組織として運営されているという点と、恒久的な「常設機関」であるとする2点といえるでしょう。

　いうまでもなく、未来に向けた博物館の繁栄を議論するうえで、過去の歴史を正しく学ぶことは本書でも、必須のミッションの一つといえるでしょう。以下本章では、そうした展望を踏まえたうえで、長い、長い博物館の歴史を全18節に分割しながら、それぞれの時期で特筆すべき要点についてのみ探究していくことにしましょう。

第Ⅳ章　博物館の歴史

第Ⅳ-2節 有史以前からつづく人類の感性とその潜在的要素

　今から約2万年前、フランスの「ラスコー洞窟（Grotte de Lascaux）」では、人類の祖先となるクロマニョン人（Cro-Magnon man）によって描かれた数百におよぶ野生動物や人間、幾何学文様の彩画、刻線画、そして吹付絵画が残されています。この旧石器壁画は、古い壁画のうえに新たな壁画が一部重なりながら描かれており、絵画空間としての鑑賞的要素はまだ、発達していなかったと解釈されています（高階編2002ほか）。けれども、人が目で見た特別な印象を「絵画」という方法を用いて残し、他者へと伝えようとする行為からは、芸術や展示、教育へと通ずる文化的行為の原点を読み取れます。

　このように美しい物や珍品をめでたり、製（制）作して、収集しようとしたりする人類特有の行為は、のち定住生活の進んだ新石器時代、日本列島でいうところの縄文時代になると、一層、顕在化してきます。例えば、写真Ⅳ-1は美しい白色の貴石（ネフライト：透閃石岩）でつくられた約7,000年前の耳飾りです。福井県桑野遺跡の特定のお墓から複数発見されたものですが、驚くことに、これらの石材の原産地は遠く、中国東北部にあることが近年の科学分析の結果、判明しています（中村2019ほか）。このことは、稀少で美しい石材を加工した装飾品が広く、東アジア圏の人びとのあいだで賛美され、一定の物流網が形成されていたことを意味しているでしょう。

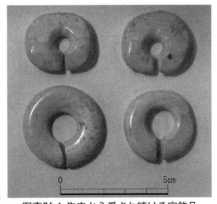

写真Ⅳ-1 先史から愛され続ける宝飾品
（玦状耳飾）
（福井県桑野遺跡／あわら市郷土歴史資料館蔵
／著者撮影）

　つづく写真Ⅳ-2は、今から約4,500年ほど前の、同じく縄文時代の日本で認められる、自然界の"精霊"の姿を

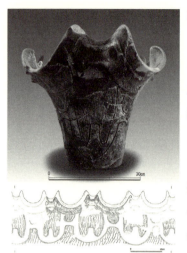

写真Ⅳ-2 縄文土器の装飾（物語性文様）
（富山県桜町遺跡／小矢部市教育委員会蔵
／著者撮影／下段の展開図は久々・塚田
編 2006,p199 №. 21 より転載）

暗に描いた土器です。

「芸術は爆発だ！」の発言や、「太陽の塔」の設計で知られている有名な芸術家、岡本太郎は、かつて、こうした縄文時代の華麗で独創的な装飾意匠をみて「現代人の神経にとっては、まったく怪奇だが、この圧倒的な凄（すご）みは、日本人の祖先の誇った美意識だ。それは今日なお、われわれの血の深い底流にひそんでいる」（岡本1952ほか）等と、絶賛しています。たしかに、私たち日本人の心のなかには、そうした独特の芸術的感性がひそんでるのかもしれない？ そう考えてしまう読者のみなさんも、きっと少なくはないことでしょう。

　もっとも当時の遺跡を発掘すると、各地とも、同じような文様パターンを描いた土器がたくさん出土します。この事実からは、当時の人びとが単なる芸術作品を競い合っていたのではなく、複雑に計算された華麗な文様を情報として共有しようとする、成熟した先史社会の姿をうかがうことができるわけです。縄文社会において、一定の美意識が土器等のなかに結晶化されていたことは確実でしょうが、個々の文様のなかに"言葉：ことのは"の源流をなすような、一種のメッセージ性がひそんでいたことにも注意が必要でしょう。集団内外では、そうした共通の「物質文化」を介して、一部の鑑賞に近しい行為や交流が繰り返されていたのではないでしょうか。

　以上のように縄文時代、人びとは貴重で美しい装飾品を求め、身辺にはべらせるとともに、一定の絵画や立体造形に対する関心、賞賛の心を共有しはじめていたといえるでしょう。美しいものや稀少な珍品を収集し、他者へ見せなが

ら会話しようとする姿からは、人類が定住生活を介して一定のコミュニティーを形成しつつ、身近な隣人を意識し合う等といった一連の行動パターンの獲得が読み取れるでしょう。そしてそのことが、かなりはやい段階から普遍的に受け継がれていたことを明示しているのです。

のち弥生時代〜古墳時代に移ると、自然との共生を前提とした平等社会の原理がくずれ、特定の権力者の登場と、土地や財宝、権力をめぐる集団間の抗争が小世界を支配する国家形成段階へと移ります。すると、そうした珍品や宝物の類が権力の象徴（Prestige Goods：威信財）として、広く、集団間で崇（あが）められるようになるのです。日本のような木造建築文化においては、そうした財産を集めた「宝物庫」のような遺構は未だ発見されてはいません。しかしながら、古墳などの権力者のお墓には玉や青銅器、武具といった、生前の被葬者たちが大切にしていたと考えられる威信財や宝物の類が、副葬品として多量に埋納されるケースがめずらしくはありません。これらを裏付けとして、すでに特定の財産を多量に保管するための、今日でいうところの宝物庫や収蔵庫のような役割を果たした専用施設が存在していた可能性は、充分に考えられるところでしょう。

現に、そうした宝物庫の類は、次節で紹介する紀元前の地中海世界では、すでに、顕著にみることができるのです。

第Ⅳ-3節 地中海周辺における博物館の黎明とその淵源

今日、世界中で通用する"Museum（ミュージアム）"という英語表記の語源は、紀元前280年ごろ（今から2300年ほど前）、古代ギリシア（ギリシャ）で信仰されていた女神たち「Mousa：ム（ー）サ」（複数形 Mousai：ムーサイ、英語表現の Muse：ミューズ）を祀る神殿「Mouseion：ム（ー）セイオン」にまで、さかのぼります。"女神たち"とは、一般的にクリオ（歴史）、カリオペ（叙事

詩)、エウテルペ(器楽)、タリア(喜劇)、メルポルネ(悲劇)、テルプシコレ(舞踏)、エラト(恋愛詩)、ポリュヒュムニア(賛歌)、ウラニア(天文)の9姉妹を指します。

　さかのぼること紀元前4世紀前半、哲学者プラトンは、ギリシアのアテネに学園「アカデメイア」を設立しました。その存在はアレクサンドロス3世(大王)にも多大なる影響を与えたと記録されます。さらに紀元前4世紀後半には、哲学者アリストテレスが「リュケイオン」学園を設立、哲学や、学芸を奨励しました。

　紀元前2世紀、有名なアテネの中心地、アクロポリスのパルテノン神殿脇には、奉納画(Pinax)や戦利品等を飾るホール兼宝物庫、つまり、今日でいうところの美術館の原初的スタイルである「宝物庫(収蔵庫)」に近しい建物「ピナコテーケー(またはカ／ク)」(ギリシア言語：pinakothēkē／イタリア語：Pinakotheca／ドイツ語：Pinakothek)が営まれていました。すなわち、今日のミュージアム機能のうちの「収集」、「保管」の機能にかんしては、すでに古代ギリシア時代には確実に存在していたわけです。

　ドイツ、ミュンヘンでは1853年創設以降、現在もつづく美術館「アルテ・ピナコテーク」と「ノイエ・ピナコテーク」が、また1905年創設のブラジル、サンパウロにある同国内最古の美術館「ピナコテカ」(絵画館)など、今も世界各地で、そうした歴史的呼称が継承されています(写真Ⅳ-3)。

写真Ⅳ-3 イタリア、ウフィッツィー美術館の横断幕にみる "FIRENZE MUSEI" の表現
(フィレンツェ／著者撮影)
註：イタリア語でミュージアムは "Museo" ですが、古い "Musei" の用語もイタリア各地に継承されていて、今も使用され続けています。

　いっぽう地中海世界で絶大な勢力を誇っていた紀元前後の古代ローマでは、裕福な貴族層の邸宅において、美術品や珍奇品の収集、陳列が好まれて

第Ⅳ章　博物館の歴史

いました。ベスビオ火山の噴火で紀元79年に滅んだ南イタリアの古代ローマ都市、ポンペイ遺跡では、ギリシア的伝統と、オリエント文化の融合によるヘレニズム文化を富裕層たちが積極的に取り入れたモザイクやフレスコ画、大理石彫像、貴金属、豪華な食器や道具類などが、豊富に発見されています（写真Ⅳ-4）。

写真Ⅳ-4　イタリア・ポンペイ出土の豊富な美術品
（イタリア：カンパーナ州ポンペイ遺跡／著者撮影）

　紀元前3世紀、エジプトのプトレマイオス1世は、当時先進をなしていたアテネ等、周辺各地から多くの学者たちを招聘しました。王は、アレクサンドリアに巨大な王立のムセイオンを建設し、そこに学者たちを専住させて、研究活動を奨励したのです。今日の大学や博物館に近い公設の巨大施設といえるでしょう。前1世紀末の歴史・地理学者、ストラボンの記録には、「それは王宮の一部であり、散歩道（ペリパトス）、アーケード（エクセデラ）、会員用大食堂を備えた大きな建物である。会員たちはすべてを共有する共同社会を構成し、代々の国王によって任命されるムセイオンの責任者である神官」が采配する、等と記されています（モスタファ／松本訳1991,p72）。国王からの任命により、すでに館長も配属されていました。

　このようにして、地中海世界ではギリシア文化とオリエント文化が融合し、新たにヘレニズム文化が形成されていくのです。プトレマイオス王の財力により、当時各地からはさまざまな学術資料や標本が収集され、大図書館（ビブリオテケ）も併設されていました。大図書館（ビブリオテケ）では、パピルスを用いた貴重な学術文献の書写も行われています。プトレマイオス朝のムセイオンでは、アテネのギリシア哲学にかんする研究にとどまらず、メソポタミアからエジプトに至る広大なオリエント各地の資料が積極的に収集され、当時、人

文、自然史学各分野の発展にも大いに寄与していたと考えられています。紀元前3世紀に活躍したムセイオン出身の学者たちには、当時のヘレニズム文化を代表するアルキメデス、ユークリッド（エウクレイデス）、アリスタルコス、エラトステネスなどがいました。

このように隆盛を極めたエジプト、アレクサンドリアのムセイオンは、しかし、紀元前1世紀のカエサルの侵攻による大戦災によって焼失、大きく衰退していきます。もっとも、のち紀元7世紀、西暦642年のアラブ、イスラームによるエジプト征服にいたるまで、存続はしていました。そしてこの間、膨大な知的財産の数々は、新たに地中海南部〜中東に華開いたイスラーム文化へと継承されていくのです。

紀元8世紀、アッバース朝の第5代カリフ（西暦786年〜809年在位）となったハールーン＝アッラシードは、アレクサンドリア時代の著作物を膨大に収集しています。そして西暦830年、息子の第7代カリフであるマアムーン（アブドゥッラー）が、バグダードの地に「知恵の館」（知の家）を建設するのです。同施設には天文台も併設されていました。ここでは、主にヘレニズム文化で蓄積されていたギリシア語文献に対するアラビア語への翻訳が大々的に行なわれ、のち、中東の文化拡大にも大きく寄与していったのです。

以上からは、今日における大学、博物館収蔵庫や、図書館に近しい機能がすでに整っていたことを理解できることでしょう。そして、それらの起源がたいへん古く、地中海世界では紀元前にまでさかのぼっていたことも学ぶことができました。

しかしながら、それらは、あくまで王や特定の国家権力者のための施設であって、一般公開や社会貢献を前提とはしていませんでした。この点において、本章の冒頭で示した「ICOM」にもとづく博物館の定義とは、かなり異なっていたことが明白といえるでしょう。

第Ⅳ章　博物館の歴史

第Ⅳ-4節 日本における博物館の源流

　つづいて、わが国における博物館成立以前の歴史について、少し探っていきましょう。

　6世紀の中ごろ、主に韓半島南部の百済（くだら／ひゃくさい／ペクチェ）から日本へと、仏教が伝来しました。これにより、朝廷や寺院、あるいは皇族や貴族などの上流階層では仏教、仏具ほかの稀少な美術工芸品が収集され、保管されていきます。

　奈良県東大寺の正倉院宝庫（国宝・世界遺産）は奈良時代中期以来、天皇家や東大寺の宝物を収蔵してきた国家規模の宝物庫といえます（写真Ⅳ-5）。有名な聖武天皇の愛用品をはじめ、シルクロードやステップロード経由で伝わったササン朝ペルシア、インド、中国などに由来する文化財約9,000件が収められており、わが国の天平文化を知るうえで、一級の博物館資料といえるでしょう。宝庫は、温湿度管理や防虫効果の高い木造高床式で、間口約33メートル、奥行約9.4メートルの規模をほこります。倉内は、さらに三部屋（北倉、中倉、南倉）に仕切られた各二階構造になります。壁面には、大きなヒノキ製の三角材（校木：あぜき）を井桁に組み上げた、資料保存を重視した校倉（あぜくら）造りが採用されているのは有名ですね。さらに宝物類は各々、防虫効果の高いスギ製の脚付唐櫃（からびつ／からひつ）に納めて収納されてきました。接合部にウルシを塗布することでさらに機密性を高めており、櫃内の温湿度差を緩和、外光や外気を遮断する保存効果がすでに理解されていたのです。

　以上の三倉のうち、聖武天皇ゆかりの宝物を納めた北倉は、奈良時代当初より、開扉に「勅許（ちょっきょ：天

写真Ⅳ-5 正倉院宝庫
（奈良県東大寺／著者撮影）

皇による許可）」が必要とされる特別厳格な空間です。のち、幾星霜の危機的歴史 (註IV-2) を経て、明治時代以降は三倉すべてが勅許制とされています（勅封倉）。これらの宝物が今日なお、極めて良好な遺存状態を保ってきた理由として、以上の正倉院宝庫構造や唐櫃保管といった管理体制の徹底に加え、この「勅封制度」による貢献があげられるのです。

　ちなみに、東大寺正倉院宝庫の歴史的文物が一般公開されるようになったのは戦後、1946（昭和二十一）年以降のことです。その後今日まで、毎年秋には勅封が解かれ、11月3日の「文化の日」前後、宝物の点検と合わせて公開される「正倉院展」が奈良帝室博物館、1952年からは奈良国立博物館で開催され続けており、今日へと至ります（原則として、総数約9,000件のうちの毎年60件前後）。ぜひ何度も訪問し、直接、天平時代の一級文化に触れたいものですね。

第IV-5節　日本における古代・中世の動勢

　奈良時代以降には、神社への「絵馬」奉納もはじまりました。今日でも受験合格や病気平癒などの祈願を目的に全国各地で奉納され続けている風習ですから、お馴染みですね。不特定の参拝者へ奉納物（＝絵馬）を見せるという行為に、博物館展示に近しい活動の萌芽をみることができます。

　絵馬の風習は古来、神へと、生きた馬（神馬：しんめ）を奉納するという文化的慣習が変化して生まれたものです。江戸期の随筆『閑窓随筆：かんそうずいひつ』には、「往古は神社へ馬を献る、これを神馬といふ。神馬を献ること力の及ばざる人は、木にて馬を造りて献る。これ又及ばざるものは馬を書きてたてまつる。この故に絵馬といふ。」とあります。京都府上賀茂神社等では昭和期以降、神馬御厩（みうまや）とともに古式の神事が復活しており、生きた神馬が豪快に活躍しています。歴史文化振興はもとより、観光面でも近年、定

第Ⅳ章　博物館の歴史

番の人気を博しているのです。

　絵馬は、吊懸（けんちょう）形式の「小絵馬」と、扁額（へんがく）形式の「大絵馬」に大別されます。本書刊行の 2025（令和七）年時点では、奈良県平城京二条大路跡（藤原麻呂邸跡地）から出土した 737（天平九）年製の「小絵馬」が最古です。奈良県では、平城京にほど近い日笠フシンダ遺跡からも類品が出土しています。また、こうした中央の平城京のみならず、太平洋に面した静岡県浜松市の伊場遺跡でも、奈良時代後期の「小絵馬」が発掘されています。これら考古学的発見の数々から、遅くとも、奈良時代の後半段階には、広い範囲で絵馬奉納が行われはじめていたと考えてよいでしょう。

　のち、室町時代には「絵馬堂（殿）」が各地で登場し、絵馬自身が巨大化していきます。京都府北野天満宮の絵馬堂は江戸中期、1699（元禄十二）年の創建で、現存する建造物のなかでは最古級の絵馬堂とされます。もっとも、北野天満宮では長谷川等伯（はせがわ　とうはく）の描いた絵馬（現、重要文化財）が奉納されていることから、その起源は江戸以前、桃山時代にまでさかのぼることが確実といえるでしょう。

　このほか瀬戸内海の西部に位置する愛媛県大三島の大山祇（おおやまづみ）神社は、古代、平安時代の頃より海の神や山の神、そして戦いの神として、歴代の朝廷や武将たちから厚い信仰を集めてきました。平氏、源氏の一族をはじめ、数多くの武将から武具類が奉納され、武運長久が祈られ続けてきたのです。現在、大山祇神社の紫陽殿と国宝館には、日本全国で有形文化財の指定を受けてきた甲冑類の半数近くが保管されています（写真Ⅳ-6）。

　この神社は芸予諸島の大三島という海上の孤立的立地が幸いし、第二次世

写真Ⅳ-6 大山祇神社の宝物を収める紫陽殿
（愛媛県大山祇神社／著者撮影）

- 65 -

界大戦の戦火からも無傷で免れています。近年、日本政府や関係機関が注視してやまない観光推進の立場からすれば、博物館は交通至便の良い都市部が羨望されがちでしょう。けれども戦争や、自然災害といったリスクをかんがみるならば、改めて資料保管の原点とは何かを考えさせられる歴史的施設の一つともいえるでしょう。資料の保存管理と普及観光は元来、相容れず、共存が難しいという側面を映し出しているのです。文化観光立国を真に議論するのであれば、多少不便でも、前節の正倉院宝庫やこの大山祇神社から学ぶべき点は多い、そういえることでしょう(註Ⅳ-3)。

　つづく中世には、京を中心とした禅寺で「書院」が発達しました。そもそもは僧侶が読書を営む空間でしたが、次第に接客の場としても活用され、そこに美術工芸品が飾られることで、こちらも「見せる」、つまり「鑑賞」の場としての意識が芽生えてくるのです。

　中世後半、室町時代の末期ごろからは「茶の湯」が大流行しました。もとは書院のほか、離れの小亭や草庵で楽しまれていましたが、村田珠光（じゅこう）が「侘び寂び（わびさび）」にもとづいた「茶道」実践のため、四畳半の「茶室」を導入したことで大きく躍進します。次いで堺の豪商だった武野紹鴎（じょうおう）が皇族、貴族趣向の高価な唐物（からもの）容器ではなく、日常雑器のなかから茶道具を選ぶことを推奨します。そして、その門下生だった千利休（せんのりきゅう）が、「茶の湯」を自己鍛錬のための修業の場と哲学的にとらえ、新たに二畳や、一畳半といった小間茶室を創設、今日の、日本を代表する「茶の湯文化」を大成させたのです。ここでも茶室を介した「鑑賞・見せる」の意識が発達したほか、茶道具の傑作を数多く創出させるきっかけを与えました。さらに茶室利用の多様化に伴って、生け花や着物、和食、伝統建築、庭造り、盆栽といった日本特有の伝統、芸術文化の一翼を派生的に発展させるという、文化的好循環も招いていったのです。

第Ⅳ章　博物館の歴史

第Ⅳ-6節 中世ヨーロッパにおける博物館誕生の予兆

　「ルネサンス」（和：文芸復興）は古代ギリシア、ローマ文化の復興を目的に、14世紀の北イタリアで始動しています[注Ⅳ-4]。のち、16世紀にかけて広くヨーロッパ各地へと浸透し、今日にまで受け継がれる文化芸術の大変革となりました。中世的な「神道主義」と「封建社会」からの開放、さらには近代的な個人を重んじる市民社会への移行を象徴する「ヒューマニズム（人間中心主義）」の躍動であり、文学、文化、芸術、思想、科学といった様々な分野で、飛躍的な進展をうながしたのです。

　キリスト教施設の隆盛も、このルネサンスの躍進と密接に関係し合っていました。巨大で、荘厳な「ドゥオーモ（Doumo）」建築にみられる一部の大聖堂や修道院などに象徴されますが、それらの内部では「宗教画」や「祭壇画」、「聖遺物」などが陳列されました。当時、これらは祈りの力の根源と考えられていましたから、価値あるものの収集、保管、陳列が次第に盛んになっていったのです（写真Ⅳ-7ほか）。また関連して、祭儀用具やステンドグラスなども豪華になっていきます。これらは、事実上の美術品奨励だったといえるでしょう。

写真Ⅳ-7 バチカン・サンピエトロ大聖堂
内部の豪華装飾
（バチカン市国サンピエトロ大聖堂
／著者 remote 撮影）

第Ⅳ-7節 欧州における博物館の誕生と発達

　15～17世紀、大航海時代のヨーロッパでは、王侯貴族の間で世界中における珍品や宝物の収集が大流行していました。それは、古代帝国崩壊後の中世社

会においては、金銭よりも財宝の集積こそが富の象徴と考えられていたからです（小川 1980,p6 ほか）。

ドイツでは、それらを収めた陳列室「ヴンダーカンマー（ヴンデル・カマア）：Wunderkammer」（驚異の部屋）が大流行していましたが、その陳列品に対しては、財産目録のほか解説図録が出版されるケースもあって、すでに、博物館に近しい内容を備えていました。「驚異の部屋」には財宝の類のみならず、アルコール漬けの動・植物類や民族資料、物理・化学の実験道具、機械類までもが陳列されたことで、資料分類学も発達しました（小川 1980 ほか）。さらに17世紀の後半、そうしたコレクションを教育的目的から、不特定の利用者のために公開しようとする気運が高まるのです。

1683年6月、イギリスでは古物収集家エリアス・アシュモル（Elias Ashmole）ほかが収集していた様々な珍品コレクション群を保存、公開する目的から、オックスフォード大学が世界初の「博物館」を開館させます。博物館史上の金字塔、「Ashmolean Museum of Art and Archeology：俗称アシュモレアン・ミュージアム／正式和訳：アシュモレアン（アシュモリアン）美術・考古学博物館」の誕生です。寄贈資料には古銭や書物、版画、地質標本、動物標本（ドードー鳥の剥製を含む）などがありました。オックスフォード大学教授のロバート・プロット（Robert Plot）が、世界で最初の学芸員（Keeper）職に就任しています。

写真Ⅳ-8 世界最古の公立博物館・大英博物館
（イギリス・大英博物館／著者撮影）

のちロンドンでは1753年、博物学者で美術愛好家の医師、ハンス・スローン卿（Sir Hans Sloane）によるコレクションをもとに、「大英博物館（British Museum）」が創設されました。世界初の、公立（国立）博物館の誕生です。初期は大英帝国時代に収集された骨

第Ⅳ章 博物館の歴史

董、硬貨、メダル、自然標本や図書などが主流でしたが、のち、コレクションは800万点以上へと急拡大していきます。名実ともに世界最大級の規模と内容でした（写真Ⅳ-8）。

1793年設立のフランス、パリの国立美術館（博物館）、「ルーブル美術館（Musee du Louvre)」についても、少

写真Ⅳ-9 世界的に有名なルーブル美術館
（フランス：パリ・ルーブル美術館／著者撮影）

しだけ取りあげておきましょう。世界的にも有名な建造物群は、そもそもは美術館としてではなく、16世紀にフランソワ1世が、もとあった城塞をルーブル宮殿として改築、フランス王家によって再利用されていたものです。美術館としての機能は、1789年のフランス革命を経たのち、王室、およびキリスト教関連の財産から没収された絵画類を中心に、当初537点の資料公開からはじまっています。のち、フランス皇帝ナポレオン1世が、周辺諸国から収奪した美術品をもとに一時急増しましたが、以降も波乱の歴史を経て浮沈を繰り返していました。しかし、王政復古ののちは再び資料が安定的に拡充し続けており、現在では、美術品を中心に収蔵総数38万点以上にまで発展しているのです。

今日では「古代エジプト美術部門」、「古代オリエント美術部門」、「古代ギリシア・エトルリア・ローマ美術部門」、「イスラム美術部門」、「彫刻部門」、「工芸品部門」、「絵画部門」、「素描・版画部門」の8部門から構成される、世界最大級の美術館にまで成長しました（写真Ⅳ-9）。

第Ⅳ-8節 近世日本における博物館の成立前夜

近世、江戸時代になると、日本でも江戸を中心とする一部の地域で博物館に近しい要素が目立ってきます。

当時、仏教寺院では「御開帳（ごかいちょう）」といって、普段非公開の秘仏等を期間限定で一般民衆に拝観させるという宗教的行事が、人気を博していました。そもそもは、秘仏公開によって霊験を一般信者に施すという宗教的目的で行われていましたが、次第に大衆への「見世物」、「興行収入を得るためのイベント」としての役割が加わっていきます。また、寺院内で公開される通例の「居開帳：いがいちょう」以外に、他の場所に持ち出して公開する「出開帳：でがいちょう」までもが登場するのです。目的は異なるものの、現代の移動展と通じた活動といえるでしょう。つまり、これらは社会教育や文化振興を目的としたものではなく、あくまで、信仰の促進と興行収入の獲得を意図した娯楽的要素が強いという点で、のちの博物館や博覧会とは大きく性格の異なるものでした。

　中国では、明時代後期の17世紀初頭、本草学の傑作と評価の高い『本草綱目（ほんぞうこうもく）』が出版されており、これを輸入した日本でも、以降次第に動植物を収集したり、調べたりする「本草学」が盛んになりました。このころはまだ、収集資料の保存にまではつながってはいませんでしたが、水墨画による精緻な生物画や図鑑が残されるようになります。

　そして、そうした延長上で江戸時代（18世紀）の後半には「物産会：ぶっさんえ」が登場してきます。「本草会」、「薬品会」、「産物会」、「博物会」などがこれに含まれます。以上はみな、主催者が収集してきた標本や古物の数々を紹介することが、その主な目的でした。好事（こうず）家たちが関連資料を持ち寄ることで、相互の知的交流も盛んになっていったのです。

　1757（宝暦七）年、本草学者の田村藍水（らんすい）が、江戸お茶の水の「湯島天神」で開催した「薬品会」が最初でした。その後も、「湯島天神」などでは「物産会」がつづきましたが、1762（宝暦十二）年の「湯島天神」における「第5回東都薬品会」では、それまでとは異なって全国25ヶ所に取次所まで設け、運賃着払いで標本を集めるという大々的なものになりました。主催者は、

エレキテルの発明で有名な平賀源内（ひらが げんない）です。全国1300種もの関連資料が陳列されたと記録されています。この会では、出品資料を整理した図入りの目録も刊行されました。今日の博物館でいうところの図録や、展示解説書に類する二次資料といえるでしょう。ただし、これら「物産会」はあくまで、限られた知識階層の人びとによる知的な情報交換の場でした。当時平賀は、届出のない者の入場を一切断ったと記録されるほどです。また、会の終了後は跡形も残らないような一過性のイベントであり、「ICOM」の定める「常設」性や、「資料保管」の要素も欠いていました。ただ、こうした知的活動の高まりは、のちの明治期における「博物館」や「博覧会」導入に向けた礎となっていったことは確実であり、近世日本の学者たちの学究意欲の高さを示すものとして、評価できることでしょう。

　他方、国内で生み出されていた優れた美術工芸品の類についても、この当時はまだ大名や皇族、貴族、上級武士など、一部の上流階級が収集を楽しむだけのものでした。残念ながら広く市民一般に公開するといった意識は、封建社会のなかでは生まれる余地がなかったわけです。同じ傾向は広く、東アジア世界の諸国でもいえることでしょう（佐々木1980ほか）。

第Ⅳ-9節 近代日本における博物館の成立

　1860（安政七／万延元）年、日米修好通商条約の批准書交換のため、公的には咸臨丸（かんりんまる）がはじめて太平洋を横断し、幕末使節団による欧米先進国の博物館見聞がなされました。1846年設立のアメリカ・ワシントンにおける「スミソニアン協会（Smithsonian Institution：通称、スミソニアン博物館）」への視察にかんしては、のちに開成学園を創設した佐野鼎（かなえ）が『萬延元年訪米日記』を残しています（佐野1860）。同書では「天下万国の奇珍異物ここに集簇（しゅうぞく）す。何の為なるやを考ふる能わず。按ずる

に、諸物を多く集めて民衆に示し、人の識見を広からしむものならんか」としています。博物館展示の意義に対する素直な所見といえるでしょう。また、同使節団の名村元度（なむらもとよし）による『亜行日記』では、「博物館」という表現がうかがえます。

翌1861～1862（文久元～二）年に文久遣欧使節団の通訳としてヨーロッパに渡った福沢諭吉は、帰国後、西洋諸国における政治・風俗・経済などの見聞を紹介した『西洋事情』を1866（慶応二）年に発刊します。累計25万部に達する大ベストセラーでした。同書では、「博物館」について「世界中の物産古物を集めて人に示し、見聞を博くするために設けるものなり」と、適確に紹介しています。また博物館の種類として、「ミネラロジカル・ミュージアム」（地学系博物館）、「ゾージカル・ミュージアム」（動物系博物館）、「メヂカル・ミュージアム」（医療系博物館）などの存在が記載されました。ただし、次いで福沢が紹介した「博覧会」にも、先の「博物館」と似た説明がなされており、以降、日本国内で両者が混同される一因にもつながっていきました[註Ⅳ-5]。

ともあれ福沢の功績により、「博物館」という用語が日本でも定着していくのです。1872（明治五）年刊行の『英和対訳辞書』では、「Museum」が「博物館」と和訳されるようにもなりました。

このように明治政府下において、欧米より「博物館」という概念が導入されていきます。ただ、明治天皇を頂点とした古い日本の封建的社会構造下においては当然、ルネサンス以来、長年にわたって欧米で培われてきたような民主主義、ヒューマニズム思想に端を発するミュージアムの本質などは、理解される術もありませんでした。日本政府にとっては、当初、あくまで欧米列強に比肩しようという政治的目標が第一であって、その一環として、明治政府が「博物館」という"ハコモノ"を導入しようと奨励していたのです。そうした歴史的背景を、ここでは看過してはならないでしょう。結果、「博物館」と「博覧会」といった概念もまた、富国強兵、殖産興業の考えのもと、一部歪めて吸収され

ていくのです。

　ともあれ「博物館」や、「博覧会」という一連の概念の導入は、当時、文化財保護や活用といった考え方に対し、革命的な影響を与えたことは疑いないでしょう。現に1871（明治四）年にはさっそく、明治政府最初の文化財調査が行われています（「壬申（じんしん）検査」）。

　明治維新ののち、上記背景から日本国内で西洋崇拝の風潮が拡がっていました。そしてその結果、「厭旧競新（えんきゅうきょうしん）」という新思想を生み、多くの貴重な文化財が海外へと流出、あるいは毀損（きそん）されるといった危機を招いていました（「遺失毀壊」：いしつきかい）。こうした情勢に危機感を抱いた政府が、急ぎ実施したのが「壬申検査」だったのです。結果を受けて、同年5月には太政官（だじょうかん：明治前期の最高官庁）が「古器旧物保存方」を布告しました。またそうした経緯を経て、地方でも文化財に対する保護意識が高まり、ほどなく、日本各地で殖産興業を念頭とした「博覧会」が開催されるようになったのです。

　以上のような気運の延長上として、1877（明治十）年、東京上野公園では「第一回内国勧業博覧会」が開催されました。同博覧会終了後には、会場の一部が博物館として残されています。さらに同年の12月には当時の内務卿、大久保利通が上野公園への博物館建設を建議（発案）し、翌年には認可されています。現在にいたる、東京国立博物館の礎といえるでしょう。

第IV-10節　明治期の博物館とその関連施設

　さかのぼること1871（明治四）年、かつて、幕府直轄の学校「昌平坂学問所」のあった東京文京区、現在の地下鉄丸ノ内線、御茶ノ水駅の東隣にある「湯島聖堂」内に、「文部省」（現、文部科学省の前身）が開設されました（写真IV-10）。同省内には「博物局」も設置されます。そして翌1872（明治五）

写真Ⅳ-10 現在の湯島聖堂大成殿
（1935年再建／東京都文京区・湯島聖堂内
／著者撮影）

年には、同じ「湯島聖堂」内に「博物館」、「書籍館」（図書館）、「東京師範学校」が開設されたのです。「博物局」は旧大成殿を展示場として、早速、資料展示を行いました。これは、翌1873年に参加が決定していたオーストリア＝ハンガリー帝国における「ウィーン万国博覧会」への出品を前提とした事前の内覧会が目的でしたが、日本、明治政府初の展示活動であり、学史上、わが国初の博物館事業と評価されます。ここでは、日本の優れた古美術品をはじめ、古瓦、武器武具、古銭、標本など約620点が展示され、1日平均で約3,000人もの観覧者が訪れたと記録されています。そして、この展示が非常に好評であったため、ウィーン万博出展の残品がそのまま「湯島聖堂」で展示され続けたのです。開館日も、当初は官尊民卑の思想から官吏の休日である毎月1と6の付く日（月末の31日を除く）のみが対象でしたが、わが国における「常設展示」の先駆けともいえる事業でした。翌1873（明治六）年にはウィーン万博の実務を担った内務省の「博覧会事務局」へと運営が統合されていきますが、1874（明治七）年からは日曜ごと、加えて春と秋には連日開催へと、漸次公開が拡大されていきます。

　1875（明治八）年、殖産興業重視と、教育・学術優先という方向性のちがいから、内務省と、文部省との間で再度の組織改編がおこります。その結果、一時的に内務省の「博覧会事務局（山下門内博物館）」へと併合されていた元文部省「博物館」などの諸施設の一部が、文部省へと返還されることになりました。その際、文部省「博物館」は「東京博物館」へと改称されます。後述する「教育博物館」の前身です。以降、学術・教育を重視した運営をこころざす文部省系列となり、殖産興業路線の内務省系列の博物館とは、別々に運営されていくこと

になるのです。文部省の田中不二麿が翌 1876（明治九）年、太政大臣にあてた新たな博物館計画書には、動植物標本や理化学用器械など、高等教育と研究に必要な資料を収集、展示することが目的として明記されています。しかしその直後、アメリカ合衆国のペンシルベニア州で開催された「フィラデルフィア万国博覧会」においては、すでに教育展示が中核をなしていたことから、以降、文部省の主眼は、子ども達への学校教育へと急転換していくのです。なかでも、理化学教育を強く重視するようになりました。そして翌 1877（明治十）年には、近代教育の構築を目標に実学思想、実物教育の観点から「教育博物館」が開館されたのです。以上は、当時の世界的潮流に沿った一連の改革でもありました。

　このように、明治初期のころは、まず日本国が「博物館」の存在を知り、その意義を、自らの力で模索しはじめていた段階と総評できるでしょう。しかし「博覧会」や「物産会」との違いが曖昧なまま運営が進められたことで、上記のような改組が続いていたのです。

　同じ頃、地方各地でも期間限定の「物産博覧会」が開催されるようになり、「博物館」という表現へも次第に認識が進みます。1871（明治四）年に京都市内の西本願寺で開催された「京都博覧会」がその最初で、のち名古屋や金沢などでも開催されるようになりました。1877 年に文部省で「教育博物館」が設立されて以降は、地方でも大阪府立教育博物館（1878 年、のち 1881 年には大阪博物館に併合）、函館博物館（1879 年）など、一部の府県では教育系博物館も設立されていきます。もっとも、このころはまだ殖産興業（地域の農商業品等）に主眼をおいた「物産陳列」（新潟県物産陳列場、神奈川県物産陳列場など）のほうが盛況であって、府立京都博物館のように、多くは短期間のうちに廃止、併合、もしくは「勧業博物館」へと転換し、教育的機能を継続できないでいました。

第Ⅳ-11節 帝国博物館から帝室博物館へ

　1885（明治十八）年の内閣制度発足を受け、翌1886（明治十九）年、内務省から農商務省を経て宮内省の管轄となっていた博物館は「宮内省博物館」と称され、古美術品や歴史資料を中心とした国家的な文化財の収集保管に重点がおかれはじめていました。宮内省は1888（明治二十一）年には「臨時全国宝物取調局」を設置し、宝物監査も行っています。ここでは資料に対して、新たに最大至宝、一等、二等などのランク分けが進められました。1889（明治二十二）年にはさらに「宮内省博物館」を「帝国博物館」へと改称、加えて古都の文化財の散逸を防ぐ目的から、その傘下として、1895（明治二十八）年には「帝国奈良博物館」を、1897（明治三十）年には「帝国京都博物館」も新設されました（写真Ⅳ-11）。

　1900（明治三十三）年開催の「パリ万国博覧会」では、日本政府がその威信をかけて、当時欧州で人気だった日本の古美術品を中心に、約350点の優品資料を出品しています。政府は、法隆寺金堂をそのまま模した日本館（パビリオン）を建設するほどの力の入れようで、日本の文化財はいっそう広く、海外でアピールされるようになりました。けれども幸か不幸か、このパリ万博をきっかけに日本人気が加速し、日本国内における古美術品の海外流出が一段と拡大したとされます。

　同じ1900（明治三十三）年、帝国博物館はそれぞれ「東京帝室博物館」、「奈良帝室博物館」、「京都帝室博物館」へと改称、上記のような国際情勢を受け、パリ万博から戻った資料をもとに合計2回の特別展を開催しました。そして、この国立3館は格式の高い皇室

写真Ⅳ-11 現在の奈良国立博物館
　　（奈良県奈良公園内／著者撮影）

第Ⅳ章　博物館の歴史

の博物館としての地位と、活動が求められていくのです。1917（大正六）年、帝室博物館3館の総長であった森林太郎（鷗外）は、旧来の分類（種類）別陳列から、欧米で主流であった歴史順に資料を展示する「時代別陳列」を導入していきます(註Ⅳ-6)。

写真Ⅳ-12　現在の有鄰館（ゆうりんかん）
（京都市藤井斉成会／著者撮影）

　この明治後半から大正時代にかけては、地方でも、京都市の平瀬貝類博物館（1913年）や岐阜市の名和昆虫博物館（1919年）、また中国古美術の至宝を集めた京都市の有鄰館（ゆうりんかん：1926年）のような専門特化型の博物館も誕生しています（写真Ⅳ-12）。1897（明治三十）年には神戸市で「第二回大日本水産博覧会」が開催されましたが、これを契機に国内初の本格的な水族館、「和田岬水族館」も開設されました(註Ⅳ-7)。

第Ⅳ-12節　通俗教育と棚橋源太郎

　1910～1911（明治四十三～四十四）年、政府は「天皇暗殺計画」をねつ造することで、当時の無政府主義者や、自由主義者を強制的に弾圧していきます。これにより幸徳秋水ら、全国の社会主義者は一網打尽となりました。有名な「大逆事件」です。

　加えて政府は、これを契機に国民思想の"健全化"をはかるという名目から「教育勅語」、「敬神崇祖」といった思想を、強く推し進めるようになるのです（「通俗教育」）(註Ⅳ-8)。

　先の1885（明治十八）年における内閣発足以降、文部省系列の「教育博物館」は深刻な財政難に陥っていましたが、これを理由に同博物館の独立運営が

- 77 -

否定され、一時的に「東京高等師範学校」(のち東京教育大学を経て現在の筑波大学)の附属施設に陥っていました。以降、明治後半期を通して低調な活動が続きます。しかし1913(大正二)年、文部省は、政府による上記「通俗教育」を時代変革の好機ととらえ、附属東京教育博物館に「通俗教育館」を併設、1914年(大正三年)には博物館を師範学校の附属施設から再び独立させて、「東京教育博物館」と名称を改めたのです。もっともその内実は、文部省が目指し続けてきた学校教育の助けとなる科学系博物館の発展が、真の目標でした。

「通俗教育館」の展示は天産部、重要商品製造順序標本、理学機器と機械模型、天文地理、衛生からなる理化学系の5分野で構成されていました。ここでは、観覧者自らが操作し原理原則を理解できる、いわゆる「ハンズオン展示」も導入されています。同館の館長には、のちに"博物館学の父"とまで称され、日本の博物館界を牽引することになる棚橋源太郎が就任しました。

棚橋は、この「東京教育博物館」で「生活の科学化」を提唱し、1924年(大正十三)年までの8年間、合計18回にわたり、国民や学校目線での身近な生活や科学にかんする、さまざまな特別展を開催しています(第Ⅳ-1図)。

例えば、1916(大正五)年に横浜でコレラが発生、全国へと蔓延しましたが、その対応策として同年の秋には、同館最初の特別展である「虎列拉(コレラ)病予防通俗展覧会」を開催しています。当時、市民の間で最大の関心事であったコレラ病をいかに予防すべきかをテーマに、標本や模型、絵画等で丁寧に解説したもので、約2ヶ月の開催期間で約4万人もの入館者を集めています。

また1919(大正8)年には特別展「災害防止展覧会」を開催、「災害を未然に防いで危害を除き、又は、其損害の程度を軽減するには、果して如何にすれば可いか」と問いかけ、「災害の大部分は人間の努力次第で防止する事が出来る」と主張して、一連の企画を実現させています。ちなみに、この展覧会でトレードマークとされた「緑十字」は、のち昭和初期の「全国安全週間」で復活し、以降、わが国では災害防止のシンボルマークとして、工事現場や学校で継

第Ⅳ章　博物館の歴史

回	開催期間	特別展覧会名	来館者数
1	1916（大正五）年9月下旬～11月中旬	虎列拉（コレラ）病予防通俗展覧会	40,000人
2	1917（大正六）年11月17日～12月16日	大戦と科学展覧会	40,000人
3	1918（大正七）年3月2日～3月31日	食物衛生経済展覧会	17,000人
4	1918（大正七）年3月12日～4月11日	天然痘予防展覧会	23,000人
5	1918（大正七）年6月22日～8月31日	廃物利用展覧会	67,000人
6	1918（大正七）年11月2日～翌年1月15日	家事科学展覧会	50,000人
7	1919（大正八）年6月4日～7月10日	災害防止展覧会	183,605人
8	1919（大正八）年11月30日～翌年2月1日	生活改善展覧会	107,670人
9	1920（大正九）年5月16日～7月4日	「時」展覧会	222,845人
10	1921（大正十）年3月21日～5月22日	鉱物文明展覧会	117,437人
11	1921（大正十）年6月6日～7月5日	計量展覧会	110,251人
12	1921（大正十）年9月25日～10月25日	印刷文化展覧会	313,580人
13	1921（大正十）年11月20日～12月10日	活動写真展覧会	131,353人
14	1922（大正十一）年4月30日～5月31日	運動体育展覧会	168,284人
15	1922（大正十一）年11月12日～11月29日	消費経済展覧会	126,407人
16	1923（大正十二）年5月13日～6月27日	動力利用展覧会	93,015人
17	1924（大正十三）年5月11日～6月1日	乳展覧会	23,710人
18	1924（大正十三）年7月6日～8月1日	衛生工業展覧会	27,937人

第Ⅳ-1図　棚橋源太郎が手掛けた特別展の数々（椎名1993より再編）

承されつづけています（写真Ⅳ-13）。

　これら特別展覧会の総来館者数は186万人にまで達しました（第Ⅳ-1図）。とくに1919年の「災害防止展覧会」を契機に多くのリピーターを生んでおり、以降、たいへん人気を博していたことがわかります（国立科学博物館編1977）。

　同じ頃、地方でも「通俗教育」への社会的関心が高まっていました。大正天皇即位に伴う御大典記念事業に端を発した開館例が多く、古くは1912（大正元）年、山口県教育会によって設けられた「防長教育博物館」（防長：防府、

写真Ⅳ-13　現代にまで脈々と伝わる「緑十字」
（国立大学法人 愛媛大学法文学部本館内）

写真Ⅳ-14 山口市の防長教育博物館
(『防長教育』第149号表紙、山口県教育会
1912年より)

長門の旧2国の意味)があげられます(写真Ⅳ-14：樋口・椎名 1980a,p82-83参照)。同館は規則第1条に「防長の維新史料及内外の教育品、教育参考品、教育図書等を蒐集陳列して教育の普及に資するを以て目的とす」と記されているように、教育に主軸をおいた地方博物館の草分け的存在でした(吉本・伊原 1999)。もっとも、実際には地方の農商業品の陳列もなされていたと記録されています。のち、岡山市通俗教育館(1915年)や茨城県教育参考館(1917年)、山口県立教育博物館(1917年に防長教育博物館が県に移管)、福岡市通俗博物館(1917年)など、一部の地域で通俗、教育の名を冠した博物館が開設されていきました。

第Ⅳ-13節 東京科学博物館誕生から関東大震災、そして第二次世界大戦まで

1921(大正十)年、「東京教育博物館」は「東京博物館」へと改称されます。しかし、その約2年後の1923(大正十二)年9月、関東大震災により全焼し、すべての収蔵資料を失ってしまうのです。

関東大震災は、近代化したのちの日本の首都圏を襲った、史上最大級の巨大地震でした。無論、関東圏における数々の博物館園にも甚大な被害をもたらしています。「東京帝室博物館」でも「表慶館」以外が使用不能となりました。しかしながら、この受難を契機に、天産部(自然史系部門)の資料群は文部省所管の全焼被害を被っていた「東京博物館」へと移管されることとなり、「東京帝室博物館」は考古、歴史、古美術系へと、ますます特化されていくのです。

震災翌年の1924(大正十三)年、湯島聖堂構内に仮設された応急施設内では

第Ⅳ章　博物館の歴史

さっそく関東大震災に関する資料などの公開がなされていましたが、翌1925（大正十四）年には「東京帝室博物館」の天産部廃止に伴い、自然史系（動物・植物・鉱物など）の資料94,001点が譲渡されています。以降、美術工芸と歴史系に特化した「帝室博物館」と、教育系の天産（自然史）、理科学資料に

写真Ⅳ-15 現在の国立科学博物館・日本館（旧本館）
（東京都上野公園内／著者撮影）

主軸をおいた「東京博物館」で、系列の異なる活動が展開されていくのです。

そして1928（昭和三）年には東京上野に帝室博物館の新館が起工、1931（昭和六）年には文部省の「東京博物館」も「東京科学博物館」へと改称して、同じく上野に本館を設立、その再興を果たしたのです（現国立科学博物館・日本館：写真Ⅳ-15）。

さかのぼること1928（昭和三）年には、「東京博物館」の棚橋源太郎らによって「博物館事業促進会」も誕生しています。同会は各府県知事を介して、全国へ博物館の創設をうながしました。さらに同年、促進会は、わが国初の博物館学に関する専門雑誌『博物館研究』も創刊します。同誌でも、欧米の先進博物館情報を提供しつつ、同じく、地方を含めた博物館の拡充が急務であると促しました。

のち1930（昭和五）年、「博物館事業促進会」は内閣総理大臣宛に「博物館施設ノ充実完成ニ関スル建議」を提出し、第Ⅳ-2図に示されるような、4つの提言を行いました。

1929（昭和四）年からは、全国の博物館関係者が一同に集う協議会が東京で開かれるようになります。以降年一回、開催され続けました。第3回目からは、「日本博物館協会」のもと「全国博物館大会」へと改称され、のち今日にまで至っているのです（ただし第二次世界大戦の間は休止）。

(一)	古美術や歴史資料の保存展覧に関し政府の方針を樹立し指導すること
(二)	中央館よりも地方小博物館の建設促進を図ること
(三)	博物館職員養成のための方法を講ずること
(四)	博物館令を制定すること

第Ⅳ-2図 博物館施設ノ充実完成ニ関スル建議

こうした新たな気運のもと、昭和初期には学校博物館（今日でいう大学附属博物館）の創設も相次ぎました。國學院大学考古学資料室や、早稲田大学坪内博士記念演劇博物館、明治大学刑事博物館、天理大学附属天理参考館などが、この頃に創設されています。

いっぽうで幕末以降、富国強兵策を推し進めてきた日本政府は、1894（明治二十七）年の日清戦争、1904（明治三十七）年の日露戦争、1931（昭和六）年の満州事変、さらには1940（昭和十五）年の日独伊三国軍事同盟締結など、軍事国家としての負の側面を加速させ続けていました。そして1941（昭和十六）年、ついに第二次世界大戦へと突入するのです。

「日本博物館協会」はさっそく「博物館時局対策」を発表し、貴重資料の保護と、疎開対策を促しました。例えば、東京教育博物館の影響のもとで誕生していた山口県の「山口県立教育博物館」でも、収蔵資料の分散疎開や、寄託資料の持主への返還が進められています。ただその際、多くの貴重な文化財資料が散逸、損壊されてしまったと記録されます（吉本・伊原1999、山口県立山口博物館編2012ほか）。国内各地でそうした事態が加速していたのであり、貴重な文化財等の海外流出も拡がっていきました。

次第に戦況が悪化するなか、博物館の多くが休館、閉鎖を余儀なくされていきます。戦争の激化した1943（昭和十八）年頃からは、各地で飼育されていた動物たちを虐殺するという、前代未聞の悲惨な対処も強行されたのです。

同じ1943年、対戦強化等を理由に東京市が東京都となります。都の初代長

第Ⅳ章　博物館の歴史

官(現都知事)、大達茂雄は動物園関係者を呼び出し、1カ月以内の「猛獣処分」を命じたといいます。東部軍司令部の要請を受けた「動物園非常処置要綱」にもとづいた指示でした。すなわち、東京本土空襲による爆撃被害が近隣におよんだ場合、クマ、ヒョウ、ライオン、ゾウ、ヘビなど指定の「危険動物」を毒殺、ないしは銃殺せよという、むごい内容だったそうです。結果、東京の「上野動物園」では27頭もの猛獣、危険動物が殺害されたと記録されます。以降、この「上野動物園」の既成事実を皮切りに日本全国、さらには、その支配下にあった周辺各国でも、飼育動物の殺害が進められたそうです。結局、最終的には当時「日本動物園水族館協会」に所属していた、ほぼすべての動物園で、無惨な殺戮処分が強行されたようです。戦後に発刊された絵本『かわいそうなぞう』は、そうした悲劇を描いた優れたノンフィクション作品として、今も多くの人びとに読み継がれています(土家1970)。

写真Ⅳ-16 現在の原爆ドーム
(旧広島県産業奨励館)
(広島市平和記念公園内／著者撮影)

終戦間近の1944(昭和十九)年には沖縄大空襲、1945(昭和二十)年3月の東京大空襲、そして1945(昭和二十)年8月における広島、長崎への原爆投下に至るまでの間、日本各地で大空襲が続きました(写真Ⅳ-16)。日本への空襲は合計約2000回、犠牲者は45万人以上に達しています。先の「東京上野動物園」内でも、1945年夏には、人びとの死体が積みあがったと記録されます。当然、疎開に間に合わなかった貴重な文化財や、建造物群も、残念なことに戦争によってみな失われてしまったのです。

第Ⅳ-14節 戦後復興と新たな法整備

　戦争終結後の1945（昭和二十）年9月、文部省は「新日本建設ノ教育方針」を発しています。そのなかで「軍国的思想および施策を払しょくし、平和国家の建設」を進めることが新たな目標に掲げられ、「国民の教養の向上、科学的思考力のかん養、平和愛好の信念の養成」などが、教育上の重点目標とされたのです。同じく、アメリカ教育使節団による『報告書』にも「科学・歴史・美術の公立博物館を整備すること」が明記されました。戦後、「博物館」が「科学教育」の振興とともに重視されはじめていたことがわかりますね。

　例えば1947（昭和二十二）年、山口県では「県立科学博物館」が再建されました。そもそも山口県では長州閥の庇護のもと、西日本の地方博物館としては最古級の歴史を誇っていました。前々節でも紹介したように、明治四十五（1912）年以来、長らく通俗教育と殖産興業、そして、歴史教育に重点が置かれていたのです。しかしながら、戦後は文部省による上記教育方針にいち早く呼応し、敗戦への痛烈な反省から、過去の歴史資料を敬遠しようとする風潮が蔓延していたのです[註Ⅳ-9]。結果として、東京上野の「国立科学博物館」にならい、理系の自然科学と理工系教育に重点をおいた科学教育系博物館として生まれ変わろうとしたのでしょう。こうした風潮は、戦後すぐの日本国内において、一定の歴史資料軽視にもつながっていきました。

　戦争直後、日本国内における「博物館」の数は激減していました。1946（昭和二十一）年中に再開、ないし新設された博物館は、全国でわずか137施設にとどまっています。

　「国宝」をはじめとした国内の建造物群にかんしても、戦争を経て、著しく荒廃してしまった例がたくさんありました。もちろん、その修理にも戦後、一定の期間を要しています。有形文化財の被害も甚大でした。なかでも戦後、二次的被害の最も大きかったのが、銃砲刀剣の類です。「GHQ（General

Headquarters：連合国軍最高司令官総司令部)」による「民間武器類の引渡準備命令」、「銃砲等所持禁止令」発令のもと、民間武器の回収命令が進められたからです。のちベストセラーともなった『菊と刀』(ルース・ベネディクト1946年)に代表される日本の精神文化の象徴の一つであった刀剣類も、各地の警察署や連合国軍によって盛んに回収されていきました。当時はわずかに都道府県公安委員会による刀剣審査委員の鑑定許可を得た場合のみ、所持が認められたほどです。こうして、日本が育んできた多くの貴重な歴史的文化財が没収、廃棄、あるいは再び海外にまで流出するという悪循環を招いていくのです。

　そしてそうした風潮のなか、1949 (昭和二十四) 年1月には日本の文化財の象徴でもあった「奈良県法隆寺」の「金堂壁画」が焼失、さらに翌1950 (昭和二十五) 年7月には「京都府鹿苑寺金閣」までもが全焼してしまうのです。

　以上の由々しき事態を受け、急遽制定されたのが、1950 (昭和二十五) 年の「文化財保護法」だったのです。同法は、従来複数におよんでいた「国宝保存法」などの旧法を一つにまとめたものです。保護対象として、新たに「無形文化財」や「埋蔵文化財」を加えることで、文化財保護の対象や内容を大きく拡充させた画期的な法律といえますが、その成立には、以上のような歴史的背景があったのです。同法の施行に伴い、文部省内には「文化財保護委員会」(文化庁の前身)も設置されました。

　そして翌1951 (昭和二十六) 年、「社会教育法」(1949年制定) における特別法という位置付けから、ついに「博物館法」が制定されました。戦後復興が急速に進むなか、科学や経済上の発展のみならず、風土に沿った文化的、芸術的なくらしこそが、日本国の独立を維持するうえで不可欠であると再評価されはじめた証といえるでしょう。

　1952年における「国立近代美術館」、1959年における「国立西洋美術館」の設立は、文化芸術の海外発信や、国際化社会における再認識を示す象徴ともいえた国家事業でした。

以上、博物館の機能整備やその充実が法的に保証されるようになった背景を学ぶことができましたね。日本の博物館史上、歴史的な大分岐点ともなったのが、同法律の制定だったわけです。

第Ⅳ-15節 学芸員資格誕生のころ

　欧米の「Curator：キュレーター」を参考に、ついに「学芸員」という専門職を定めた国家資格も登場します。この新しい制度誕生に伴い関連する規定も整備され、各大学で学芸員の養成課程が整えられていくのです。もっとも、日本の博物館法上にみえる「学芸員」と、欧米の「キュレーター」とは多少概念が異なります。欧米では、専門知識を生かした展示企画の立案や、特別展を実施するにあたり中心的役割を担うことが、「キュレーター」の主な職務だからです。日本の「学芸員」も展示企画に携わりますし、特別展も担当しますが、加えて、大半の学芸員は収集、保管、展示、調査研究、教育普及、関連事務など、館運営のあらゆる実務に携わっているという点で、大きく異なるわけです。

　学芸員資格の取得に大学が積極的にかかわるようになった1952（昭和二十七）年には、さっそく「全国大学博物館学講座協議会（略称「全博協」）」が発足し、博物館法にもとづく学芸員資格養成課程が一部の大学で開設されはじめます。日本のほこる偉大な博物館学者、棚橋源太郎はすでに84歳の高齢でしたが、この1952年には東京芸術大学で第一回学芸員講習会講師を勤め、翌年には東京の立教大学にて、日本初の養成講座も開講しています[註Ⅳ-10]。

　以降、「全博協」では、全国大会等を介して学芸員養成にかかる各講座内容の申し合わせや議論が進められるようになりました。もっともその当初は、戦前からすでに附属博物館等を運営していた考古学や人類学、歴史美術系資料を擁する大学の担当教員が、構成員の大半を占めていました（立教大や國學院大、東京学芸大、京都大、関西大、東京教育大など：加藤ほか編 2000,p38）。

第Ⅳ章 博物館の歴史

第Ⅳ-16節 戦後日本の発展史と新たな諸問題

　1952（昭和二十七）年には、日本の「ICOM（International Council of Museums：国際博物館会議）」への加盟が承認されます(註Ⅳ-11)。イコム（アイコム）は、世界各地の博物館や博物館学の専門家たちが交流し、議論するための国際的な非政府組織です。世界の博物館の発展と連携、援助がその最大の目的です。パリに事務局をおき、3年に一度、世界各国で総会が開催され続けてきました。

　イコムの主要ミッションは、①「文化財の不法輸出入の禁止」、②「リスク・マネージメントの特定、分析、対策助言」、③「文化と知識の普及促進」、④「有形・無形文化財の保護」の4つです。また、各ミッションを達成させるための専門組織として、倫理委員会（Ethics Committee）や、災害援助タスクフォース（Disaster Relief Task Force）も設置されています。

　1956（昭和三十一）年には、東京教育大学の鶴田総一郎が大学における学芸員養成と博物館学教育を前提に『博物館入門』を発刊させました。ここでは改めて「博物館学」の定義として「博物館の目的とそれを達成する方法について研究し、あわせて博物館の正しい発達に寄与することを目的とする科学」と記されています。また1963（昭和38）年、浜根洋は、「CRE循環論（Conservation：保存、Research：研究、Education：教育）」を論じ、鶴田の定義に対して「博物館学は教育学であり、研究ではない」とも極言しています。

　1966（昭和四十一）年以降には「風土記の丘」整備事業が、国主導で進められました。その背景としては、1960年代後半ごろから急進していた日本経済の高度成長に伴い、開発工事によって消滅が相次いだ遺跡や歴史的景観の

写真Ⅳ-17 風土記の丘整備事業で誕生した史跡公園の例
（宮崎県特別史跡公園・西都原古墳群／著者撮影）

第Ⅳ-3図 1977年時点の博物館の総分布
(加藤1980,p23図3より／デジタルリマスター版)

破壊への防止と、史跡公園としての保護活用がありました。宮崎県「西都原風土記の丘」(写真Ⅳ-17)を皮切りに、島根県「八雲立つ風土記の丘」、広島県「みよし風土記の丘」、和歌山県「紀伊の国風土記の丘」、大阪府「近つ飛鳥風土記の丘」、埼玉県「さきたま風土記の丘」、山形県「うきたむ風土記の丘」などが、新たに開設されています。

さらに1968(昭和四十三)年には、文部省文化局から「文化庁」が誕生します。こののち、地方の博物館は文化庁所管となり、今日へとつづいています。

明治改元100年に当たるこの1968年ごろには、閣議決定による国家プロジェクトとして「明治100年記念事業」も全国展開されました。一定の国庫補助のもと、全国に、都道府県立クラスをはじめとした中～大型の博物館が数多く建設されるようになったのです(博物館建設ラッシュ)。年間50館前後もの館園が新設されるという、まさに空前絶後の時代でした。北海道開拓記念館や秋田県立博物館、群馬県立博物館、埼玉県立博物館、鳥取県立博物館、愛媛県立博物館、佐賀県立博物館などが、この時期に設立されています。1970(昭和四十五)年以降には市町村立の歴史民俗系資料館建設に対しても国庫補助が認められるようになり、施設建設に一層の拍車がかかりました(第Ⅳ-3図)。

さらに加えて、1970年代以降には日本各地で「美術館」も新設されるよう

になります。日本では江戸時代の「御開張」や「物産会」、明治以降の「博覧会」、さらに「デパート博覧会」と、興業や娯楽を目的としたイベント主眼の系列が続いてきたのが特徴で、地方に美術館の少なかった第二次世界大戦後は、巡回美術展の多くがデパートで開催されていました。それを、美術館が引き継いだわけです。いまも地方の一部の美術館で興行色の強い、新聞社やテレビ局、民間企業等の出資、主催によってパッケージ化された特別展が多いのも、そうした歴史的流れを継いでいるといえるでしょう（小林 2009,p10-12 ほか）。こうして人文系では「美術館」と、いわゆる「歴史民俗系博物館（資料館）」との二極化が各地で進行していくのです。

このほか東京国立文化財研究所（現独立行政法人国立文化機構）、元興寺仏教民俗資料研究所、保存科学研究所などを中心に「資料保存研究」が飛躍的に進歩したのも、この前後の時期でした（登石 1970、岩崎 1977 など）。

1980 年代以降はそれまでの建設ラッシュにつづいて、博物館のニーズも多様化してきます。従来の、陳列展示のみによる"博物館行き"、"古くさい"といったイメージからの脱却をはかろうとした動きで、特別展の積極開催に加えて、教育普及事業や各種イベントの充実、またとくに科学館や自然史系博物館では、参加体験型活動の拡充も目立つようになりました。

市民中心型の博物館が増加してくるのも、この時期です。神奈川県の平塚市博物館や大阪市立自然史博物館では、地域住民と活動を共有する市民参加、市民体験重視型の博物館活動を積極的に展開しはじめます。

こうした博物館ラッシュやニーズの多様化を背景に、1978～1981 年までの 4 年間には雄山閣版『博物館学講座』全 10 巻をはじめ、博物館学にかんする大学向けのテキストや概説書も多数、発刊されています。

第Ⅳ-17節 日本の博物館をめぐる近年の動向

　1990年代、丹青総合研究所の新井重三が、ヨーロッパで広まっていた「エコミュージアム：Ecomuseum（エコミューゼ：ecomusee）」理論をもとに「野外博物館論」を展開し、以降の、日本の博物館学界に大きな影響を与えました(註Ⅳ-12)。すでに日本では、1970年代ごろから地域における博物館のあり方をはじめ、地域文化の創造、町並み保存、自然生態系の保護活動にかんする研究や実績が蓄積されていたため、1990年代のバブル経済崩壊以降に地方分権、地域のアイデンティティー発掘に対する市民の関心が高まっていたため、この「エコミュージアム」構想にも注目が集まったのです。本書の第Ⅵ章で取り上げる愛知県瀬戸市の「窯垣の小径（かまがきのこみち）」も、この時期に市内の歴史的建造物群を活かしたまちづくり、「エコミュージアム」構想の一環として立案された「えんごろみち整備計画」によって、開始されたものです。

　こうした地域重視の延長上として、1993（平成五）年には「滋賀県立琵琶湖博物館」が開館します。「琵琶湖博物館」は"人と湖"をテーマに、唯一無二の琵琶湖を全面に活かした、体験重視の総合型博物館です（写真Ⅳ-18）。開館当初、調査研究部門は「湖沼研究」、「集水域研究」、「応用地域研究」、「博物館学研究」の4系統で組織されていましたが、2002（平成十四）年の改組以降は「環境史研究」、「生態系研究」、「博物館学研究」の3系統に再編されています。各分野が相互に協力し合うことで、一層、独自色の強い博物館活動が進められるようになりました。また生きた淡水生物群を飼育、公開する巨大な生態展示（水族展示）の数々など、迫力ある運営姿勢が一般来館者の間で

写真Ⅳ-18 滋賀県立琵琶湖博物館
（滋賀県草津市／著者撮影）

-90-

第Ⅳ章　博物館の歴史

も人気を博しているのです。また、こうした同館の活動実績が功を奏し、直近の 2020（令和二）年には滋賀県と京都府とを結ぶ「琵琶湖疏水」が「日本遺産」に、さらに 2022（令和四）年には琵琶湖をめぐる総合的な営みを表現した「琵琶湖システム」が「FAO（国連食糧農業機関）」の定める「世界農業遺産」に指定されるなど、活動の成果が次々と形になっています。

　1998（平成十）年以降は文部科学省による学習指導要領の改正（いわゆる「ゆとり教育」の推進）に伴い、段階的に博物館と学校（特に小中学校）との連携強化もはかられるようになりました（「博学連携事業」）。これにより、各地の博物館では教育委員会を介した地元学校との協力関係を密にするため、主に小・中学校側から博物館に「ミュージアム・ティーチャー（通称：MT）」が長期派遣されるなどして、積極的な活動が展開されはじめたのです。政令指定都市、北九州市が運営する大規模総合型博物館、「北九州市立自然史・歴史博物館（別称「北九州市立いのちのたび博物館」、通称「いのたび」）」では、小・中学校のみならず、一時は幼稚園担当の MT までが配置されており、地域の教育、保育関連施設との連携にも極めて積極的であったといえるでしょう（写真Ⅳ-19）。

　こうした博学連携事業では、学校団体の見学支援や職場体験はもとより、「学校ではできなかった教育」を標榜し、博物館資料の貸出しや、学芸員等の出前授業、文系理系のさまざまなフィールド調査を介した、地域の人びととの触れあいが推進されるなど、学校教職員の博物館派遣をきっかけに、地域社会における博物館の新たな役割が見直されるようになったのです。

　なお「神奈川県平塚市博物館」の浜

写真Ⅳ-19 幼児を含む多様な
博学連携事業の展開
（提供：北九州市立自然史・歴史博物館）

口哲は、『放課後博物館へようこそ』のなかで、一般市民を対象とした同博物館の活動事例を紹介するとともに、市民自身が余暇を利用して活動に参加していく「放課後博物館」という新たな概念もかかげました。ここでは学校だけではない、一般市民と博物館との関係拡大の余地がまだまだ大きいという事実を、フランクに論じています（浜口 2000）。

ついで 2003（平成十五）年、日本政府は地方自治法を改正しました。小泉純一郎内閣による「公営組織の法人化、民営化」の一環として、ここで「指定管理者制度」が成立します。この制度については、つづく第Ⅴ章であらためて学んでいきますが、それまで「公の施設」として、地方公共団体（財団等の外郭団体を含む）による直営方式で運営されていた関連施設の何割かが選考対象となり、のち、多様な運営形態や方針を生むきっかけにもつながりました。

同法制定の翌年となる 2004（平成十六）年にはさっそく、NPO 法人（特定非営利活動法人）との共同運営を前提とした「萩博物館」が山口県萩市にオープン、以降も、指定管理者制度に基づいた館園が各地で増加しはじめます。こうした変化に対しては賛否両論、さまざまな意見や議論が重ねられてきました。けれども、接客サービスの向上や地域に根ざした柔軟な活動が可能になるなど、今日では、プラス面で評価されるケースも少なからず認められるようになりました。無論、受託した関連組織やスタッフの方々の尽力いかんで、そうした評価が左右され続けることは、いうまでもありません。

近年の博物館活動を支援サポートする NPO 団体としては、「西日本自然史系博物館ネットワーク」（2004 年）や「アート NPO リンク」（2006 年）、「美術教育支援協会」（2008 年）、「博物館活動支援センター」（2008 年）などがあげられます。以降、各地で支援団体が続々誕生し続けているのです。

第Ⅳ-18節 現代の関連施策と今後に期待される博物館像

　以上の流れと併行して、近年、日本政府はインバウンド政策にも積極的に取り組んでいます。2001年（平成十三年）の「文化芸術振興基本法」制定を節目に、2003年（平成十五年）には「ビジット・ジャパン事業」を開始、また2007年（平成十九年）には従前の「観光基本法」を全面改訂させた「観光立国推進基本法」が施行されました。さらに2016（平成二十八）年には、外務省が観光立国の実現に向けた「明日の日本を支える観光ビジョン」をまとめ、「持続可能な観光」、「消費額拡大」、「地方誘客促進」の3つをキーワードとしたインバウンド政策の拡大と、観光事業の推進にも注力しているところです。無論、博物館が今後、こうした諸事業の中核を担う施設の一つとして期待され続けるためには、かつての、大正時代でみた「通俗教育」を契機とした博物館活動そのものの拡充策と同じく、今日における国策の有効性を適確に分析し、前向きに捉えようとする努力が、各地の博物館側には求められているといえるでしょう。

　2019（平成三十一／令和元）年には、日本初開催となった「第25回ICOM京都大会」が、京都国際会館をメイン会場に開催されました。大会テーマを「文化をつなぐミュージアム －伝統を未来へ－（Museums as Cultural Hubs: The Future of Tradition）」とし、世界120ヵ国の地域から、計4,590名もの参加者を迎えました。同大会では新たに、31番目の国際委員会となる「博物館災害対策国際委員会（DRMC: International Committee for Disaster Resilient Museums）」が発足されるなど、最大規模の国際会議ともなりました。

　さらに翌2020（令和二）年には、日本政府が「文化観光推進法」を制定します。訪日外国人旅行消費額の向上を念頭にすえた、各地における地産地消（「ガストロノミー・ツーリズム：Gastronomy Tourism」）の掘り起こしを期待した政策の一環です。

　なかでも日本各地の伝統的な「和食：日本人の伝統的な食文化」にかんして

は、2013（平成二十五）年に「ユネスコ無形文化遺産」に登録されて以降、加速度的な見直しが進行しています。今後、食文化（「和食」）が地域振興の中核を担うというケースが、ますます増えてきそうですね。

こうした促進策は、歴史的には明治、大正期における地域博覧会の再来を思わせる動勢ともいえるでしょう。文化観光推進に向けた一層の意識改革がいま、日本各地の博物館に対しては、せまられているのです。少子化やグローバル化が避けられない日本社会にとって、地域の多様な魅力を様々な形で発信しつづけるための努力が、博物館園には求められているのです(註Ⅳ-13)。

以上、読者のみなさんは今、本章で長い長い博物館にかんする歴史を学び終わったわけですが、一連の歴史を振り返ることで、博物館こそが、これからの日本の文化、芸術の発信と、観光事業を支える大きな原動力であることが充分、理解できたことでしょう。これからも文化的で豊かな日本の未来を創造すべく、現状を見据えたうえで、自身の将来像もまたしっかりと、見つめ続けてほしいと願っています。

第Ⅰ部第Ⅳ章註

(註Ⅳ-1) 2022年ICOM（国際博物館会議）プラハ大会総会（General Assembly）で採択された博物館定義の原文 "A museum is a not-for-profit, permanent institution in the service of society that researches, collects, conserves, interprets and exhibits tangible and intangible heritage. Open to the public, accessible and inclusive, museums foster diversity and sustainability. They operate and communicate ethically, professionally and with the participation of communities, offering varied experiences for education, enjoyment, reflection and knowledge sharing."

(註Ⅳ-2) 1254（建長六）年の落雷、1574（天正二）年の織田信長による強引な勅許にもとづいた香木「蘭奢待（らんじゃたい）」切取り事件など、幾重もの危機を乗り越えて、今日にいたっています。

(註Ⅳ-3) 無論、臨海部や山間部等の廃校を応急避難的に文化財収蔵庫として活用している今日の、大多数の地方公共団体における施策を肯定的に論じているわけではありません。

(註Ⅳ-4) イタリアで「ルネサンス」がはじまった背景としては、第一に、ビザンツ帝国から

第Ⅳ章　博物館の歴史

当時、ギリシアの知識人がイタリアへと数多く亡命してきたこと、そして第二に、フィレンツェの大富豪メディチ家の存在や、文化芸術に対する教皇レオ 10 世の積極的な擁護があげられます。

(註Ⅳ-5) なお「通俗」という用語自身は、福沢諭吉による「通俗民権論」や「通俗国権論」のように明治初期からみられるもので、その教育とは、高度な学問内容を一般民衆が理解できるよう、充分に咀嚼させたものという啓蒙的意味合いが込められていました。

(註Ⅳ-6) 日本で「博物館学」という用語が紹介されはじめたのも、この時期からです。黒板勝美 1911（明治四十四）『西遊弐年 欧米文明記』が初出です。

(註Ⅳ-7) 1895（明治二十八）年、第 4 回内国勧業博覧会が京都で開催された際、これに協力した神戸市が関連施設として、神戸市和田岬に「和田岬水族放養場」を開設したのがはじまりです。かのラフカディオ・ハーン（小泉八雲）も来場しています。さらにその 2 年後となる 1897（明治三十）年に、第 2 回大日本水産博覧会が神戸で開催された際、神戸市が同放養場を拡充し、本格的な水族館を開設させたのです。日本初の水族館の誕生でした。博覧会終了後、水族館は湊川神社の境内に移され、「楠公さんの水族館」として 1902（明治三十五）年〜1910（明治四十三）年までの間、市民に親しまれたと記録されます。

(註Ⅳ-8)「通俗教育」とは、当時の一般国民に対する教育のことを指した法的表現とされます。おおむね明治時代から大正時代中期にかけて用いられました。1921（大正十）年には「社会教育」と改称され、のち次第に廃れていきました。

(註Ⅳ-9) その前年、本土空襲がはじまる 1944（昭和十九）年のころ、日本博物館協会は『博物館時局対策』のなかで、歴史展示の意義について「歴史博物館は、武士道精神の発揚あるいは日本民族優越感の強化等につとめ、国民の戦意の昂揚に寄与する。」と記しています（樋口・椎名 1980b,p100）。

(註Ⅳ-10) 1950（昭和二十五）年、棚橋は『博物館学綱要』も上梓し、日本初の「博物館」にかんする大学テキスト、今日の「博物館概論」に通ずる概説書を完成させました（棚橋 1950）。

(註Ⅳ-11) 第二次世界大戦後の 1946（昭和二十一）年、国際連合の専門機関の一つであるユネスコのもとに「ICOM（国際博物館会議）」が組織されました。第 1 回会議は 1948（昭和二十三）年、オランダ王国のアムステルダムで開催されています。

(註Ⅳ-12) 博物館学者ジョルジュ・アンリ・リビエール（Georges Henri Riviere）が 1960 年代後半に提唱し、1970 年代以降、「ICOM」によって広められてきた概念です。

(註Ⅳ-13) 河島伸子ほか編『新時代のミュージアム』（ミネルヴァ書房、2020 年）や小川義和・五月女賢司編『発信する博物館』（ジダイ社、2021 年）などで論述されはじめています。

■リモート課題⑦■

Q1.「エコ・ミュージアム」はいつ、どこで、だれが提唱しはじめましたか。
【　　　　　　　　　　　　　　　　　　　　　　　　　　】

Q2.「エコ・ミュージアム」の概念について、調べて説明しなさい。
_____
_____
_____
_____
_____
_____
_____

Q3．日本国内で「エコ・ミュージアム」の概念を実践している事例を探し、一つ取り上げて、その概要を述べなさい。
_____
_____
_____
_____
_____
_____
_____

†　†　†　†　†　†　†　†　†

【ねらい】
　第Ⅳ-17節でも取り上げたように、日本では1990年代ごろから本格的に注目されはじめた概念です。今日、それらの活動実績が日本各地で実を結びつつあります。近未来の日本の博物館の姿を文化芸術振興や観光促進の延長上としてとらえた場合、どこの地域でも「エコ・ミュージアム」、いわゆる"まちじゅう博物館"の発想は、たいへん参考になることでしょう。ここで、しっかりと課題として取り組むことで、理解を深めてください。

第Ⅳ章　博物館の歴史

■リモート課題⑧■

Q1.「和食：日本人の伝統的な食文化」について、あなたが住む地域ないし地方を例に、具体事例を一つ探し、挙げなさい。

　　【　　　　　　　　　　　　　　　　　　　　　　　　　　　】

Q2. 上記Q1で選んだ事例について、わかりやすく説明しなさい。

＿＿＿＿＿＿＿＿＿＿＿＿＿＿＿＿＿＿＿＿＿＿＿＿＿＿＿＿＿＿
＿＿＿＿＿＿＿＿＿＿＿＿＿＿＿＿＿＿＿＿＿＿＿＿＿＿＿＿＿＿
＿＿＿＿＿＿＿＿＿＿＿＿＿＿＿＿＿＿＿＿＿＿＿＿＿＿＿＿＿＿
＿＿＿＿＿＿＿＿＿＿＿＿＿＿＿＿＿＿＿＿＿＿＿＿＿＿＿＿＿＿
＿＿＿＿＿＿＿＿＿＿＿＿＿＿＿＿＿＿＿＿＿＿＿＿＿＿＿＿＿＿
＿＿＿＿＿＿＿＿＿＿＿＿＿＿＿＿＿＿＿＿＿＿＿＿＿＿＿＿＿＿

Q3. さらに上記Q2について、博物館で活かすとすれば、どのような可能性が考えられますか。

＿＿＿＿＿＿＿＿＿＿＿＿＿＿＿＿＿＿＿＿＿＿＿＿＿＿＿＿＿＿
＿＿＿＿＿＿＿＿＿＿＿＿＿＿＿＿＿＿＿＿＿＿＿＿＿＿＿＿＿＿
＿＿＿＿＿＿＿＿＿＿＿＿＿＿＿＿＿＿＿＿＿＿＿＿＿＿＿＿＿＿
＿＿＿＿＿＿＿＿＿＿＿＿＿＿＿＿＿＿＿＿＿＿＿＿＿＿＿＿＿＿
＿＿＿＿＿＿＿＿＿＿＿＿＿＿＿＿＿＿＿＿＿＿＿＿＿＿＿＿＿＿
＿＿＿＿＿＿＿＿＿＿＿＿＿＿＿＿＿＿＿＿＿＿＿＿＿＿＿＿＿＿

　　　　　　†　†　†　†　†　†　†　†

【ねらい】
　近年、日本政府が注力する「文化芸術観光」の観点から、身近な「和食文化」をテーマに、地域における博物館資料の掘りおこしを考えてみようというものです。第Ⅵ章の「萩まちじゅう博物館条例」で登場する"おたから"の概念とも、一部通ずる課題です。

第Ⅰ部　博物館概論
第Ⅴ章　博物館の組織体制

　ひとことに博物館といっても、いろいろな種類や規模、組織体制が認められます。本章ではうち、後者の組織体制について、概説的に学んでいくことにしましょう。

　第Ⅴ-1節では設置者の相異から、わが国の「公の施設」のうち国立系、地方都道府県立系、市町村立系の公立館三態を取り上げるなかで、組織体制の違いやその背景、学芸員業務の内容の違い等についてみていきます。また中盤の第Ⅴ-2節では地方の、地域や文化、観光に根ざしている館園を念頭に、それらの活動を強くサポートできる可能性を秘めた「ボランティア制度」について、理解を深めましょう。さらに第Ⅴ-3～4節では、2003年以降に導入され、博物館をめぐる組織環境を劇変させた「指定管理者制度」をめぐる経緯や社会的背景、課題点、ならびに今後の展望について、順に考えていくことにしましょう。

第Ⅴ-1節　公立博物館の組織体制を比較する

第Ⅴ-1-1項　国立系博物館

　わが国で「国立博物館」の名称をとるのは、厳密には「東京国立博物館」、「奈良国立博物館」、「京都国立博物館」、「九州国立博物館」の4館だけです。けれども、国の機関が運営する「国立」の博物館園は、他にもたくさんありますね。近年、とくに新設や再編が盛んといえるでしょう。たとえば、美術系では7館（「東京国立近代美術館」、「京都国立近代美術館」、「国立西洋美術館」、「国立国際美術館」、「国立新美術館」、「国立映画アーカイブ」、「国立工芸館」）があげられますが、後者の「国立工芸館」は2020（令和二）年の新設です（旧：東

京国立近代美術館工芸館）。歴史系としては、千葉県佐倉市の「国立歴史民俗博物館」と東京千代田区の「皇居三の丸尚蔵館」が、文学系としては「国文学研究資料館」、民族系では大阪府吹田市の「国立民族学博物館」のほか、北海道白老町の「国立アイヌ民族博物館」があげられます。後者もやはり、

写真 V-1 現在の東京国立博物館本館
（東京都台東区上野公園内／著者撮影）

2020（令和二）年に開館したばかりの新館です。自然系では、長い歴史をほこる東京上野の「国立科学博物館」がありますね。さらに科学技術振興事業団が運営する「日本科学未来館」や、国土交通省管轄の「淀川資料館」、「気象科学館」、海上自衛隊管轄の「てつのくじら館」等も全て、国が運営する博物館です。

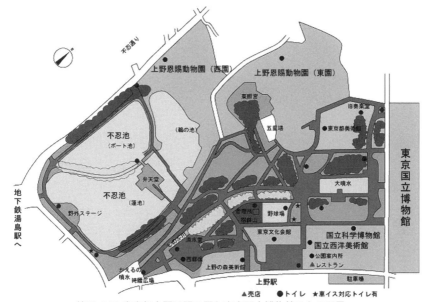

第 V-1 図 東京都上野恩賜公園と東京国立博物館ほかの配置
（上野恩賜公園 TOKYO おでかけガイド https://park.tachikawaonline.jp › park › 15_uenokouen 2024/3/7 より一部改変）

加えて、各地の国立系大学に付属する大学博物館や大学植物園等も、広く、国関連の博物館園施設といえるでしょう。

(1) 東京国立博物館

以下では、「東京国立博物館」の組織運営について概観しておきます。

前章でも触れた通り、「東京国立博物館」は東京都台東区の上野公園内に所在する、日本で最も古い歴史をほこる国立系の博物館です（写真Ⅴ-1、第Ⅴ-1図）。わが国と、東洋諸国の有形文化財を対象とする大規模館で、2024（令和六）年時点で国宝89件、重要文化財650件を含む、約12万件の文化財等が収蔵されています。2001（平成十三）年の独立法人化を経て、2007（平成十九）年より、「独立行政法人国立文化財機構」が運営するようになりました。

国宝・重要文化財を含む美術作品、歴史資料、考古遺物などの収蔵品、寄託品から常時約3,000件が展示されています。展示館は6施設あります。うち「日本館（日本ギャラリー）」では日本の美術を、「東洋館（アジアギャラリー）」では東洋美術を、「法隆寺宝物館」では法隆寺献納宝物を展示しています。「平成館」は1階に日本の考古遺物の展示室、2階には特別展専用の展示室が設けられています。「表慶館」は特別展、催し物開催時のみ開館されています。このほか、洋画家黒田清輝の作品を展示する「黒田記念館」もあります。

第Ⅴ-2図には、東京国立博物館が属する独立行政法人、「国立文化財機構」の組織図を、さらに第Ⅴ-3図には「東京国立博物館」の組織体制を掲げました。

2001（平成十三）年以降の独法化に伴い、いわゆる4つの国立博物館と、さまざまな関連施設が「国立文化財機構」の理事会のもとに再編されるようになりました（第Ⅴ-2図左下）。

ちなみに東京都千代田区の皇居東御苑内にある「皇居三の丸尚蔵館」は1989（平成元）年、平成天皇より、代々皇室に受け継がれてきた御物の中から約6千点余りの絵画や書跡、工芸品などが国に寄贈されたことを契機に、1993（平成五）年より一般公開が開始されている国立系博物館の一つです。こちら

第Ⅴ章　博物館の組織体制

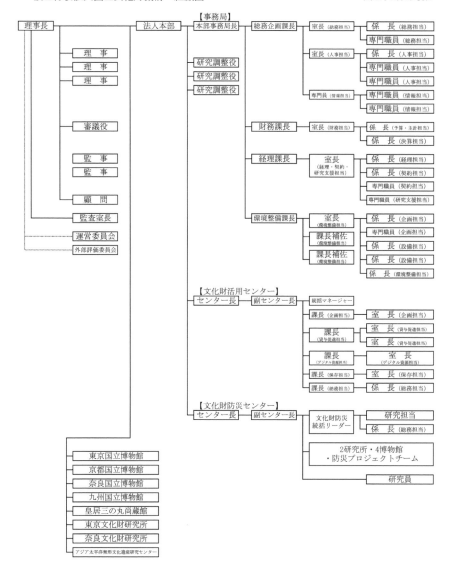

第Ⅴ-2図 独立行政法人 国立文化財機構の組織体制
(https://www.tnm.jp › modules › r_free_page「独立行政法人国立文化財機構組織図（日本語）」2024/3/7 ダウンロード)

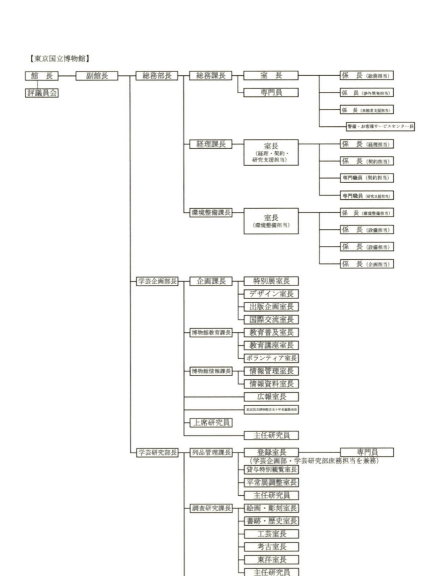

第Ⅴ-3図 東京国立博物館の組織体制
(https://www.tnm.jp , modules , r_free_page「独立行政法人国立文化財機構組織図（日本語）」
2024/3/7 ダウンロード)

も 2023（令和五）年に、「宮内庁」直轄からこの「国立文化財機構」に移管されたばかりです。

　第Ⅴ-3図は、「東京国立博物館」の組織図です。大きくは総務部、学芸企画部、学芸研究部の三部門体制がとられています。学芸企画部には企画課、博物館教育課、博物館情報課、広報室が配され、特別展示等の企画立案や教育普及、国際交流、ボランティア、情報管理を、いっぽうで学芸研究部には常設展示を管理する列品管理課や、調査研究課、保存修復課など、主に資料の収集、保存、研究にかかわる部門が配置されています。職員数が、事務系や管理職を含めて100名前後にまで達する大規模館です。

　展示事業では、年3～5回程度の「特別展」、館蔵品を広く国内外各地で紹介する「巡回展」、加えて、特別展より小規模な「特別企画」が随時行われています。常設の「総合文化展」では常時3,000件、年間約300回もの展示替えが実施されています。

　教育普及事業では、「平成館」内の大講堂で月例講演会、特別展開催時には記念講演会が開催されています。また展示室内では月2回程度の「ギャラリートーク」のほか、学校や一般、子ども向けの「スクールプログラム」、「一般向けプログラム」、「ファミリー・子供向けプログラム」、「インターンシップ」、「キャンパスメンバーズ」制度、ボランティアによるガイドツアー、ワークショップなどが随時開催されています。博物館学芸員を目指す学生向けには「インターンシップ」、ほか施設内ではコンサート、落語、茶会などの催し物や、地域内における他の社会教育施設等との連携活動も積極的に進められています。

　出版事業では、まず主に展示や催し物案内を目的とした機関紙「東京国立博物館ニュース」（旧「国立博物館ニュース」）が1947年の創刊以降、隔月発行され続けています。また月刊の研究誌「MUSEUM」は1951年創刊で、館内外の研究者による論文が毎号3～5本ずつ掲載され続けています。このほか写真入り目録の『東京国立博物館図版目録』では、膨大な数におよぶ所蔵資料の

紹介を目的に、分野別の刊行が継続されています。

(2) 九州国立博物館

つづく第Ⅴ-4図には2005（平成十七）年開設の、「九州国立博物館」の組織図を掲げました。奈良国立博物館や京都国立博物館も、概ね同じ構造です。先の東京国立博物館と比較するならば、かなり組織規模が小さくなっていることがわかりますね。学芸部は企画課、博物館科学課、文化財課があり、それぞれ展示、収蔵文化財の保存修復、調査研究を担っています。このほか、同館では「福岡県立アジア文化交流センター」との連携体制をとっていて、情報、交流、教育普及の部分は"地域"に根ざした県施設が役割分担するという仕組みです。九州国立博物館の職員数は、独法とセンターの事務系や管理職を含めて50名前後です。

写真Ⅴ-2 九州国立博物館
（福岡県太宰府市／著者撮影）

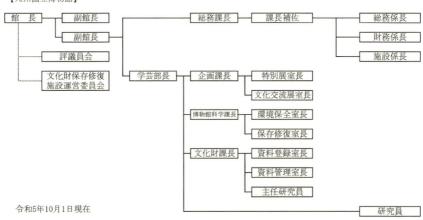

第Ⅴ-4図 九州国立博物館の組織体制

(https://www.tnm.jp › modules › r_free_page「独立行政法人国立文化財機構組織図（日本語）」2024/3/7 ダウンロード)

2005（平成十七）年開館で、本館は4階構造、3階に特別展示室、4階に常設展示室（文化交流展示室）が設けられています。当該博物館では収蔵資料の保存環境を重視し、収蔵庫が2階に設けられている点も特筆されるでしょう。9つから成る各収蔵庫内は温湿度が厳しく管理され、文化財の材質や分野ごとに適した環境が維持されています。また1階と2階の間には免震階が設けられており、巨大なバネやゴムを設置することで、地震発生の有事には揺れの速度を抑え、被害を最小限に押さえられるよう、最新の技術が導入されているのです。

常設展示（文化交流展示）室では、日本とアジア、ヨーロッパとの文化交流の歴史が紹介されています。旧石器時代から江戸時代までを時代別に5テーマに区分し、それぞれの文化交流にかかわる資料が、定期的にリニューアルされながら展示されています。

特別展は、主に九州と東アジア圏周辺における歴史民俗をテーマに、年4回程度、開催されています。これまでに「美の国 日本」（2005年）、「南の貝のものがたり」（2006年）、「国宝 天神さま」（2008年）、「古代九州の国宝」（2009年）、「古代日本と百済の交流」（2015年）、「加耶」（2023年）などが開催されています。

教育普及事業では、まず子どもや家族連れを対象に、体験型展示室「あじっぱ（アジアのはらっぱの意味）」が1Fに常設されています。ここでは日本とアジア、さらにヨーロッパの国々の文化を五感で体験できる各種の無料コーナーが設けられています。

また県内周辺の学校授業での活用を前提とした、学習支援ツールの開発も進んでいます。各種出前、貸出しキットのほか、ワークシート等の普及教材も充実しています。

ボランティア事業も盛んです。合計10グループ前後に分かれており、展示解説、教育普及、館内案内など、多彩な活動が展開されています。

このほか出版事業でも、季刊情報誌「アジアージュ」や、各特別展、文化交流展にかんする図録発売のほか、年1回発刊の研究報告『東風西声』、さらに

「きゅうはくの絵本」シリーズでも、計10冊以上におよぶ各種のオリジナル絵本（『まいごの ぴーちゃん』、『エイサー！ ハーリー』、『海のむこうのずっとむこう』）など、多数発刊されています。

第Ⅴ-1-2項　都道府県立系博物館

　つづいて都道府県立の系列です。先の第Ⅳ章でも学んだ通り、地方の博物館のなかには明治～昭和初期の段階で設立された、歴史ある施設も少なからず存続しています。けれども、大多数は1968（昭和四十三）年前後の「明治100年記念事業」を契機とした「博物館建設ラッシュ」で開設された施設です。これは、日本の博物館史上の大きな特色ともいえるでしょう。

　規模や組織体制はさまざまですが、公立ゆえの、一定の型のようなものが何パターンか存在します。本書は概説書ですから、すべての網羅を目的とはしませんが、以下、地方で多く見られる文理総合型の中～大規模館3事例をもとに、第Ⅴ-5～7図に掲げる各組織図も参照しながら、理解を深めていくことにしましょう。

（1）千葉県立中央博物館

　第Ⅴ-5図は都道府県立クラスのなかでも、とくに大規模館として有名な「千葉県立中央博物館」の組織図です（千葉県立中央博物館編2023：敷地面積13,178平方メートル、延床面積15,253平方メートル）。1989（平成元）年設立の比較的新しい施設です。職員数は、管理職や事務系を含めると約70名にも達します。国立系クラスに比肩する規模ですね。学芸系では自然誌・歴史研究部と生態・環境研究部があり、分館を含めると40名以上の学芸系スタッ

写真Ⅴ-3 千葉県立中央博物館
（千葉県千葉市／著者撮影）

第Ⅴ章　博物館の組織体制

フで構成されていることがわかります。

　館長は、博物館運営を統括する責任者であり、その博物館の顔ともいえる存在です。組織図に示される管理運営の庶務部門と収集・調査研究・展示などを受け持つ各学芸部門のすべてを総括、監督する立場にあるからです。無論、高い実績とリーダーシップが求められる館運営の"要"であり、名誉職などではありません。「千葉県立中央博物館」では、初代館長に、日本植物生態学の草分け的存在でもあった千葉大学名誉教授の沼田眞氏が就任しています。次に紹介する滋賀県立琵琶湖博物館も同様ですが、本例のように、設立当初から関連学界で主導的立場にある一流の学者を館長職に迎え、活発な調査研究や社会教育活動を指揮させるという運営方針は、この1980年代末頃からはじまり、今日では各地の大規模館でよくみられるスタイルの一つとなりました。

　庶務部には、庶務課のほかに教育普及課と企画調整課があり、こちらも多様な専門分野の職員で構成されています。千葉県域の自然史系を中心とした地学、動物、植物、生態、環境、歴史分野の各活動が展開されています。

　展示事業は常設展示と企画（特別）展示に分かれます。

　常設展示は、大きくは本館展示室と野外の生態園とに分かれます。うち本館の展示は「房総の自然と人間」を全体テーマとし、「房総の自然誌」、「房総の

第Ⅴ-5図　千葉県立中央博物館の組織体制
（千葉県立中央博物館編 2023・令和4年度より一部再編）

歴史」、「自然と人間のかかわり」からなる3つの部門展示室に分かれます。

　生態園も、日本随一の規模をほこります（面積約6.6ヘクタール）。大きくは植物群落園、生態実験園、植物分類園、舟田池からなり、案内所としてオリエンテーションハウス、野鳥観察舎が設けられています。

　企画展示室では、年複数回の企画（特別）展に加え、トピックス展や、ミニトピックス展で最新の話題、成果を随時、発信しています。過去の企画展には「利根川下流域の和算文化」（2008年）、「おはまおり－海へ向かう神々の祭－」（2022年）、「よみがえるチバニアン期の古生物」（2023年）などがあります。1993（平成五）年には「分類学の父」とされるカール・フォン・リンネ直筆の学位論文など、関連資料5,397点を購入、収蔵し、翌1994（平成六）年には「リンネと博物学－自然誌科学の源流－」展も開催しています。

　普及教育部門でも、常時8名前後の職員が配置されています。自然史系を中心とした各種講座、野外観察会、学校連携事業など、実に多彩に展開されています。展示室内では、実際にシカなどの剝製や動物骨、化石、木の標本に触れることができる「体験学習室（たいけんのもり）」も常設されているのです。資料に触ったり、動かしたりするコーナーは今日すでに一般的ですが、物の見方や、調べ方を実体験することへの意義は、今後とも失われてはならないでしょう。ほか、子ども向けの図鑑や絵本も充実しています。

　出版事業では、学芸員の日ごろの研究成果を収録した各種の『研究報告』や展示図録、資料集、記念誌などが発刊され続けています。

（2）滋賀県立琵琶湖博物館

　第Ⅴ-6図は前章でも登場した、「滋賀県立琵琶湖博物館」の組織図です（滋賀県立琵琶湖博物館編2023）。こちらも職員数は管理職や事務系、臨時職員を含めると60名以上にまで達しています。同図の下段には職員構成も示されています。

　なお、ここで登場する「研究職」とは、公的機関が設置する研究所や試験所

第Ⅴ章　博物館の組織体制

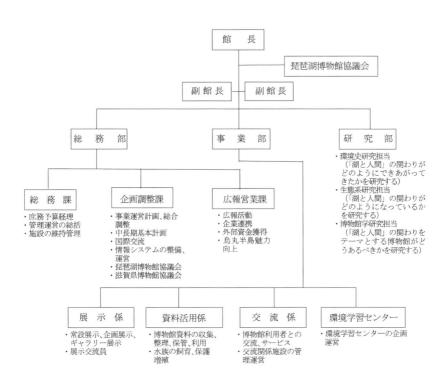

職員構成（2022年10月1日現在：兼務・併任職員を含む）

区　分	館長	行政職	研究職	教育職	小計	会計年度任用職員	合計
人数（名）	1	8	27	2	38	25	63

研究職の内訳

区　分	学芸	水産	農業土木	土木	林業	合計
人数（名）	23	1	1	1	1	27

第Ⅴ-6図　滋賀県立琵琶湖博物館の組織体制
（滋賀県立琵琶湖博物館編 2023 より）

などの機関で、特定課題の調査研究や受託試験などに専従する専門職員のことを指します。同館の学芸員も、そうしたポストに属しています。

さらに琵琶湖博物館では学芸員のほか、水産、農業、土木、林業といった専門ポストも設置されています。これに教職員ポストを加えた、実に多様な職員によって組織されているのです。前章でも取り上げた通り、世界農業遺産「琵琶湖システム」の指定にまでつながった、市民参画の、多方面にわたる活動成果を育む素地が築かれていることが理解できるでしょう。

組織体制では、管理運営を担う総務部と研究部の間に、事業部が配置されている点も注目に値します。先述の国立系とも通じた体制ですが、展示、資料活用、交流、教育普及といった各担当を事業部として組織的に独立させることにより、研究部が調査研究活動に専念できるという仕組みです。館の規模にもよりますが、このように管理系部門と学芸系部門の中間に事業運営系の部門を設置することで、運営効率の向上も期待できることでしょう。この事業部は展示係、資料活用係、交流係、環境学習センターに分かれ、博物館の保管、展示、教育の各活動を担っています。

「人と湖」をテーマに日常の調査研究活動を重視し、これを保証する体制、成果を広く社会へと還元させようとする姿勢は、地方に根付いた優れたモデルケースとして、今後とも高く評価されていくことでしょう（第V-7図）。

なお、総務部にも企画調整課と広報営業課が設けられています。これらもまた学芸部門と組織的に区分され、多様な職員が配置されている点において、優れた体制といえるでしょう。

展示は、常設展示室と企画（特別）展示室に分かれます。

第V-7図 琵琶湖博物館をめぐるリンゴ樹型の社会循環モデル
（滋賀県立琵琶湖博物館編 2022, p17 より）

常設展示はA～C展示室に分かれ、400万年前から現代までの、琵琶湖創生から人とのかかわりについて、テーマ別に展示されています。なかでも「水族展示」は人気で、生態展示として、生きた淡水生物の展示を大々的に行っています。このほか屋外展示では、琵琶湖そのものの鑑賞はもとより、その周囲の植生についても、散策しながら気軽に観察できるようになっています。

　企画展示室では、豊富な琵琶湖調査の成果を含め、年数回程度の個性あふれる特別展が積極的に開かれてきました。これまでに「小さな淡水生物の素敵な旅」（2017年）、「日本農業遺産　琵琶湖システム」（2020年）、「湖国の食事をめぐる旅」（2021年）などが開催されています。加えて、「学芸員こだわり展示」シリーズでは最新の話題や成果も、トピックス的に紹介されています。

　教育普及事業にも力を入れており、琵琶湖をテーマに、多くの人びとが参画しています。活動希望者を支援する登録制度に、「はしかけ」があります。約300人前後が常時登録しており、20程度のグループに分かれて、調査研究、資料作成、交流活動などが展開されています。また附属の環境学習センターが、琵琶湖にかんする環境学習のサポートや企画、情報提供の拠点として設置されています。1階の展示室内には家族や子ども対象の「ディスカバリールーム」に加え、全国的にもめずらしい、大人一般を対象とした「おとなのディスカバリー」も設置されています。

　出版事業では、学芸員の日ごろの研究成果を収録した学術雑誌『研究調査報告』があります。同館では特に発行日を設けず、研究がまとまった時点で随時発行するという理想的なスタイルがとられています。このほか、資料目録や記念誌等も数多く発刊され続けています。

（3）山口県立山口博物館

　第V-8図は、都道府県立総合クラスのなかでもコンパクトに組織される、山口県立山口博物館の組織図です。先の県立系2館とも一部比較しながらみていくことにしましょう。職員数は管理職や事務系、小中学校からの派遣教員、臨

写真V-4 山口県立山口博物館
（山口県山口市／著者撮影）

時職員を含めて20名前後です。学芸課には天文、地学、植物、動物、考古、歴史、理工の7部門があります。原則として、それぞれに1名ずつの学芸員が、県の研究職として配置されています。先の大規模館の数々とは異なり、各学芸員は博物館資料の五大業務はもとより、それぞれの専門分野を中心とした特別利用や広報にいたるまで、全ての業務を一手に担っています。のみならず、二次資材の購入管理や各種事務作業までを分担しているのです。担当分野に対する裁量権（自由判断度）は高く、やりがいが大きいのも事実でしょう。ただ、日常的に展示、事務作業、教育普及業務を行いながら計画的な収集保管、調査研究活動までを全て1名で担えるようになるには、何年もの実務経験の蓄積を要します。中長期的な展望にもとづいた調査研究を進め、一定以上の成果をあげるためには、そうした経験値の蓄積に加え、関連機関やボランティア市民などとの協働が不可欠であることはいうまでもないでしょう。

同館では2004（平成十六）年度以降、小・中学校から原則1年間の長期研修教員（以下、長研MT）が3名配置（うち1名は教頭職）されるようになりました。学校と、博物館との連携（「博学連携事業」）を基軸に、広く教育普及活動に携わっている点が評価されるでしょう。同県内にある400校以上の小・中学校施設との、横軸のつながりを確実に強化させてきたからです。同館に限らず、都道府県立の中規模博物館における教育委員会を介した教職員の派遣体制は、今日欠かせない人事システムといえるでしょう。

事業では、年1回の特別企画展とテーマ展に加え、県主催の「サイエンスやまぐち」、月2回平均で実施される各種の教育普及講座、さらに県内の小・中学校を対象とした数多くの「博学連携事業」を展開しています。この博学連携

第Ⅴ章　博物館の組織体制

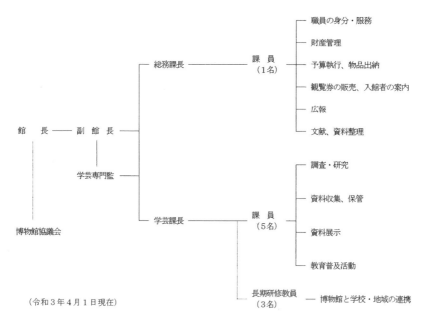

第Ⅴ-8図　山口県立山口博物館の組織体制
（山口県立山口博物館編2023・令和4年度より一部再編）

は、事業を開始した2007（平成十九）年度における利用総数77団体3,554名から、2022（令和四）年度の利用総数が92団体5,265名にまで成長しています。同館に限りませんが、2020〜2021年度のコロナ禍を経て、単に数字目標だけではない質的内容の充実と向上が、今後の共通課題といえるでしょう。

このほか同館でも年1回、学芸員の日ごろの研究成果を収録した学術誌『研究報告』や、県民開放型の投稿誌『山口の自然』が発刊され続けています。

第Ⅴ-1-3項　市町村立系博物館

こちらも、政令指定都市レベルから人口五千人以下の村立博物館に至るまで、さまざまな「公の施設」があります。ここでは、上記山口県博に近接するエリア、本州西端部周辺を例に第Ⅴ-9・10図として、2施設を掲げてみましょう。

- 113 -

（1）北九州市立自然史・歴史博物館

　第V-9図は、福岡県北九州市に所在する直営方式の北九州市立自然史・歴史博物館の組織図です（北九州市立自然史・歴史博物館編2022）。総合型であり、職員数は、管理職や事務系職員を合計すると50名前後に達します。人口90万人以上の政令指定都市だけに、西日本ではトップクラス、都道府県立の大規模館、あるいはそれ以上の組織体制が敷かれています。

　学芸部は自然史課と歴史課に分かれており、それぞれに専門分野の学芸員が配置されています（第V-9図）。教育普及事業は普及課に属し、学校からは教職員3名が、MT（ミュージアム・ティーチャー）として派遣されています。学校団体の利用支援に加え、教育プログラムの企画、運営が成されています。広報や特別展の調整は普及課企画係が担っていますが、収集整理、調査研究、展示事業はすべて各学芸員が担当しており、都道府県立に近しい組織構造といえるでしょう。

　展示は常設と、特別企画展に分かれます。

　常設展示では、とくに恐竜化石をはじめとした自然史部門が充実しています。全長約15mのスピノサウルスや、全長約4mのエレモテリウムなどの大型骨格標本が人気ですが、より身近な現生のゾウやキリンの剥製なども展示されており、"いのちの旅"をテーマとした生物間の実物大比較を可能としています。

写真V-5 北九州市立自然史・歴史博物館
（福岡県北九州市／著者撮影）

いっぽう歴史系（考古歴史民俗）部門でも、旧石器時代以降の東アジア世界における交流をテーマとした、遠大な展示を披露しています。最上階の民俗部門では、近年のリニューアルにより、昭和三十年代の茅葺民家（原寸復元家屋）の中に入って、昔の暮らしを体感することも可能となりました。

第Ⅴ章　博物館の組織体制

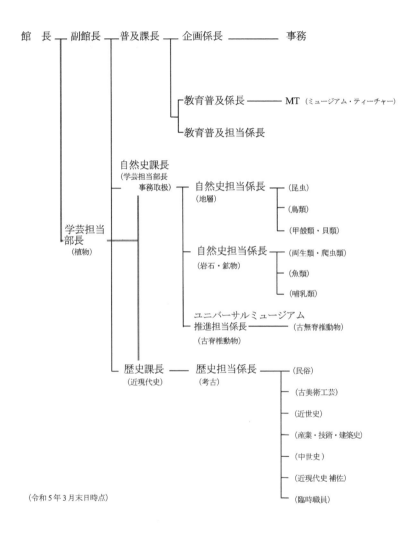

第Ⅴ-9図　北九州市立自然史・歴史博物館の組織体制
（北九州市立自然史・歴史博物館編 2022 より一部再編）

写真V-6 幼稚園児への博物館講座の様子
(提供：北九州市立自然史・歴史博物館)

特別展示は年4回程度も実施されています。これまでに「九州発！棟方志功の旅」(2019年)、「世界遺産のまち 北九州と明治日本の産業革命遺産」(2018年)、「アクア・キングダム」(2017年)、「対決！恐竜展」(2012年)、「大内文化と北九州」(2012年)など、文理とも多彩に開催されています。

教育普及事業では、館内の各種講座が非常に充実しており、「友の会」による講座やイベントとあわせると、毎週のように、何らかのイベントが開催されているのです。なかでも北九州市立自然史・歴史博物館の場合、小学生未満の就学前児童教育に古くから力を入れており、特筆されます（写真V-6）。イギリス、ロンドン市立博物館（Museum of London）におけるファミリー・ラーニング（Family Learning：幸泉2016bほか参照）とも通ずる、日本国内では先端の取り組みといえるでしょう。なかでも同館では、幼少のころから博物館資料とふれあえる体験型教育に重点がおかれてきました。

「友の会」では自然史と、歴史の2つの会が運営されています。うち自然史系ではさらに「地質鉱物」、「化石」、「植物」、「昆虫」、「水生動物」、「両生・爬虫類」、「鳥類」の各研究部会が存在します。それぞれで観察会や史跡見学会、講演会、研究発表会などが盛んに開催されているようです。またこれらの運営が学芸員ではなく、あくまで、地域市民による友の会メンバーを中心に進められている点も、高く評価されるでしょう。

出版物としては『研究報告』（A類：自然史系、B類：歴史系）や資料図録、特別展図録のほか、自然史系のフィールドワークに役立つ『北九州自然ガイドブック』各種が、とても充実しています。このほか「友の会」も独自の会誌を各部門ごとに年数回、発刊し続けています。「自然史友の会」の『わたしたち

第Ⅴ章　博物館の組織体制

の自然史」、「歴史友の会」の『歴史友の会会報』がそれで、同会の精力的な活動ぶりがよく伝わります。

（2）山口市歴史民俗資料館

本節で最後となる第Ⅴ-10図は、山口市歴史民俗資料館の組織図です。同資料館は山口県庁の西隣に位置する、山口市直営の人文系資料館です。「山口市及び周辺地域の歴史、民俗、考古などに関する資料の保存及び活用を図り、郷土の歴史及び文化に対する市民の知識及び理解を深め、もって市民文化の向上に資する」ことを目的に、1981（昭和五十六年）に開館されています。同市の条例には「学校、図書館、文書館、美術館、博物館、埋蔵文化財センターその他教育機関との相互協力」ともあり、地域内の関係機関との積極的な連携を標榜しています。

組織体制上、特徴的なのは、施設内の全職員が会計年度任用職員、つまり任期付きであるということです（ただし継続雇用の制限無し）。館長、事務職員のみならず、学芸員相当の文化財専門員3名まで、すべてです。これは、山口市の人口規模が約19万人（2024年4月時点）と比較的少ないため、多くの正職員を公務員として雇用できないという、地方共通のやむを得ない事情によるものでしょう。当然、正規雇用ではないため、資料館職員の定期的な入れ替わりが避けられません。けれども、この山口市の場合は別途、教育委員会の文化財保護課のなかに正規の学芸系専門職員が8名も配属されており、「文化財保護担当」、「大内文化担当」、「埋蔵文化財担当」の3部門体制で、資料館との組織的な連携体制が敷かれているのです。こうした、行政と博物館等の文化施設による二重構造は、実のところ人口の少ない市町村では相応の割合で

写真Ⅴ-7 山口市歴史民俗資料館
（山口県山口市／著者撮影）

- 117 -

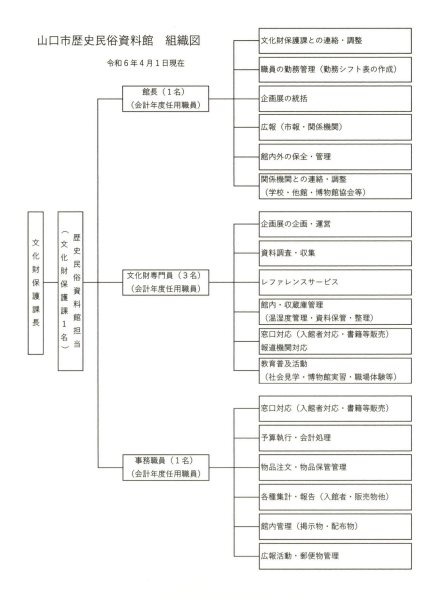

第Ⅴ-10図 山口市歴史民俗資料館の組織体制
（提供：山口市教育委員会）

認められます。今後、少子高齢化の進行する日本国内では、こうした体制による合理化が一層増してくるのかもしれません。

　もっとも以上の体制のもと、活動内容は地域に根ざして実に、多彩に展開されています。市民を対象とした月1回前後の一般講座、ファミリーデー（家族連れ対象）をはじめ、特別展として「維新前夜」、「十朋亭と維新の志士たち」、「発掘速報展」、「暮らしの民具」、「山口市の神楽」、「西郷家文書」、「新収蔵資料展」など、文化観光の両面で、魅力的な展示が重ねられているのです。資料館専属の文化財専門職員による日ごろの調査研究や、専門性を活かした成果発信も精力的です。市の文化財保護課による市内遺跡の発掘速報展、加えて資料館の近隣で史跡整備が進む中世の守護大名、大内氏関連の成果展示が常に行われるなど、市直営ならではの強固な相互連携が、背後では図られているのです。

　刊行物としては『山口郷土読本』、『写真でみる山口市60年の歴史』、『幕末維新史跡ガイドブック』、『中原中也写真展』、『大内氏のトビラ』、『大内氏関連町並遺跡』シリーズ、『大内氏館跡』シリーズ、『上東遺跡』など、こちらも実に多彩で精力的です。同じく資料館スタッフのみではなく、市の文化財保護課職員との連携によって発刊されている例が多いようです。

第V-2節 ボランティア制度

　ボランティアとは「他者や社会のため、自らの意思で、自発的に労力を提供する行為」を指します。しかし博物館側にとっては、決して無償のアルバイトスタッフなどではありません。対価を目的とされない強力なパートナーであり、協力者であるとする認識を忘

写真V-8 地域を支える
ボランティア活動の様子
（博物館敷地内での竪穴住居の復元風景
／提供：下関市立考古博物館）

れてはならないでしょう。その博物館へ頻繁に通うことのできる、身近な地域市民が、主な応募者のはずです。多くの場合、博物館内外のさまざまな活動（資料の調査研究、収集、整理、保存、展示、教育活動ならびに事務仕事）の補助を担っていただきますが、長い年月を経ることで、自立性の高いボランティア組織、「友の会」の一種を構築していただくことも可能となります。長年の活動蓄積により、博物館にとって、真に、強力なサポーターとして成長されることが期待できるわけですね（写真V-8ほか）。

　博物館側で重要なのは、まず、ボランティアに応募してこられる市民の方々の気持ちや、立場を理解することでしょう。大半は、お仕事を定年退職された60歳代以降の方々ですから、いわゆる「第二の人生」を前向きにお考えの方が多いはずです。近年における日本人の平均寿命は、概ね世界1位レベルが続いていますね。つまり定年後も、心身ともに健康な期間が平均で10～20年はあるということです。現代日本では、多くの人びとが現役時代をサラリーマンとして捧げていますから、退職後、社会と隔絶される不安も少なからず抱いておられると捉えてよいでしょう。

　日本の各地で博物館ボランティア制度が注目を増している背景については、こうした社会事情と照らし合わせたならば、当然のことといえないでしょうか(註V-1)。定年退職後に何ができるのか、何をすべきなのか、といった自身の社会的役割や責任、使命感などを見つめ直し、考えるといった人生後半の再設計に直面した結果、地域の、博物館ボランティアに関心が向くという方々が少なからずいらっしゃるわけです（金山 2012,p45 ほか）。

写真V-9 学芸員による
ボランティア研修の様子
（提供：下関市立考古博物館）

　関連施設が魅力的に感じられる理由

を整理するならば、博物館が「①知識習得の場」であり、かつ「②知識公開の場」であること、さらには「③社交、交流の場」であることなどが、主な背景としてあげられるでしょう。

以上から①→②→③の順で、博物館や地域と深く関わっていくことにより、人生後半の生き甲斐や達成感、再設計、さらには地域とのつながりを得やすくなるといった好循環が期待できるわけです。

博物館との関わりを「対価」ではない、と考える人びとがたくさんいらっしゃるという実情を、まずはよく理解すべきということですね。なかには、即戦力として期待できる元学校の先生や元学芸員、元公務員の方々も応募されたりはしますが、逆に、現役時代とは全く異なった第二の人生を求めて、いちから学び直そうとされる意欲的な方々もたいへん有望です。いまの日本の世の中には、そういった方々がたくさんいらっしゃるのです。

ただし、良いことばかりではありません。「対価」を求めないということは、その分、組織的な上下関係や命令口調の指示などが敬遠されがち、ということにもつながります。整理すると、各館とも「①無理を言えない」、「②学芸員の希望通りにならない」、「③知識面での信用性」、「④責任の所在」、「⑤出勤簿管理が難しい」などの意見が挙げられています。

これらを解決へと導くためには、やはり博物館側との信頼関係の構築がいちばんといえるでしょう。ともに、よりよい博物館をつくり上げていこうとする気持ちや、双方の意欲が合致できるような環境の整備、たとえば、ボランティア会員だけの特典や、一定の権限などに配慮することも、常々忘れてはならないということです（写真V-9ほか）。

ここでも「楽しくて、ためになる」が、博物館におけるキーワードとなるわけです。司令塔となる担当学芸員の長期にわたる取り組み次第で、その博物館の未来を大きくかえることができるかもしれませんね。

第V-3節 指定管理者制度のこれまでと、これから

　以上のボランティア制度とは別に、公立博物館の運営にかんして多様な方式を否定せず、それまでの直営による固定的体制を根本から見直そうとする政策から生まれたのが、2003年以降に施行されてきた「指定管理者制度」でした。

　そもそもは1990年代の後半以降、全国的に景気が後退したなかで、地方の公共団体の多くが財政難に陥り、外郭団体（事業団や公社、財団、公園管理などの法人）の見直しと一部統廃合が、すでにはじまっていたことに由来します。当時、日本の博物館の約１／６程度が外郭の「公益法人」によって運営されていましたから（小林2009ほか）、当然、それまでの直営施設を含めて、きびしい目が向けられたわけです。制度導入当初の最大の目的は、経費の削減と合理化、つまり公共施設の削減によるスリム化だったといえるでしょう。

　「指定管理者制度」とは地方公共団体が指定する法人、その他の団体に、地方公共団体に代わって公共施設の管理を代行させようという制度のことです。多様化、高度化する市民ニーズへの効率的、効果的な対応をはかり、市民サービスの向上、行政コストの縮減をすすめることを主目的としてきました。

　そもそも改正以前の「地方自治法」の第244条には、「（前略）…その管理を普通地方公共団体が「出資している法人」で、政令が定める者又は「公共団体」もしくは「公共的団体」に委託することができる」との制限がありました。つまり、博物館などの施設運営と管理は、各地方公共団体による直営方式（公務員による運用）、ないしはその外郭組織である財団法人[註V-2]による職員の直接運用に限られていたのです。しかしながら2000年代の小泉純一郎内閣による「官から民へ」のキャッチフレーズのもと、大胆な民営化促進による構造改革が断行されはじめました。

　2003年改正の「地方自治法」第244条の二、第3項では「普通地方公共団体は、公の施設の設置の目的を効果的に達成するため必要があると認めるときは、条

例の定めるところにより、法人その他の団体であって当該普通地方公共団体が指定するもの（以下本条及び第二百四十四条の四において「指定管理者」という。）に、当該公の施設の管理を行わせることができる。」と新たに定められました。運営主体は広く、株式会社などを含む民間法人（営利企業体）、公益法人、公設民営、NPO（Non-Profit Organization：民間非営利団体）法人、市民（ボランティア）グループ、その他の団体に拡大されたのです。一定期間、左記団体で指定の公共施設の管理を担うことが可能となったわけです。公的世界への意識改革、透明性の確保や経費削減、競争原理の導入による公共サービスの向上などが、政治的にうたわれはじめたのです。

ちなみに、ここで対象とされた非営利の公共事業には、次のようなジャンルがありました。「教育・学術振興」、「文化・芸術振興」、「こども・高齢者・身障者支援」、「公衆衛生」、「事故・災害防止」、「環境保全」などで、多岐にわたります。この改革では「聖域なき構造改革」をスローガンに、博物館園を含むさまざまな公共施設、公園、道路、水道などのインフラ事業にいたるまで、あらゆる「公営組織の法人化、民営化」が、急速に進められたのです。

現在、日本全国の博物館の約2割弱程度が、指定管理者制度を導入しています（文部科学省・三菱総合研究所2010ほか）。規模や体制、活動内容もいろいろですが、さまざまな課題点や、新たな展望も垣間見られるようになりました。

第V-4節 指定管理者制度に期待されるこれからの展望

指定管理者制度については、制定当初から、さまざまな議論が重ねられてきました。一般的に、同制度に対しては否定的な意見ばかりが目立ってきたわけですが、実際には善悪、両方の側面が垣間見られます。制度開始からすでに20余年、まずは、そのメリット（評価できる点）とデメリット（改善を要する点）の両面について考えていくことにしましょう。

第Ⅴ-4-1項　指定管理者制度導入のメリット

①：一部民間の手法を活用できる

　　たとえば、公務員による直営方式では、鉛筆1本を購入するだけでも、事前に館内での決済処理（決裁書の作成、回覧、採決、保管の流れ）が必要です。公務ゆえ、さまざまな場面で学芸員の裁量範囲が制限され、事務的時間に拘束される場面が多くなるわけです。こうした制約が、指定管理者制度によって、大きく緩和されることが期待できます。

②：入館料徴収

　　非営利前提ですが、協定範囲内で、入館料を含む各種利用料が管理者側の収入源として認められるようになります（地方自治法第244条の二、第8項「普通地方公共団体は、適当と認めるときは、指定管理者にその管理する公の施設の利用に係る料金（「利用料金」）を当該指定管理者の収入として収受させることができる」）。

③：サービス向上と柔軟な対応

　　直営の場合、公務員の雇用条件や手当規定の観点から、夜間や休日をはじめとした利用時間の延長措置が至難でした。こうした開館時間上の制約にかんしても、合理的理由にもとづけば、大幅に自由度が増します。

④：経費削減

　　徹底したコストの見直しや、人件費の抑制による運営経費の改善と、サービス向上が期待できます。

⑤：公正な人事評価

　　たとえば公務員の場合、人件費にかんしては同期入庁で同世代、同学歴であれば、本俸（給料）や

写真Ⅴ-10 指定管理者コンソーシアム GENKI による人気の愛媛大学博物館実習
：史跡内ツアーの様子
（愛媛県道後公園湯築城資料館・コンソーシアム GENKI／著者撮影）

肩書き（職位）面で横並びを重んじる風潮が強いといえるでしょう（年功序列主義）。人員削減のあおりから有能な職員に対する雑務が増えすぎたり、優れた能力を発揮しても逆に評価されないといったマイナス面が、以前から一部で指摘されてきました。公正を重んずるあまりに、頑張りすぎない体質や、向上意欲の減退を生む可能性が懸念されてきたわけです。

　たとえば、館長などの人事決定権者が博物館への知識、理解を著しく欠くケースなどでは、そうした可能性も一層高くなりがちでした。また必然的に、正規の専門業務よりも事務側の負担軽減につながるような雑務ばかりを優先させたり、人渡り上手な人物が高評価を得やすいというケースもありました。

　学芸員（相当職を含む）として採用されている以上、その専門的能力の有無を公平に評価できる管理職員の存在が重要なのです。学芸員のような専門職の場合、指定管理者制度の導入によって、本来の専門能力が公正かつ適切に評価され、やる気を向上させるような組織運営も、同制度によって期待できる側面があるのです。

第Ⅴ-4-2項　指定管理者制度導入のデメリット

いっぽうで、以下に掲げるようなデメリットも指摘されます。

①：必要経費や人員削減への懸念

　これは直営でも行政運営上、起こり得る事案ですので、ここで掲げることは必ずしも相応しくはないかもしれません。ともあれ本来、行政が果たすべき公共サービスまでが、管理者側の判断で一部、不当に削られてしまう可能性が考えられます。

②：指定期間の問題

　地方自治法第244条の二、第5項で定められてきたところですが、通例は3年ないし5年、長くとも10年程度の契約期間を終えると、再び公募

となります。当然ながら、同じ団体が再度管理者として合格、継続される保証はどこにもありません。こうしたシステム上の制約から、長期的な運営計画を立てることができず、直近の入館者数や利用料収入を成果として意識した、大小、場当たり的な運営に陥りがちなのです。仮に、学芸員がそうした指定団体で採用された場合は、当然、調査研究や地域に根ざした地道な活動に専念できない可能性に加えて、数年単位での雇用打切りや、全く業種の異なる職場への人事異動を命ぜられる危険性すら、心配されてくるわけです。仮に、数字重視の成果主義のみを標榜する団体が請け負った場合は、人材育成に対する強い懸念へと、つながってくることでしょう。

③：**不採算部門切捨てへの懸念**

　以上の①、②ともリンクしますが、人気が少ないように見える分野の安易な統廃合や、切捨ての可能性も心配されやすくなります。たとえば、昆虫や化石標本をたくさん展示する展覧会は、夏休みの子どもたちには毎年大人気ですし、科学の仕組みを体験形式で学べる理工部門の科学系イベントも、ランニングコストさえ消化できれば、大勢の集客数が期待できるでしょう。興行収入も得やすい構造といえますね。けれども、そのいっぽうで、地域に根ざした民具類や古文書、考古歴史系資料の類は、なかなか大ヒットにまでは結び付かないかもしれません。以上のそれぞれを照らし合わせてみれば、必ずしも、各々の活動に優劣は付けられないはずです。民間の競争原理へと通じる採算主義とは相容れないかもしれないからです。そして安定的な集客数が見込める、ある種のルーティン化した展示のみに頼っていては、いずれは博物館そのものの存立意義を見失い、活動の意味そのものが問われてしまうのではないでしょうか。さらに、成果主義や過剰な競争原理は博物館内部の職員間、担当分野間での無用の競争をあおり、とくに総合型では、職場内での人間関係をギクシャクさせたり、ハラスメントを発生させやすくする等のデメリットも憂慮されてくるわけです。

第Ⅴ章　博物館の組織体制

④：地域市民との触れあいやボランティア活動縮小への懸念
　　当然ながら、先のボランティア育成に代表される地域市民との地道な活動の積み重ねや、無償のレファレンスサービスなども縮小、社会教育活動の有料化といった新たな危険性も、生じやすくなります。

第Ⅴ-4-3項　指定管理者制度をめぐる今後の展望

　以上のように、同制度の導入をめぐってはメリットと、デメリットが近年、比較的はっきりと浮かび上がってきました。いずれにしても健全な運営をサポートしていくためには、指定管理者に"まる投げ"ではなく、公立機関との連絡、協議、中間審査や地域市民によるチェック体制、意見反映のシステムを自治体側が常に把握しておく必要があるといえるでしょう。

　またこうした経験から、近年では、組織をまるごと指定管理の対象とする「ユニタリー・ペイメント：Unitary Payment」方式ではなく、両者の折衷ともいえる方式を採用する自治体が増えてきています。

　たとえば、学芸部門は公務員による直営方式、いっぽうで管理や広報、清掃業務などに対しては、部分的に指定管理者制度を導入するという方法です（写真Ⅴ-11）。調査研究やコレクション形成、知識面での地域市民との触れあい、研修、中長期の調整能力といった専門的な諸活動を担当する学芸員は、前節のデメリット項目からもわかる通り「指定管理者制度」には向きません。したがって、学芸員にかんしては任期なしの職員として、これからもしっかりと雇用を保証していく必要性があるでしょう。

　他方、受付や展示案内などの接客業、ミュージアムショップやレストラン営業、イベント事業や会場設営などの業

写真Ⅴ-11 島根県立古代出雲歴史博物館
（島根県出雲市／著者撮影）

写真V-12 民間委託のミュージアム運営
(北九州市立自然史・歴史博物館／著者撮影)

務は、各種サービスのノウハウや技術に優れた指定管理者が担うべきではないでしょうか（写真V-12）。そして、両者が定期的に意見交換を行えるような体制が整ってさえいれば、同制度のメリット拡大が、さらに期待できることでしょう。現状では契約期間も3〜5年が大半ですが、状況に応じて8年、10年と、長期契約を結んだほうが運営全体が安定することが自明ですので、今後とも柔軟な運営体制を摸索していく必要があるでしょう（金山2012ほか）。

　以上の折衷方式が進めば、つまり、学芸員も手抜きができなくなりますね。日ごろの調査研究活動も、博物館の将来を見つめながら、より計画的に進められることが期待できますし、指定管理事業者と協働することでノウハウを共有、発展させ、地域市民へのサービス向上や、ボランティア活動の支援の輪の拡大にもつなげられるはずです。

　少なくとも、地域市民の関心や理解なくしては、地方の博物館は成り立たないということを理解しましょう。

　関係するすべての人びとが、やりがいをもって仕事や活動を共有でき、ともに発展していける博物館になり得たならば、従前から議論の多かった固定的、保守的な組織体制の弊害からも、真に、脱却できることでしょう。

第V章註

(註V-1) 1980（昭和五十五）年のころはまだ「全国で19館ほどにすぎない。」と紹介されていました（加藤・前川1980,p120）。
(註V-2)「財団法人」とは、ある特定の団体や個人、企業などの法人から拠出された財産（基

本財産）によって設立され、これによる運用益を主たる事業原資として運営される法人のことを総称した用語です。このうち「公益財団法人」とは、「公益社団法人及び公益財団法人の認定等に関する法律」（平成十九年内閣府令第六十八号）によって規定される「公益事業を行う法人」のことで、非営利目的の博物館は、こちらに属しています。

■リモート課題⑨■

Q1．日本国内における博物館ボランティアの活動概要について、具体的な事例を探して一つ挙げ、わかりやすくまとめなさい。その際、その博物館のボランティア登録者数を必ず、調べて触れること。

Q2．博物館におけるボランティア導入のメリットと、デメリットを整理したうえで、その導入の是非について、あなたの考えを述べなさい。

　　　　　　　†　†　†　†　†　†　†　†

【ねらい】
　第Ⅴ-2節の復習と、発展的理解を意図した課題です。なぜ、無償のボランティア募集に市民の皆さんが殺到するのか、その背景について理解を深める機会とします。指定管理者制度と比較しながら、まとめるのも有効でしょう。またつづく第Ⅵ章や、「あとがき」に目を通したのち、この課題に挑むと、より効果的といえます。

第Ⅴ章　博物館の組織体制

■リモート課題⑩■

Q１．私たちの住む身近な地域のなかで、博物館との連携が可能と思われる関連施設名を具体的に一つ、探して回答しなさい。
　　　【　　　　　　　　　　　　　　　　　　　　　　　　　　　】

Q２．上記Q１の施設の特徴と、博物館との共働が可能と思われる活動内容について、実際の具体的、ないし一般的な活動事例を例示しつつ、述べなさい。

_____
_____
_____
_____
_____
_____
_____

Q３．上記Q２の活動内容がなぜ、地域の博物館の未来にとって有益と考えられるのか、あなた自身の前向きな意見を述べなさい。

_____
_____
_____
_____
_____
_____
_____

　　　　　†　　†　　†　　†　　†　　†　　†　　†

【ねらい】
　文化芸術基本法第五条や博物館法第十条、文化観光推進法第二〜四条の意味を理解し、今後の、地域における実践力の開拓という視座から、自身の目線できちんと展望できているか。併せて、さまざまな可能性を秘めた関連施設に関心を向け、実際に調べてみることによって、関連施設への理解を深めるとともに、受講者自身が将来、学芸員資格を取得したのちにどう活かすべきか、具体的に考える機会とします。

第Ⅰ部　博物館概論
第Ⅵ章　近未来に向けた明るい展望

第Ⅵ-1節 めざすべき近未来とは

　近ごろ、日本国内では経済力の鈍化や、政府が推進する急速なグローバル化の影響による社会環境の変容に加えて、少子高齢化による人口減少も避けがたく、明るい日本の未来像が描きにくい、等との悲観的意見に流されがちです。

　博物館でも学芸系ポストの非常勤（任期付）化とともに、定年後の再雇用職員が急増しており、組織構造の維持等といった観点からすれば、前章で学んだ指定管理者制度とは別に、若手人材の育成問題にも新たな影を落としつつあります。昨今の施策に対する20年、あるいは30年後の反動が、少なからず懸念されるところでしょう。

　この近未来問題で近ごろ、看過できないのが「限界都市（City Limits）論」（Peterson1981、曽我2012、梅野2016ほか）です。この文言も、最近では、地方を中心によく耳にするようになりました。前岩手県知事の増田寬也氏は、はやくも2040年には全国1800市区町村のうちの約半分で、自治体としての存続が難しくなるだろうと予測しています（増田2015ほか）。また、2024年に公表された有識者組織「人口戦略会議」の見通しでも、2050年までには全国における約4割の自治体が消滅するだろうと、警鐘が鳴らされているのです（人口戦略会議2024ほか）。いずれも他人事ではありませんね。いったい日本の近未来は、どうなっていくのでしょうか。

　政府や各自治体による少子化対策、あるいは、各種の産業振興を見通した新戦略の発動はもう、待ったなしの現状といえるでしょう。けれども、それでも一定の市町村の消滅、つまりは自治体間による広域合併の加速化は、もはや不

第Ⅵ章 近未来に向けた明るい展望

可避かもしれません。ゆえに、あらゆる面で魅力的な地域、自治体のみが、次世代を担う新たな中核として、生き残っていくことが予想されるわけです。近未来の日本各地が豊かで、かつ文化的であり続けるためには、これまで地域で培われてきた独特の風土や歴史、景観、文化芸術の数々を守り、その魅力を発信していける能力を備えた人材の育成と、確保がますます重要になってくることでしょう。加えて、地域市民の生活を保証するための自立的な経済力の確保も不可欠でしょうから、地域ブランドとなる伝統産業の育成を進め、これとリンクさせた文化、観光双方の促進による、まちづくりモデルの推進こそが、鍵を握ると考えられるのです。個性と、活気に溢れる豊かな町づくりと、その持続的発展をめざすためには、国の補助金や政治家ばかりに頼るのではなく、地域の特性に応じた官民協働による中長期的な戦略が綿密な計画のもとで進められるべきであり、博物館もまた、そうした市民活動を支える中核施設として、近未来の地域社会を見通すような意識的な運営計画の再構築が、今後は不可避となってくることでしょう。

　以上の展望にもとづいたならば、地域の文化、芸術、そして社会教育に長年根ざしてきた各地の博物館園こそが、今後とも地域観光、および日本と世界をつなぐ文化振興の要（かなめ）として、活躍し続けるものと期待できます。

　最終章では、文化観光立国と博物館の目指すべき近未来像について、上記背景からとくに今後が懸念される地方の伝統産業や歴史、芸術、観光業と博物館との新たなあり方を考えていきます。ここでは、前章までで充分紹介できなかった、地域に根ざし、市民とともに歩もうとする3つの先端事例を紹介していくことにしましょう（第Ⅵ-1図）。

第Ⅵ-1図 次節で紹介する3つの先端事例

- 133 -

第Ⅵ-2節 地域と、博物館とをつなぐ３つの先進的事例

第Ⅵ-2-1項　沖縄ガンガラーの谷
―ツアーガイドを介した旧石器洞窟と地域観光―

　沖縄本島の南西部、南城市〜八重瀬町にひろがる大石灰岩地帯に、約二万三千年前にまでさかのぼる後期旧石器時代の遺跡、「サキタリ洞遺跡」があります（第Ⅵ-2図）。ここでは「沖縄県立博物館・美術館（愛称 OkiMu：おきみゅー）」が学術発掘を継続してきました。2016（平成二十八）年には世界最古の貝製釣針、2021（令和三）年には装身用の貝製ビーズが発見されるなど、従来の定説を塗り替えるほどの発見が重ねられているのです（藤田 2019 ほか）。

　この、考古学的にたいへん貴重な史跡群と、周囲にひろがる熱帯性の原生林を舞台に、県立博物館や東京上野の国立科学博物館等との連携のもと、2008（平成二十）年以降、巨大テーマパーク「おきなわワールド（文化王国・玉泉洞）」や「やんばる国立公園大石林山」など、名だたる観光地を幅広く手掛けてきた「株式会社南都」の企画運営によって、「自然と人間との関わり」をテーマとした「ジオツアー」[註Ⅵ-1]が誕生し、現在、人気を博しているのです。

　このツアーでは、「サキタリ洞遺跡」のある「ケイブカフェ（CAVE CAFE）」をスタート地点とし、天然の洞窟や熱帯林の生い茂る「アカギの大原生林」、ガジュマルの巨木、展望台からの景観観察、そして再び先史時代の「武芸洞遺跡」までをめぐるなかで、オリジナルで偉大な歴史と自然、風土を、楽しみながらもしっかりと学べるという、まさに理想的なコースが

第Ⅵ-2図 サキタリ洞窟（ガンガラーの谷）の位置
（山崎編 2018,p44 図 5-1 より）

第Ⅵ章　近未来に向けた明るい展望

実現されているのです。

　ツアーでは、知識豊かな専門ガイド員とともに、整備された舗道上を徒歩でゆっくり、めぐっていきます（写真Ⅵ-1〜7）。全長約1km、所要時間も約90分ほどです。

　写真Ⅵ-1は、集合場所の「ケイブカフェ」です（第Ⅵ-3図A）。従来、遺跡といえば保護優先、あるいは学術、

写真Ⅵ-1 ケイブカフェ
（沖縄県サキタリ洞遺跡／著者撮影）

教育的活用の観点から、柵やフェンスで覆われ、説明板や標柱、石碑のみが厳かながらも寂しく建てられ、放置されるのが通例でした。当然、観光客はおろか、一般の地元住民でさえも、なんだか近寄りがたい雰囲気に満ち満ちていたわけです。それでも興味を抱いて訪れるのは、長らく、少数派の考古、歴史学関係者か、アクティブな歴史ファンぐらいだったのではないでしょうか。

　戦後の「文化財保護法」制定以降、日本では、教育委員会管轄のそうした保護施策や、国からの補助金活用のみで精一杯といった指定史跡の類が、無数に蓄積されてきたといえるでしょう。当然、経済的効果などは低く、地元住民の関心もけっして高いものではなかったといえます。たとえ、考古学的に貴重であったとしても、文化観光資源として、充分には活かされてこなかったのです。多くは、博物館の史跡ツアーや学校社会科などでの調べ学習（「総合的な学習時間」など）で時折活用されてきた程度であり、公費を注ぐ維持管理の継続は、費用対効果の観点からも逆に、地方の文化財行政を圧迫するような負の側面を招いてきたほどです。

　けれども、写真Ⅵ-1はどうでしょう。なんと、貴重だったはずの指定史跡のなかに、オリジナルの土産品まで多数陳列されたカフェショップを常設し（写真左下）、洞窟内の広場には、清掃のいき届いた真っ白で、清潔感のあるテー

ブルとイス、パラソルがいくつも配備されているのです。まるで、リゾート観光地ですね。もちろん、博物館によるミニ展示コーナーも併設されているので、きちんとした学習の場でもあるわけです。しかも定期的に実施される発掘期間中では、そうしたカフェテラスで気軽に軽食を楽しみながら、目の前で、県立博物館等による発掘調査の様子も見学できます。

　すでに予約によってワクワク感が高まっている参加者たちに対して、ツアー開始前、さらにこのような配慮が成されているのです。一般参加者たちの開始前のひととき、くつろぎながらも遺跡内の空気感や雰囲気になじむことのできるような仕掛けが、たくみに用意されているわけですね。どこか、ワクワクさせるような一時をさりげなく演出されることで、これからはじまるジオツアーへの期待感を一層高揚させる役割を果たしているのです。

　ツアーは、2024年時点で1日に約4回程度募集されていました。各回とも、定員を充たしていなければ当日、その場でのエントリーも可能という柔軟さも、評価できるでしょう。

　いよいよ集合時間です。明るくて、親しみやすい専門ガイド員さんが満を持してステージ上に登場します。ワクワクしながら、配布されたサイトマップを片手に、短く、それでいて分かりやすい数分程度のコース説明が行われます。のち一人一人、虫除けスプレーと水筒が配られ、探検ムードもバッチリです。

　さあ、出発です。このジオツアーでは参加条件のハードルがたいへん低いのも、好評が続く理由といえるでしょう。ただ、自然界のフィールドが相手ですから、ルート上には段差もたくさんあります。さすがに、ベビーカーや車イスでの参加は困難でしょう。けれども、一般的な階段の上り下りさえ満足にできれば、子どもから高齢者まで、だれでも参加可能なように、整備が徹底されているのです（写真Ⅵ-2参照）。また服装や靴などについても、推奨スタイルはあるものの、こちらも、厳しい制限などは何もありません。それだけ、日ごろのルート上の整備やチェックには余念がないということなのでしょう。そう、

第Ⅵ章　近未来に向けた明るい展望

まるで大森林へと出発する探検隊のような高揚感を維持したまま、気軽に参加できるということなのです。開始と同時に、一気に活力の湧き上がってくるのがわかります。

スタート地点（第Ⅵ-3図A、写真Ⅵ-1奥）のすぐ脇には、世界最古の貝製釣針（写真Ⅵ-3）の出土した発掘現

写真Ⅵ-2 ジオツアーの風景
（沖縄県ガンガラーの谷／著者撮影）

場が、まるで今、掘っているかのような臨場感とともに、探検隊一行を出迎えてくれます。世界最古の釣針（写真Ⅵ-3）自身はたいへん貴重な資料ですから、現在、現地にはありません。県立博物館側で厳重に管理、一般展示されています。けれども、ツアーの参加者にとって、たぶんそのことは、重要ではないことでしょう。人は、いったん関心を抱きはじめると、たとえ発掘後の掘り穴一

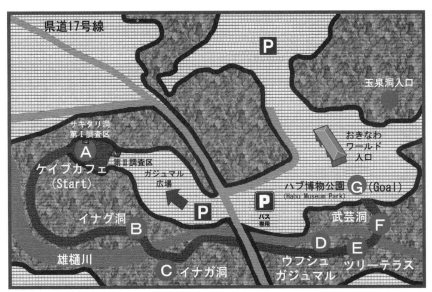

第Ⅵ-3図 ガンガラーの谷のツアールートと、おきなわワールド・玉泉洞
（現地調査をもとに著者作成）

写真Ⅵ-3 世界最古の釣り針
（巻貝ギンタカハマ製）
(沖縄県サキタリ洞遺跡調査区Ⅰ、Ⅱ-2上面出土 SAK300／提供：沖縄県立博物館・美術館)

つでも熱心に観察し、理解を深めようとするもの、少なくとも著者はそう感じました。

　出発地点にあたる洞窟の裏側はなんと、そのまま「アカギの大原生林」につながっています（第Ⅵ-3図A左、写真Ⅵ-2）。天然ながら、申し分のない導線といえるでしょう（写真Ⅵ-1奥の光明が、つまり洞窟出口、第Ⅵ-3図A地点です）。探検隊一行は、暗闇の洞窟から一気に、明るい太陽光の降り注ぐ沖縄の熱帯植物林へと誘われるわけです。とくに観光客にとっては、普段見ることのできないガジュマルやタロイモの生い茂る非日常の原生林に、気軽に足を踏み入れることができるという達成感に満たされていくわけです。加えて、沖縄の大自然ですから、予期せぬ（あるいは期待通り？）ジャコウアゲハの飛来や、見たことのない瑠璃色に輝く昆虫（写真Ⅵ-4：ナナホシキンカメ）といった生態系の神秘との出会いに、きっと知的好奇心がかき立てられることでしょう。

　森林ルート内の雄樋川（ゆうひがわ：写真Ⅵ-5）沿いに、さらに進んでいくと、つづいて代々の地元住民たちが信仰の対象としてきた天然の鍾乳洞（イナグ洞、イナガ洞）が現れます（第Ⅵ-3図B・C地点）。専門ガイド員さんが、使いこんだランタン一つ一つに火をともし、漆黒の洞窟内の探検へと誘います。通例、大自然であっても同じ景色がつづくと、一般客は飽きはじめますから、こうした地点ごとのミニイベントが欠かせないわけです。しかもこのツアーでは、そのあとがメインとなり

写真Ⅵ-4 瑠璃色に輝く沖縄原生林の昆虫
（ガンガラーの谷棲息のナナホシキンカメ／著者撮影）

第Ⅵ章　近未来に向けた明るい展望

ます。つぎにコースの中心的スポットの一つ、巨大な琉球石灰岩の断層崖、ガンガラーの谷へと導かれます。樹齢150年以上とされるウフシュ・ガジュマル（写真Ⅵ-6、第Ⅵ-3図D）には、必ずや圧倒されることでしょう。さらに断層崖に整備された階段を登ると、教科書にもよく登場する旧石器原人、「港川人」の全身骨格化石（約一万八千年前）が発見された「港川フィッシャー遺跡」（これも石灰岩断層崖）を一望できる、美しい樹上のツリーテラス（展望台）へと誘導されます（第Ⅵ-3図E）。

写真Ⅵ-5　コース内を流れる雄樋川
（ガンガラーの谷／著者撮影）

　ツアーは、はやくも終盤です。ふたたび先史時代の洞窟遺跡にたどりつきました。第Ⅵ-3図のF地点、武芸洞遺跡です。この遺跡も「港川人」等の生活の痕跡を探る目的で、地元の「沖縄県立博物館・美術館」と「国立科学博物館」が発掘調査を継続してきた貴重な場所です。こちらも、定期的に発掘の様子を見学することができます。

　沖縄の、大自然に生きた先史の人びとによる生活の痕跡（お墓や炉跡などの遺構）を間近で見学したのち、最後の締めくくりです。専門ガイド員さんから「港川人」の復元イラスト、新旧2枚をもとに、私たち人類のルーツにかかわる壮大で、しかし愉快な結末？を聞いて、解散となります。トータル約90分、時間を感じさせない、実に軽快なテンポでの幕引きでした。

　けれどもなんと、ツアーは、それで

写真Ⅵ-6　シンボルの一つ、
ウフシュガジュマル
（ガンガラーの谷／著者撮影）

写真Ⅵ-7 ジオツアーは終わらない…
（ガンガラーの谷ツアーの終着点が、おきなわワールドの一角でした／著者撮影）

終わらないのです。

　驚くことに最終地点、武芸洞の出口は、沖縄屈指の観光テーマパーク、「おきなわワールド（文化王国・玉泉洞）」の一角へと直結していたからです（第Ⅵ-3図G地点、写真Ⅵ-7）。出口到着後、目の前には「HABU MUSEUM PARK」館が出現するという、新たな仕掛けです。専門ガイド員さんからはお別れの言葉もそこそこに、「このあとすぐ、ハブの特別ショーがはじまりますよー！」と促され、解散です。まるで"夢から覚めた"ような現実世界への回帰に、ツアー全体の完成度の高さを感じざるを得ません。さらにバトンタッチされた次の世界は、有名な沖縄観光地「おきなわワールド」のど真ん中、矢継ぎ早に、つぎのハブショーへと誘われるわけです…。読者の皆さんなら、どうしますか？

　以上の、「ガンガラーの谷」におけるすばらしいツアー企画にも、実は、構想段階からの長い、長い苦難の歴史がありました。そもそもは、1972（昭和四十七）年に観光テーマパーク「おきなわワールド」の中核を成した鍾乳洞、「玉泉洞」とセットで、公開がはじまっていました。けれども、メインルートである雄樋川上流の畜舎からの汚水流出による被害が深刻化したため、ほどなく一般公開の中止を余儀なくされたそうなのです（写真Ⅵ-5）。いっぽう、「ガンガラーの谷」を結ぶ「サキタリ洞遺跡」、「武芸洞遺跡」では、のちの「国立科学博物館」や「県立博物館・美術館」による学術発掘の継続により、旧石器〜先史時代に相当する貴重な成果が蓄積されていきました（山崎編 2018 ほか）。文

化講座や観察会、講演会における成果の数々も生まれ、ふたたび、ジオパーク再興の気運が盛り上がってくるわけです。この間、地元南城市民たちによる河川浄化活動団体「玉水ネットワーク」の結成や、地元小学校の「総合的な学習時間」を活用した雄樋川の清掃、浄化運動なども手伝って、ついに「ガンガラーの谷」ジオツアーが、2008（平成二十）年にオープンしたわけです。

「ガンガラーの谷」の価値をどのように伝え、観光資源としてどう活用していくべきか。さまざまな分野の関係者たちが集い、議論を重ねてきました。いかに一般観光者たちの興味と関心を引き出せるか、半世紀以上におよぶ知恵と努力の結晶が、地域に根ざした無二のジオツアープランを完成させたわけです。博物館の調査研究、教育普及活動と、地域の人びとの熱い思いが、観光収入という経済的自立性を伴った形で具現化された、国内屈指のモデルケースの一つといえるでしょう。

第Ⅵ-2-2項　愛知県瀬戸市のエコミュージアム構想と「窯垣の小径」

２件目は、愛知県瀬戸市における、伝統地場産業を活かした文化観光まちづくりの事例です。

この瀬戸市一帯（愛知県瀬戸市、岐阜県多治見市、土岐市）は、わが国を代表する一大窯業産地（陶都）の一つであり、古代以来の長い歴史を誇ります（第Ⅵ-4図）。いまも、日用の陶器や磁器を表す"やきもの"全体の代名詞として、"せともの"という用語が広く、国内外で通用しますね。

本書でも、先の第Ⅳ章で室町時代後期の「茶の湯文化」について、少し触れました。"わび・さび"の理念のもと、素朴で、控えめな風合いを好む日本の"せともの"茶器（「志野焼」や「織部焼」、「黄瀬戸焼」など）が、茶人はもとより、公家（貴族、公卿）、武将、そして食通たちによって好まれてきたのです。そして代々受け継がれることで、今日の日本文化の源流の一つを形成してきたわけですね。このように考えてみると、以下紹介する瀬戸市のエコミュージア

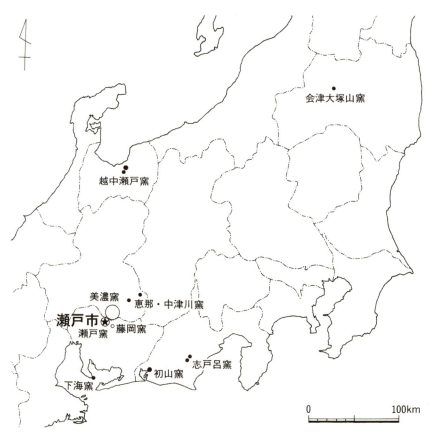

第Ⅵ-4 図 瀬戸市の位置と瀬戸・美濃系大窯の分布
(金子編 1997 より、一部写植追加)

ム構想には大きな意義があることに気付くことでしょう。

　瀬戸市では、国内最大の陶器市「せともの祭」や「せと陶祖まつり」が定期的に開催され、毎年大勢の観光客で賑わってきました。このような歴史的背景をもつ同市(人口 12.8 万人：2024 年 1 月時点)では長年、文化芸術観光に焦点をすえた市内整備が進められており、今日、魅力的な観光地の一つとして成長しています。市内では、資料館等の社会教育施設や史跡公園、そして「文化的景観」を結ぶ"まちじゅう博物館"構想の実践が重ねられてきたためです。

第Ⅵ章　近未来に向けた明るい展望

　まずは2005（平成十七）年、「文化観光拠点施設」の一つとして開館された「瀬戸蔵ミュージアム」について、みておきましょう（写真Ⅵ-8、第Ⅵ-5図C）。2階からはじまる展示スペースの導入口には、昭和30〜40年代の"瀬戸"の町が再現されています。過去への導入口を意図した展示学上の仕掛けです。入場口に駅の改札口を復元している点も、計算され尽くしているといえます。昭和当時の尾張瀬戸駅や電車、やきもの工場（モロ）、やきもの商品を大量に陳列したレトロな「せともの屋」などが、非常にリアルな原寸大で再現されており、それらの臨場感に、まずは圧倒されることでしょう（写真Ⅵ-9）。つづいて3階展示室に上がると、つぎは知識編、1000年の歴史をほこる瀬戸陶芸の歴史と関連資料が、ところ狭しと紹介されています（写真Ⅵ-10）(註Ⅵ-2)。窯道具（やきものの道具）を紹介する「生産道具展示室」もあり、このあと紹介する「窯垣の小径（かまがきのこみち）」の構造や意味を理解するうえでの、伏線が敷かれているのです。

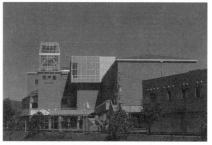
写真Ⅵ-8 瀬戸蔵ミュージアム
（愛知県瀬戸市瀬戸蔵ミュージアム／著者撮影）

写真Ⅵ-9 瀬戸蔵ミュージアム「せともの屋」
（愛知県瀬戸市瀬戸蔵ミュージアム／著者撮影）

写真Ⅵ-10 瀬戸蔵ミュージアム資料展示室風景
（愛知県瀬戸市瀬戸蔵ミュージアム／著者撮影）

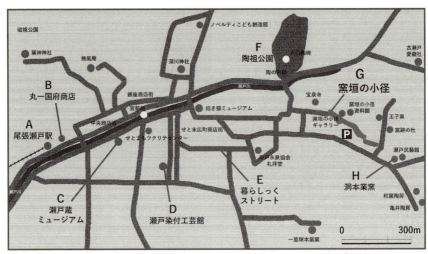

第Ⅵ-5図 瀬戸市「まるっとミュージアム」の概略マップ
（現地調査をもとに著者作成）

　一連の展示見学のあとは、ふたたび1階に降りてくるという流れです。そして最後にお買い物。ミュージアムショップの役割も果たす「瀬戸蔵セラミックプラザ」では、広いフロア内で「愛陶工（愛知県陶磁器工業協同組合）」による「窯元直販ショップ」が運営され、安価な雑器から高級陶磁器まで、実にさまざまな瀬戸焼商品が陳列されていました。ショップへの出入りは自由ですので、収入源としての経済効果も計算済みというわけですね。

　以上の、瀬戸焼を生産する窯元が集中する地区に、洞町（ほらまち）があります（第Ⅵ-5図G）。この「瀬戸蔵ミュージアム」から東に約800mほどの位置にあり、途上は舗道で結ばれています（第Ⅵ-5図C→E→G）。1990（平成二）年、この洞町では地区内の文化資源をあらためて認識してもらおうという目的から、地元有志と市の若手職員が中心となって、散策道「えんごろみち整備計画」が提案されました。以降、地道な努力が功を奏して、地域住民の保存活用意識が向上、さらには、地元ボランティア組織による関連公共事業への参画が実現し、やがて、観光客の増加へと直結していくこととなったのです。今日、住民

第Ⅵ章　近未来に向けた明るい展望

参加型の環境整備モデル地区として、国内外からも高く評価されるようになりました。以下では、そうした活動を育んだ背景や推移、加えて、それらをめぐる一連の課題点についても、くわしく探っていくことにしましょう。

瀬戸市では、そうした洞町の要望に応えて「窯垣の小径（かまがきのこみち）」という整備計画を開始します。そして1992（平成四）年には、より包括的な「瀬戸川文化プロムナード計画」を立ち上げることで、市内の和洋、歴史的建造物群を活用したまちづくりに着手していくのです。中心市街地の活性化とあわせて、まちじゅうを「博物館」と「文化財」、「地域資源」で結ぶ、

写真Ⅵ-11 陶祖公園入口
（愛知県瀬戸市／著者撮影）

写真Ⅵ-12 巨大な磁器製の碑文
（愛知県瀬戸市陶祖公園／著者撮影）

いわゆる「エコミュージアム」構想を念頭に、計画を発展させていったのです（瀬戸市1992ほか、第Ⅵ-5図）。

瀬戸市内の中心部を一望できる丘には、古くから瀬戸の窯元たちのご先祖様を祀った陶祖・加藤藤四郎（正しくは藤四郎左衛門景正）の聖地があります。現在では市民の憩いの場「陶祖公園」として、美しく整備されています（第Ⅵ-5図F、写真Ⅵ-11）。丘のうえに築かれた巨大な六角柱陶碑は1867（慶応三）年に製作されたもので、やきもの製の碑文としては、今でも世界最大規模を誇ります（写真Ⅵ-12：高さ4.1m）。

そしてこの「陶祖公園」から南に200m、徒歩約3分の位置に「洞町」があります（第Ⅵ-5図G）。両側から丘陵がせまる同地区は、近隣から良質の陶土

- 145 -

写真Ⅵ-13 窯垣の小径への誘導看板
（愛知県瀬戸市洞町文化会／著者撮影）

写真Ⅵ-14 窯垣の小径（1）
（愛知県瀬戸市洞町／著者撮影）

写真Ⅵ-15 窯垣
（愛知県瀬戸市洞町／著者撮影）

（とうど）が豊富に産出したことから、長年にわたり、自然斜面を利用した登窯（のぼりがま）が数多く築かれてきたのです。つまりここが、"瀬戸"の陶磁器類を生む伝統産業の中心地（聖地）とされてきたわけです。

1991（平成三）年、地域住民からの発案でまず「洞町文化会」が発足され、のち市との間で「洞町文化会」会議が開催されはじめます。当初、行政（市の商工観光課と観光協会）側は、整備計画案を市民に押しつけるのではなく、すべて複数回の懇談会を通して"白紙の状態"から市民団体の意見や要望を受け容れ、これにアドバイスを加えるというかたちで進められたといいます。結果、他地域にはない無二の文化資源を積極的に保全し、活用しようという気運が、共通目標として生まれたのです。翌1992（平成四）年には大正時代の瀬戸陶磁器陳列場を再生させ、若い人材の育成を目的とする「新世紀工芸館」の設置構想とともに、本格的な整備計画も開始されています。そして以降も、情報共有と懇談会が重ねられたことで、地域住民の関心や保護意

第Ⅵ章 近未来に向けた明るい展望

写真Ⅵ-16 窯垣の小径（２）
（愛知県瀬戸市洞町／著者撮影）

識が一層高まり、ルート内の「窯垣」に対する自主的な補修や増設も進んだのです。1994（平成六）年には小径内での資料館建設も加わり、周辺では、地域住民との協働による案内板等の設置が積極的に進められました（写真Ⅵ-13）。

こうして、洞町地区では延長約 400m にわたる「窯垣の小径」が補修、整備されていったのです（写真Ⅵ-14 ～ 16）。「窯垣（かまがき）」とは、不用になった窯道具で築いた塀や壁、垣根のことです（写真Ⅵ-15 ほか）。小径（こみち）のなかでは窯跡や工房の連なる細い坂道が、まるで迷路のように連なっていました。途上、10 ヶ所以上で美しい「窯垣」を見学することができます。

明治時代の後期ごろ、すでにこの地区は民芸食器や産業タイルの生産で活況でした。海外からの需要が急増したためです（愛知県陶磁資料館学芸課編 1995 ほか）。この小径は、多量の商品を荷車や天秤棒で運んで往来した幅 1 m

写真Ⅵ-17 窯垣の小径資料館
（愛知県瀬戸市洞町／著者撮影）

ほどの、もとは産業用道路だったわけです。道ばたには、不用になった窯道具や窯そのものの壁体片、あるいは失敗した陶器の破片が積み上がるようになり、地元住民による独特の芸術的感性も重なって、次第に美しく、整然と組み上げられていったのです。結果、世界でも類を見ない、アートのような情緒あふれる「文化的景観」が誕生したわけです（写真Ⅵ-14〜16）。

　ルート内では、ところどころで窯炊き用の薪材が無造作に積まれていたり、生土のままの多量の器作品の並ぶ風景が垣間見られたりと、そこに、現代窯業に関わる地域の人びとの暮らしが息づいているのです。観光に訪れた人びとは、そうした地元の方々の生活スタイルに敬意を表し、独特の空気感のなかに、新鮮な感動を覚えることでしょう。

　1995（平成七）年、「窯垣の小径」のほぼ中央に、満を持して「窯垣の小径資料館」が開設されました（写真Ⅵ-17）。同館は、明治後期に建築された陶器窯元の家屋（寺田家：木造平屋3棟）を改修再生させたもので、建物そのものが文化財建築です。母屋を展示スペースに、離れを休憩室としています。なかでも「本業タイル」（表面を白い磁器の土で化粧した陶器タイル）を敷き詰めた浴室やトイレ、土間、台所などは、"瀬戸"ならではの建築様式であり、必見といえるでしょう。入館は無料で、地元市民によるボランティア・スタッフが洞町の生活風土、作陶家の日常等についてフレンドリーに、尾張の方言を交えながら語ってくれることもあります。この資料館オープンに併せて、町内では関連イベント「洞町せともの祭」も開催されるようになり、観光客の増加につながってきました。2000（平成十二）年には、小径資料館の入館者だけで約1万人が訪れたと報告されています。

第Ⅵ章　近未来に向けた明るい展望

いっぽう駅前から洞町までを結ぶ約1kmの間には、先に紹介した「瀬戸蔵ミュージアム」をはじめ、瀬戸市文化振興財団が運営する「瀬戸市新世紀工芸館」(1999年開館)、市内唯一の登窯を保存する情報発信拠点「瀬戸市マルチメディア伝承工芸館」(2000年開館。2014年より「瀬戸染付工芸館」：

写真Ⅵ-18 瀬戸染付工芸館
(愛知県瀬戸市洞町／著者撮影)

第Ⅵ-5図D、写真Ⅵ-18) などが次々とオープンしています。新設のサテライト施設は、瀬戸焼の伝統技術を保存、継承していくための若手作家の養成、あるいは一般対応の作陶、絵付け体験といった普及事業を通して、陶芸家と市民、観光客の交流の場ともなり、ますます賑うようになったそうです。

ただ、すべてが順風満帆、とまではいきませんでした。洞町地区では、1996(平成八)年ごろから官民協働の流れに一時的な乱れが生じたからです。それは、公園や駐車場整備、周辺の土地借用、家屋の買収、さらに駅前周辺の中心地では逆に、伝統的な建造物群の一部が取り壊されるといったスクラップ＆ビルド型の都市整備が、行政単独で進められようとしたことが原因のようです(洞地区景観整備基準策定委員会2000ほか)。必然的に市民との関係にも、少しずつ、亀裂が生じていきました。

背景としては、事業拡大にともない、次第に充分な対話と検討の時間がなくなっていったこと、さらに市の都市計画予算等から、いささか性急に関連整備を推し進めようとした、行政サイドの専行にあったようです(玉井・久2000,p689-690)[註Ⅵ-3]。情報共有や開示が不充分となり、市民からの細かな要望やニーズが反映されなくなることで、次第に、市民側の参加意欲が低下していったとされます。またこの間の事業拡大に伴って、行政側では商工観光課と観光協会に加えて、順次、企画課や都市計画課といった市の担当組織が複数加

わっていったのに対して、市民団体側は体制拡充を検討するような時間的余裕が与えられず、過負担のなか、開催される会議ごとに膨大な時間を割くといった結果を招いたそうです。

　1990年代の「窯垣の小径」をめぐる一連の教訓は、こうした整備事業では行政主導ではなく、常に市民、特に地元生活者たちの意見や要望を聞き取ることで、地域の主体性を尊重するということの必要性でしょう。協議と目的達成のための期間設定に充分配慮しながら、ゆっくりと方針の共有化をはかりつつ、着実に活動を進めていく、そういった忍耐力が、とくに行政サイドには求められるのです。

　行政側は事業計画が軌道に乗りはじめると、得てして、単年度予算の円滑な消化を目的に、工事発注を急ぎがちです。結果、時間的余裕がなくなり、やがては、トップダウンによるアピール優先の事業へと変貌しがちなのです。加えて、上記ケースでは行政と市民との間に、「博物館」的な機関の積極的な仲介がなかった点も、課題視されたところでしょう。

　のち、そうした課題は解決へと向かい、瀬戸市のまちなみは文化庁から「日本遺産」に認定されています[註VI-4]。市内では2005（平成十七）年に展示施設「窯垣の小径ギャラリー」が、2022（令和三）年には「瀬戸民藝館」が、さらに2023（令和四）年には「窯跡の杜」がオープンするなど、優れた関連施設が複数、運営されるようになりました（第VI-5図）。今後、日本を代表する文化観光推進のモデル都市の一つとして、ますます発展が期待できることでしょう。

　つづく最終節では、「博物館」が地域づくりの仲介役を積極的に果たしつつ、官民一体となって長年、文化観光型のまちづくりに取り組み続けてきた、山口県萩市の「萩の城下町とまちじゅう博物館」プロジェクトについて、学んでいくことにしましょう。

第Ⅵ章　近未来に向けた明るい展望

第Ⅵ-2-3項　長州藩ゆかりの地、萩の城下町とまちじゅう博物館

　ここでは、江戸〜明治時代を舞台とした「萩の城下町」をめぐる先端事例について学んでいきます。この節を理解するためには、あらかじめ、長州藩や萩市に対する基礎的な知識が必須です。そこで「萩まちじゅう博物館」構想の具体事例を学ぶ前に、個々の文化的背景について知識を深めておきましょう。

（１）文化資源としての価値を知る

　本州西端部に位置する山口県は、律令制が敷かれた7世紀以降、江戸時代以前までは長門国（ながとのくに）と、周防国（すおうのくに）の、いわゆる防長（ぼうちょう）二国に分かれて統治されていました。

　のち江戸時代となり、幕府によって防長の地に「長州（ちょうしゅう）藩」が置かれます。「関ヶ原の合戦」により敗北した毛利（もうり）家は、この長州、萩の地へと追いやられるのです。合戦以前、安芸広島を本拠地に、広く山陽道、山陰道沿いの8か国までを領有、120万石以上にのぼった毛利家による西国一の広大な領土は、敗戦によってその大半が没収となり、わずか36万石程度にまで減封（げんぽう）されました。

　このようにして、毛利長州藩は交通の至便の悪い日本海のみに面し、三方を中国山地で囲われた孤独な三角地帯、萩（はぎ）の地に小さな藩庁を開き、新たな城下町を築くこととなります（第Ⅵ-6図、第Ⅵ-1図も参照）。以降、幕末までの250余年もの間、代々、密かに倒幕の機会をうかがっていたのです。

　ようやく気運の訪れた幕末、長州藩は、同じく関ヶ原で敗戦を味わった九州南端の薩摩藩、島津家とともに討幕運動の中核を担い、ついに「明治維新」を成し遂げます。この幕末〜明治初期のころには吉田松陰（しょういん）、高杉晋作、木戸孝允（たかよし／こういん：改名前は桂小五郎）、大村益次郎（ますじろう）、周布政之助（すふまさのすけ）、伊藤博文（ひろぶみ）、井上馨（かおる）、山縣有朋（やまがたありとも）といった、歴史に残る優れた人材を次々

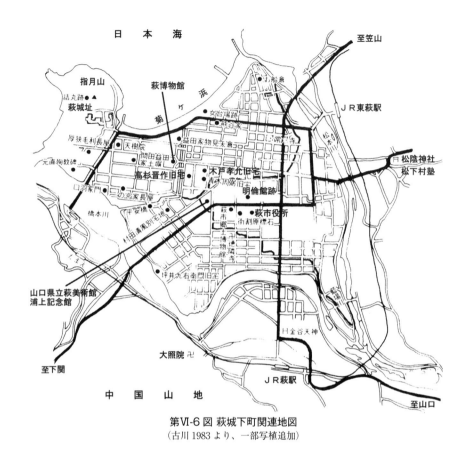

第Ⅵ-6図 萩城下町関連地図
(古川 1983 より、一部写植追加)

と輩出し、政府中枢に、いわゆる「長州閥」を形成していったのです。

　日本の近世、近代史上、このように萩の地は歴史的エピソードを数多く残しました。さらに幕末、「廃藩置県」を契機に長州藩が内陸部の山口(現在の山口市、県庁所在地) へと拠点を移したことで、萩では明治以降も近世の町割や家屋群の多くが良好な形で保たれるという、稀有な結果をもたらしたのです (写真Ⅵ-19、22・30・34・35など)。現代では、こうした風情ある城下町内を地元のツアーガイド員や観光バスのガイドさんたちが、幾つかの観光モデルコースをもとに、大勢の観光客を案内しながらめぐっています (写真Ⅵ-31・35②など)。

第Ⅵ章　近未来に向けた明るい展望

　市内では、「明治維新」で廃墟となった「萩城跡」(写真Ⅵ-20)はもとより、その外堀から三角州上にひろがるコンパクトな城下町が良好に残り、往時の面影を今に伝えています（第Ⅵ-6図、写真Ⅵ-19・20など）。萩市では、「重伝建（重要伝統的建造物群保存地区）」が4ヶ所も指定されていますが、これは京都市、金沢市と並んで全国最多です。後述するように、2015（平成二十七）年には「世界遺産」にも登録されました。

写真Ⅵ-19 萩城下町
（堀内地区の鍵曲：かいまがり）
（山口県萩市／著者撮影）

写真Ⅵ-20 萩城跡（外堀正面）
（山口県萩市／著者撮影）

　日本の近代化や博物館導入の歴史にも大きく貢献した、明治維新志士たちゆかりの旧宅や寺院、そして、志士たちを育てた吉田松陰の寺子屋（「松下村塾」）などが、今も現地で、そのままの姿を保ち続けています。たびたび歴史の舞台ともなってきた「萩の城下町」ですが、それらが模造のテーマパークなどではなく、近世以来の姿を整然と伝え続けている様が人気となり、これまで映画やドラマ、CM、小説の舞台として何度も紹介されることで、全国的にも高い知名度を誇ってきたのです。

　まちのシンボル、「萩城（指月城）跡」も国指定史跡です（写真Ⅵ-20）。毛利氏が広島城に代わる新たな居城として、1604（慶長九）年に築いたお城でした。山麓の平城（本丸・二の丸・三の丸）と、山頂の山城（詰丸）で構成されます。うち平城の本丸御殿は藩主居館と政庁を兼ね、250年余りの間、長州藩の拠点とされていました。1873（明治六）年に発布された「廃城令」では、全

- 153 -

写真Ⅵ-21 萩城跡内の狛犬
（山口県萩市指月城公園内／著者撮影）

写真Ⅵ-22 城下町建材として好まれた
地元玄武岩
（山口県萩市堀内地区／著者撮影）

国の模範を示すべく、いち早く解体放棄が進められた結果、現在では、石垣や水堀のみが史跡公園の形で残されているのです（写真Ⅵ-20）。

ちなみに写真Ⅵ-21は、萩城内の本丸跡に築かれた萩神社境内にある狛犬像です。飛鳥時代以降、日本各地では様々な型式が誕生しましたが、長州の狛犬は「萩型狛犬」と称され、地元萩産出の緻密で、細工に適した灰黒色の玄武岩（萩玄武岩）を素材に、美しく、繊細なレリーフで仕上げられているのが特徴です（岩崎2009ほか）。この「萩型狛犬」は旧長州藩の領地内、すなわち、現在の山口県域でのみ、ほぼ限定的に認められます。つまり、長州という地方文化にかんする勢力範囲の変遷を知ることのできる、歴史的な手掛かりの一つなのです。少し専門的なお話しのようですが、こうした話題が、ガイドツアーを通じた萩ならではの魅力につながっていくわけです。

写真Ⅵ-22は城下町の一角、「重伝建」や「日本の道100選」でも有名な「堀内地区（江戸屋横町）」の武家屋敷、道ばたの様相です。同じく、萩の玄武岩が石垣等の建材として、いたるところで使用されています。武家屋敷にみる白壁やなまこ壁、黒板塀は、夏みかんの木々とともに萩独特の風情を今に伝えていて、観光客たちは、まるで江戸時代にタイムスリップしたかのような錯覚と、高揚感を味わうわけです。

第Ⅵ章　近未来に向けた明るい展望

「萩玄武岩（石英玄武岩）」は、海岸線に発達するジオパーク、県指定の天然記念物、「阿武火山群（笠島周辺）」の活動により生成されたもので、写真Ⅵ-23のように、海岸線では無尽蔵に産出します。実はこの萩玄武岩は、江戸末期以降の長州藩内で当時、先端技術であったガラス産業の原料としても重宝されていたというから、驚きです。

写真Ⅵ-23 萩市笠山海岸等で豊富に産出する玄武岩
（山口県萩市笠山／著者撮影）

写真Ⅵ-24は幕末の維新志士、高杉晋作が愛用した、江戸末期では類例のない十面カットの「萩ガラス杯」（復刻品）です。薄緑色に輝く天然の玄武岩ガラスは「水晶石」と称され、江戸や大坂から萩に招かれた硝子職人たちが、地場産業の一つとして独自に発展させようと尽力した姿が記録されています。通例のガラス容器の5～10倍もの強度をほこり、かつ、他製品には

写真Ⅵ-24 高杉晋作愛用の萩ガラス杯（復刻品）
（提供：萩ガラス工房）

ない独特の気品と風格を備えています。この萩ガラス産業は、残念ながら幕末維新の動乱で焼失、途絶えていました。しかし以後、150年以上の歳月を経た現在、その独特の風格をもつ「萩ガラス」の技術を復活させ、新たな商品開発に繋げようとする動きが、地元「萩ガラス工房」ではじまったのです。近年では、「山口県立山口博物館」と地元「萩ガラス工房」とのコラボにより、新たに維新志士、周布政之助愛用の「萩ガラス杯」（ワイングラス）の複製品なども、商品として誕生しています。こうした萩ガラスは、その希少価値ともあいまっ

- 155 -

写真Ⅵ-25 萩指月城の山頂にある石切丁場
(採石場)
(山口県萩市指月城／著者撮影)

写真Ⅵ-26 萩城下町内でも散見できる
萩焼窯元店
(山口県萩市堀内地区／著者撮影)

て、萩観光における新たな土産物品として近年、人気商品の一つとなっているのです。

ちなみに、先の写真Ⅵ-20で紹介した萩城外堀の石垣には、建材として重宝される「萩玄武岩」が使われていません。あえて、頑丈な「花崗岩」の巨石が積まれているのです。これらは、本丸背後の「指月城」山頂で産出する「黒雲母花崗岩」です。山城の頂上ではなんと、いまも花崗岩の「石切丁場(採石場)」がそのまま残されています(写真Ⅵ-25①・②)。海陸防衛の要であった山城の、山頂まで登ることではじめて、長州藩士たちが敵からの襲撃、特に砲撃に備え、日ごろから常に実戦配備を怠っていなかった事実を、実感できることでしょう。

重伝建の並ぶ「萩の城下町」内はまた、地元萩市民たちが生活を営む場でもあります。エリア内の出入りは自由で、観光地と、市民の生活の場が一体化している点が特徴といえるでしょう。地元産業の一つ「萩焼」も、道ばたに並ぶお土産屋さんでたくさん販売され、その「窯元」も複数見学できます(写真Ⅵ-26)。

第Ⅵ章　近未来に向けた明るい展望

　「萩焼」とは、萩市周辺で焼かれる伝統的な陶器類のことです。1604（慶長九）年に藩主、毛利輝元（もうりてるもと）の命で朝鮮陶工、李勺光（りしゃっこう）と、李敬（りけい：現在の窯元、坂家のルーツ）の兄弟が、城下で御用窯を築いたのが始まりでした。当初は、韓（朝鮮）半島の「高麗茶碗」に類似していましたが、陶土の違いもあり、次第に、萩独特の陶器へと変化していきました。

写真Ⅵ-27 幾星霜が愛着を育む「萩の七化け」
（十二代坂高麗左衛門作／著者愛用品／著者撮影）

　古くから「一楽、二萩、三唐津」とうたわれるほど、茶人好みの焼き物として全国的に有名です。特徴は、原料となる地元陶土（通常、「鬼萩」と「姫萩」のブレンド）と、素朴なワラ灰系釉薬（ゆうやく）により偶然生じる「貫入（かんにゅう）」にあります。さらに、使い込みによって変化を続ける「萩の七化け」には、驚かされることでしょう。貫入とは、器表面の釉薬に生ずる天然のヒビ割れのことで、「七化け」とは、長年使い込んでいくうちに、貫入内部に"茶しぶ"などの色素がしみ込んで風合いが変化し、"枯れた味わい"を重ねていくという、萩焼特有の経年変化を指します。

　写真Ⅵ-27は、著者自身がすでに20年以上使い続けている萩焼の湯呑です。購入当初からの「七化け」（茶慣れ）で、唯一無二の風合いがかもし出されているのが分かりますね。こうした変化は、日本文化特有の「わび・さび」世界ともよく通じ合っていることから、歴代の茶人たちの間で珍重され続けてきたわけです。現代でも、その稀少性から根強いファンが多く、市内には数多くの窯元や販売店が点在していて、毎年5月と10月には人気の「萩焼まつり」も開催されるなど、地域への大きな経済効果をもたらしているのです。

　萩市内は食材や食文化も独特で、観光客たちを楽しませてくれます。なか

写真Ⅵ-28 モデル道の駅「萩しーまーと」
(山口県萩市椿東／著者撮影)

写真Ⅵ-29 世界遺産・松下村塾
(山口県萩市椿東／著者撮影)

でも日本海の新鮮で、豊かな魚介類の数々を扱う道の駅、「萩しーまーと」は観光客のみならず、地元市民の台所としても人気で、連日多くの来客で賑わっています。2015（平成二十七）年には全国で6ヶ所しかない「モデル道の駅」（岩手県遠野市、栃木県茂木町、群馬県川場村、千葉県南房総市、愛媛県内子町、そして山口県萩市の6ヶ所）の一つに認定されたほどです。カマボコのクオリティーの高さにも、きっと驚かされることでしょう。加えて山口ブランドの代表格、フグにかんしても近年、下関のトラフグとは異なる天然マフグ料理の開発と、アピールが盛んです（写真Ⅵ-28）。このように道の駅もまた、地域の自立的な経済収入を大きく支えているのです。

　直近の2015（平成二十七）年には、萩市内における幕末〜明治の近代化産業にかかわる史跡や伝統的建造物群が、世界遺産「明治日本の産業革命遺産」に一括登録されました。日本が「ものづくり大国」になっていく契機となった、西洋由来の近代化遺産に関連するものです。造船所や製鉄関連史跡とともに、あらためて「松下村塾」や「萩城下町」が指定されたことで、地域の文化観光アピールにも一層、貢献できるようになりました。

第Ⅵ章　近未来に向けた明るい展望

（2）萩まちじゅう博物館

　少し、前置きが長くなりましたね。本節では、以上の歴史文化と自然の複合遺産を背景に、萩開城400年の節目となる2004（平成十六）年にオープンした「萩博物館」（写真Ⅵ-30）と、「NPO萩まちじゅう博物館」（略称：まち博）法人の活躍について、前節で紹介した愛知県瀬戸市の事例とも一部対比させながら、みていくことにしましょう。

　学んできたように、本州西端の萩の地では、さまざまな歴史的偶然と、豊かな自然環境が幾重にも重なったことで、現代社会ではとても復元できない江戸、幕末期の城下町が奇跡的に温存されていました。しかも、現在もそこに生活する萩市民の、長州の末裔としての誇りや、地元愛によって支えられることで、先の沖縄県ガンガラーの谷や、愛知県瀬戸市と同等、あるいはそれ以上に、歴史、芸術、産業、自然、食文化、そして観光が複合的に融合した文化観光地として発展してきたのです（写真Ⅵ-31ほか）。

写真Ⅵ-30　萩博物館
（山口県萩市／著者撮影）

　市が2004（平成十六）年に満を持して制定した「萩まちじゅう博物館条例」では、その冒頭で、こう宣言されています。「私たち市民は、まちじゅうを博物館としてとらえ、この都市遺産を大切に保存・活用し、萩にしかない宝物を次世代に確実に伝え、「萩に住んで良かった」「萩を終（つい）の住処（すみか）にして良かった」と日々実感できるような魅力あるまちづくりに努め

写真Ⅵ-31　萩の城下町をめぐる観光客たち
（山口県萩市／著者撮影）

- 159 -

写真Ⅵ-32 NPO萩まちじゅう博物館の研修風景
(提供：NPO萩まちじゅう博物館)

る」と。この条例では「市民との協働」がその前提として、随所に明記されています。「屋根のない博物館」、「江戸時代の地図がそのまま使えるまち」をコンセプトに、萩市全体を博物館として捉える「エコミュージアム」理論の実践が、ここでも蓄積されてきたのです。全国的にみて特筆されるのは、行政や博物館主体の単年度予算に応じた活動、あるいは、上辺だけのアピールに終始するといった姿ではなく、強固な「官民協働」の合意のもと、市の、限られた人材をフル活用しようとする真剣な取組みの数々にあるといっても過言ではないでしょう（写真Ⅵ-32）。

「萩博物館」オープンに併せて、「まちじゅう博物館の中核施設」に位置づけられ、「市内各地に散在する史跡、文化財等を地域博物館としてとらえ、それらを結ぶネットワークを構築する」ことがミッションとされてきました。当初より、「NPO萩まちじゅう博物館」法人に業務の一部を委託し、市民とともに議論のうえ、運営するという方針が貫かれています。

博物館業務に携わる「NPO萩まちじゅう博物館」法人のスタッフ数は192名（2024年3月時点）前後[註Ⅵ-5]、いわゆる学芸系の資料収集や保管、調査研究、普及教育事業はもとより、受付、ガイド、NPO法人による自主展示企画、清掃活動にいたるまで、実に多彩に展開されています（写真Ⅵ-33：①～④ほか）。

また近年の和食ブームや、インバウンド政策にもいち早く呼応し、萩の食材を用いた館内レストランでのオリジナルメニューの開発提供や、ミュージアムショップにおけるオリジナル商品の開発にも積極的です。これら、日常の学芸系活動にモチベーションを与え、向上意欲を維持できるよう、NPOスタッフに対しても、さまざまな配慮や工夫が成されているようです。

第Ⅵ章　近未来に向けた明るい展望

写真Ⅵ-33「NPO 萩まちじゅう博物館」法人の活動風景
(提供：NPO 萩まちじゅう博物館
①受付業務、②館内ガイド、③こども広場開催、④一斉清掃ボランティア)

　萩市の「まちじゅう博物館推進課」(萩博物館内)が、7ヶ年ごとに改正を繰り返す『基本計画・活動計画書』(萩市編 2021 ほか)では、市の目指すべき、さまざまな課題が明示されています。合計 19 ページにわたるこの計画書で示されている内容の一つ一つは、これまで日本各地の公立館や地方行政で取り組まれてきたものと、概ね重なります。同書が高く評価されるのは、「官民協働」を前提とした「萩まちじゅう博物館」の基本理念や目標、具体的な行動計画の一件一件にいたるまで、あらかじめ、きちんと明文化されている点にあるといえるでしょう。市民はもとより、外部関係者たちとも広く、SNS 等を通じて情報共有が徹底されている点が評価されるのです。

　最初に、全ての基盤となる学芸系活動への市民参加、すなわち収集、保存、

調査研究にかんする方針整備にはじまります。地域の博物館資料を分かりやすく「おたから」と称して可視化させ、市民一人一人があらゆる視点から再発掘を進めて「おたからカルテ」に登録、これをデータベース化することで、新たな指定文化財の拡充へとつなげています。まるで、市民のみんなが学芸員となって活動しているようですね。

展示活動を含む各種の情報発信にかんする基本方針も、充実しています。さらに民間事業者を介した経済的活動の推進方法、教育普及事業も、人材育成とからめて、あらゆる項目がきちんと整備され、市民と行動をともにしようとする基本理念が貫かれているのです。

この計画書によって、近未来に向けたまちづくり計画の情報共有が約束されています。行動の一つ一つを確認し合いながら、信頼関係のもとで進めていけるものと、双方、期待が持てる仕組みが示されているわけですね。

日本の地方自治体では、長らくトップの首長や三役、その傘下で一定の権限が与えられている課長級以上のポスト（役職）による指示系統が、いわゆる日本的な年功序列の人事システムのもとで、安定的に継承されてきました。しかしながら、その実状を考えれば、指揮系統の隅々まで本当に相応の知識力や実践力が備わっているのか、疑問視される部分が少なくありませんでした。昭和、平成といった安泰の時代を象徴した姿だったのかもしれません。もっとも、安易に過度の競争を煽ることもまた、公共事業では逆効果です。だいじなのは、一貫した地域づくりのビジョン（基本計画）にあるといえるでしょう。一時の権力者の独断による、まさに"ツルの一声"でコロコロと方針が変わっていては、税金の無駄遣いでしかありません。地道に努力を続けてきたスタッフ関係者からすれば、たまったものではありませんからね。そうした自治体からは事実、自然と、有能な人材は去っていくはずです。ここでは「条例」や公的「計画書」によって指針を明文化することがいかに大切であるかが、先の愛知県瀬戸市や、この萩市の取り組みから読み取れるわけです。

第Ⅵ章 近未来に向けた明るい展望

　以上から、どのような近未来の展望が導けるでしょうか。萩市の取り組みからは、従来、公立博物館や行政サイドで進めてきた業務の大半を市民に開放し、市民と協働で近未来のまちづくりを推進しようとする、強い姿勢がうかがわれました。公刊された計画書の共有によって、市民、ひとりひとりが文化観光資源の価値を理解し、諸処の活動に自発的に取り組んでいけるための原動力となっていたからです。

　従来、多くの地方博物館が抱えてきた最大の課題である、限られた人員体制、あるいは一方的なサービス展開、表層的な予算ありきの単年度アピールとは、ある種対照的な姿が、萩市では実践されてきたといってよいでしょう。それらの蓄積はまさに、萩市民の大半の合意のもと、常に協働で"魅力的なまち"を創造していこうとする民主的な姿の原点でもあるのです。近年の、文化芸術振興と観光促進を標榜する日本政府の方針とも、以上の活動は大いにリンクしていることでしょう。今後、各地方において、多くの博物館や自治体が目指すべき近未来の姿、すなわち一つのモデルケースが、ここ萩市の「NPO萩まちじゅう博物館」の活動史のなかから、読み取れるのではないでしょうか。

　　　　　✝　✝　✝　✝　✝　✝　✝　✝

　萩市の人口はわずか5万人弱、少子高齢化による人口減少問題にも、いち早く危機感を募らせてきました。けれど、何十年先もきっと、この萩の町並みと地元住民の生活が失われることはないでしょう。なぜなら、住民の多くが、この萩という町に相当の"誇り"を持っているからです。

　たとえば、地元の英雄と称されることの多い偉大な維新志士、高杉晋作の旧宅（写真Ⅵ-34、第Ⅵ-6図参照）は、個人所有です。ほか世界遺産を構成する保存家屋の何割かが、地域住民の家屋として受け継がれているのです。いまの日本国内では、驚く方が多いかもしれません。貴重な文化財を個人に任せて、

写真Ⅵ-34 高杉晋作旧宅
（山口県萩市堀内地区／著者撮影）

万一のことがあっては？ などといった発想でしょうか。

けれども、現実は違います。このことを知る熱烈な歴史ファンたちの間では、維新志士の旧宅を受け継げる栄誉、まさに"垂涎の的（すいぜんのまと）"なのだそうです。なかには萩に移住し、そうした歴史的建造物群のなかで生活を送ることが老後の夢、などと主張される方も少なくはないのです。けっこう、人気なのですね。

住民自身による文化財保護のパターンは、実はヨーロッパ各地では古くから、当たり前のように行われています。持続可能な文化財の保護と活用、その両面を考える意味でも、非常に、理にかなった体制といえるのです。むしろ理想的な姿の一つでさえあるでしょう。

現代日本では、行政や公立博物館側が保護優先の意識のあまり、「文化財保護法」を盾にすべてを買い取って公有化し、何もかも管理しがちです。

これは、明治時代に欧米から博物館や文化財保護といった新理念を性急に取り入れ、先進国に並び立とうとしてきた近現代日本が背負う、ある種の代償なのかもしれません。人口減少の迫るなか、とくに小規模自治体では未来永劫、続けられるスタイルではないと自覚すべきでしょう。

もとより、江戸〜明治の頃から人口の少なかった萩市だからこそ、いわゆるSDGs（エスディージーズ：Sustainable Development Goals）な施策が、全国に先駆けて実現できたのかもしれません。何ごとも市民とともに活動し、真に持続できる「萩まちじゅう博物館」のシステムを議論することで、みごとに実践されてきたわけです。それは、まさに"令和の文化維新"とさえ評すべき快挙といえるでしょう。

第Ⅵ章　近未来に向けた明るい展望

　まちの文化的な運営と活性化を願う市民は、どこの町にも相当数、いらっしゃるはずです。けれども計画を貫徹させるためには、行政や公立博物館の力が不可欠なのです。行政と博物館、市民の目標の一致をはかり、それを長く維持させていくことこそが必須なのです。その舵取り役である博物館の館長ほか、管理職側に適切な人材が配置されていることもまた、重要なポイントとなることでしょう。つまり、すべては"人（材）"なのです。

　先の瀬戸市でもくわしく学んだように、地方においては市民の意見を尊重し、常に情報を共有し合いながら、少

写真Ⅵ-35 木戸孝允旧宅と大勢の観光客たち
（山口県萩市堀内地区／著者撮影）

しずつ積み重ねていく姿勢の貫徹こそが理想といえそうです。まちづくりを市民とともに推進しようとする自治体行政、そして、その中核施設となるべき博物館の真摯で、忍耐強い活動の蓄積こそが、成功の鍵を握るといえそうですね。

　以上の意味で、萩市のブランド力や産業の開発販売、発信、観光支援、景観保護の諸活動に加えて、中長期的視座から未来を支えてくれる人材育成までを視野に、まちづくりを進めていこうとする"維新のまち"萩市の皆さんの強い意志には、敬意を表すべきでしょう。

　今後、日本の多くの自治体が、徐々に「限界都市」問題へと直面していくなかで、こうした地域の取り組みが、あらためて脚光を浴びる日も近いことでしょう[註Ⅵ-6]。

第Ⅵ- 最終節 そして未来へ
―博物館に託された次世代への真の課題とは―

　長らく学んできたように、博物館をめぐる運営形態には、さまざまな"型（スタイル）"がありました（本書冒頭：第Ⅰ章第1-1図参照）。ジャンル別の特質や、違いにもとづく側面も無論、数多くあります。

　収蔵資料の保存管理や調査研究に重点をおく館、地域の教育活動やその支援を重視してきた館、さまざまといえるでしょう。貴重な美術工芸品や歴史民俗系資料を収集し続け、永久保存を前提に調査研究、展示活動を進めるという伝統的なスタイルもまた、日本にとってはすばらしい財産であって、とくに中央においては、今後とも普遍的であり続けることでしょう。

　ただ同時に、それらに従事してきた活動の多くが、本来、博物館に採用された学芸員のみに与えられた仕事でも、特権でもないということを、本章を経て理解できたのではないでしょうか。真に、その博物館が地域のなかで必要とされ、地元市民から愛され続ける存在として維持されていくためには、どうすればよいでしょうか。

　少なくとも、限界の近づく地方においては、多かれ少なかれ、博物館の活動の一部、あるいは、その全てを視野に、地域への開放度を拡大させていくことで、市民とともに歩みはじめる姿がいま、求められているはずです[註Ⅵ-7]。本書の第Ⅳ～Ⅴ章でも学んできたように、各地の博物館におけるボランティア活動の数々が、すでにそのノウハウとして、蓄積されてきているはずです。

　第Ⅳ章、博物館の歴史で、かつて明治、大正期に貴重なわが国の古美術品、工芸品の類、あるいは歴史資料の収集保存と公開に特化した旧宮内省、国立博物館の系列が出現しました。いっぽう逆に、教育研究を重視し、これを貫き通した旧文部省、国立科学博物館の系列があり、すでに二極化が生じていたわけです。結果的に、方針もジャンルも住み分けられたことで、各々の特性に応じ

第Ⅵ章　近未来に向けた明るい展望

た博物館活動が拡充し、それぞれの資質向上にも大きくつながりました。

　ひるがえっていま、日本で深刻化しつつある人口減少問題、限界都市論への対応策を見据えようとした場合、近未来の博物館はどうあるべきでしょうか。すでに人口の減少が深刻といえる多くの地域でも、かつての博物館建設ラッシュの恩恵から、中～小規模の資料館を次々と誕生させていました。それらが築いてきた地域への社会貢献もまた、けっして低くは評価できないことでしょう。けれども諸行無常、時代は常に変化していきます。昭和後期のころの好循環に乗じ、いまも、中央の大規模館と同じようなスタイルで運営を続けようとしても、次第に存続が危うくなるであろうことはほぼ、自明だからです。まさにいま、歴史上の二極化が、再びはじまろうとしているのです。

　本章で、従来型の博物館単独による収集、保存、調査研究、展示、教育といったオーソドックスなスタイルからの脱却と、地域固有の資源を活かした市民との協働、すなわち博物館と行政、民間（地元企業や指定管理者団体など）と市民とが互いに手を取り合って、まちの未来を創造しようとしている先進事例を取り上げたのには、相応の意味がありました。

　これら、3つの事例に共通していえる要素とは、いったい何でしょう？　沖縄の「ガンガラーの谷」、瀬戸市の「窯垣の小径」、そして山口の「萩の城下町」、いずれも世界じゅうどこもマネのできない、固有の、すばらしい「地域資源（史跡や文化的景観、自然環境、伝統産業など）」が背景にあり、それらを、地域の人びとの力で上手く活用しようとする姿ではなかったでしょうか。

　なかでも第Ⅵ-2-3項、萩市の活動実績は圧巻でした。博物館単独では到底、実現不可能な「まち全体の整備」に、博物館が文化観光の拠点施設（「文化観光推進法」第Ⅲ章参照）となって取り組み、地域市民とともに"まち"そのものの未来を創造し続けようとする、まさに"令和の文化維新"さながらの新システム構築に向けた意欲、さらにそれらの活動を支えるための行政組織や自立的な経済的裏付けが、すべて備わっていたからです[註Ⅵ-8]。

こうした地域と市民に根ざした先端事例が、今後各地の、とくに中小規模の博物館や自治体で参考とされていくことが大いに期待されます。日本国内で各々、固有のスタイルで「官民協働」のノウハウが蓄積され、持続していけるならば、文化芸術観光立国を標榜する日本の未来にも、きっと大きな希望が見出せてくるからです。もちろん、その"要"となるのが地方における中小規模の博物館ですから、体制や存続をめぐる課題もまた、一つ一つ、自らの力で改善されていくことでしょう。

　以上のように近未来を展望してみることで、「学芸員」という専門職にこそ、大きな希望的要素が秘められていることに気付けたはずです。本書を、最後まできちんと学んできた皆さんの大半にとって、いま最もだいじなことが、近未来の社会で活きる個性あふれる専門知識や、スキルの修得であることが痛感できたことでしょう。そうした近未来に向けた各々の方向性が、本書を通じて少しでも見出せたとすれば、すでに「博物館概論」としての本書の役割は充分に達成されたものと思います。これからの博物館運営に、一人でも多くの読者(受講生)の皆さんが貢献できることを、心から願ってやみません。

第Ⅵ章註
(註Ⅵ-1) 大地の成り立ちや、地域の歴史文化を知ることのできる体験型ツアーのことです。一般市民等を対象に、ガイド員がルート内を案内します。
(註Ⅵ-2) 瀬戸、常滑、信楽、越前、丹波、備前の各やきものは「日本六古窯(ろっこよう)」と称され、中世以降の窯業産地を代表してきました。このうち"瀬戸"は、いちはやく施釉陶器の生産に成功し、中世以降は茶陶の一大ブランドを形成してきたのです。さらに磁土の発見により、磁器生産の国内最大拠点を形成することで、近代以降、日本最大の窯業生産地としての地位を確立してくるわけです。
(註Ⅵ-3) 2000(平成十二)年、玉井明子、久隆浩が一連の動向をくわしく調査し、住民参加型観光ルートの整備事業にかかる課題点として、まとめています(玉井・久2000)。本書の第Ⅵ-2-2項における概説は、両氏の研究業績にもとづいたものです。

第Ⅵ章　近未来に向けた明るい展望

(註Ⅵ-4) 2015（平成二十七）年度以降、文化庁は、地域の歴史的魅力や特色を通じて我が国の文化・伝統を語り得るような発信地域を「日本遺産（Japan Heritage）」と認定し、有形・無形の様々な文化財群を総合的に活用する取組みを支援しはじめました。
(註Ⅵ-5)「NPO萩まちじゅう博物館」からの直接のご教示によります。
(註Ⅵ-6) 2009（平成二十一）年に『新博物館学 これからの博物館経営』を著した小林克も、「博物館は現代社会と共にある。したがって時代や社会状況に大きく規定され、その方向も変化していくことになる」と論じています（小林2009,p187）。また2012（平成二十四）年、印南敏秀も「地域民と博物館が協働する「対話と連携」は今後ますます重要で、地域型の博物館がリードしてきた、地域民主体の場づくりを継承、発展させるべきだろう」と述べています（印南2012,p46）。
(註Ⅵ-7) 1993（平成五）年の段階で博物館学者、伊藤寿朗はこう述べています。「博物館というものは、市民が学習し、あるいは創造してきた成果が、地域の博物館のなかに蓄積され、それがさらに他の多くの人びとに活用されていくという、長期の展望をもった施設です」（伊藤1993,p132）。「いままでの博物館は成果を人びとに普及するというスタイルでしたが、…（中略）…市民自身が教育主体となり、館側がそれを援助していくスタイルが定着すれば博物館も本物となります。」（伊藤1993,p73）。「市民の日常的な活用が可能であり、また市民へのフィードバックが可能な、地域の中小の博物館こそが、第三世代化の舞台にふさわしい。」（伊藤1993,p153）など。ちなみに最後の「第三世代」とは、竹内順一提唱の「第三世代の博物館」論を指しています（竹内1985）。その理想は、市民参加と体験にあるとされていました。直近、2011（平成二十三）年の『新編 博物館概論』のなかで、米田耕司は「日本ではまだ「第三世代の博物館」は生まれていない。」、しかし「第三世代の理想の「参加・体験」を目指して附帯的な取り組みは始まっている。たくさんの市民が博物館の活動に参加することが大事なのである」と結んでいます（米田2011,p273）。
(註Ⅵ-8) 地域の博物館園が拠点的施設となり、市民や行政、関連機関等とともに新たに「文化観光型のまちづくり」を推進していこうとする積極的な取り組みは、本書の紹介事例以外にも日本各地で認められます。なかでも長野県茅野市における「縄文まちづくり」（土屋2020ほか）などは、刮目に値するでしょう。こうした動勢は、近年相次いだ文化芸術振興、あるいは観光推進絡みの一連の法改正によって一層加速化しつつありますが、人口減少が進むなか、いっぽうでは、地方公共団体と市民、館園間における温度差にもとづいた地方間の較差拡大についても、これからの動向が懸念されるところです。

■リモート課題⑪■

Q1.「限界都市論（限界集落論）」について調べ、その最新情報や、概要について説明しなさい。

_____
_____
_____
_____
_____
_____
_____

Q2．今から20年後、あなたの身近な地域で、仮に、一つの自治体が、本当に消滅するとします。その地域にある博物館や資料館もその際、廃止となる運命でしょうか。またその場合、長年収集されてきた博物館資料はどうなるでしょうか。日本の近未来を想像しつつ、あなたの前向きな意見を述べなさい。

_____
_____
_____
_____
_____
_____
_____

† † † † † † † †

【ねらい】
　学芸員資格を未来に活かすため、すでに議論の多い人口減少問題、限界都市（集落）論への対処法を考えておくことは、とても大切なことです。これまで地域の博物館園や資料館が活動を重ねてきた意味を考えた場合、今後、どのような中長期的ビジョンが日本では必要なのか、近未来の地域と博物館を見つめる機会とします。

第Ⅵ章　近未来に向けた明るい展望

■リモート課題⑫■

Q1．第Ⅵ章で登場した３つの先進事例のうち、一つを挙げなさい。
　　【　　　　　　　　　　　　　　　　　　　　　　　】

Q2．上記Q1の活動内容を、テキストにもとづき、300～400字程度で要約しなさい。

Q3．みなさんの住む地域にも文化、芸術、歴史、自然、あるいは観光に資するような個性的な何かが、きっと複数あるはずです。今後の博物館活動に活かせそうな具体事例を探し、調べたうえで、分かりやすく解説しなさい。

　　　　　　　†　†　†　†　†　†　†　†　†

【ねらい】
　第Ⅵ章で掲げた先進事例について、さらに理解を深めるための課題です。その延長上として、身近な地域で実現可能な何かを探してみることで、博物館学的視点から、その地域の未来を考える実践的な機会ともしています。

第Ⅱ部

博物館関連法令集

第Ⅱ部　博物館関連法令集

A　日本国憲法（抄）（昭和二十一年十一月三日）

目次
前文
第一章　天皇（第一条～第八条）
第二章　戦争の放棄（第九条）
第三章　国民の権利及び義務（第十条～第四十条）
第四章　国会（第四十一条～第六十四条）
第五章　内閣（第六十五条～第七十五条）
第六章　司法（第七十六条～第八十二条）
第七章　財政（第八十三条～第九十一条）
第八章　地方自治（第九十二条～第九十五条）
第九章　改正（第九十六条）
第十章　最高法規（第九十七条～第九十九条）
第十一章　補則（第百条～第百三条）

第三章　国民の権利及び義務（前掲省略）

第二十三条　学問の自由は、これを保障する。
第二十六条　すべて国民は、法律の定めるところにより、その能力に応じて、ひとしく教育を受ける権利を有する。

（第2項以下省略）

B　教育基本法（抄）（昭和二十二年法律第二十五号）

目次
前文
第一章　教育の目的及び理念（第一条―第四条）
第二章　教育の実施に関する基本（第五条―第十五条）
第三章　教育行政（第十六条・第十七条）
第四章　法令の制定（第十八条）
附　則

　我々日本国民は、たゆまぬ努力によって築いてきた民主的で文化的な国家を更に発展させるとともに、世界の平和と人類の福祉の向上に貢献することを願うものである。
　我々は、この理想を実現するため、個人の尊厳を重んじ、真理と正義を希求し、公共の精神を尊び、豊かな人間性と創造性を備えた人間の育成を期するとともに、伝統を継承し、新しい文化の創造を目指す教育を推進する。
　ここに、我々は、日本国憲法の精神にのっとり、我が国の未来を切り拓く教育の基本を確立し、その振興を図るため、この法律を制定する。

第一章　教育の目的及び理念
（教育の目的）

第一条　教育は、人格の完成を目指し、平和で民主的な国家及び社会の形成者として必要な資質を備えた心身ともに健康な国民の育成を期して行われなければならない。
(教育の目標)
第二条　教育は、その目的を実現するため、学問の自由を尊重しつつ、次に掲げる目標を達成するよう行われるものとする。
一　幅広い知識と教養を身に付け、真理を求める態度を養い、豊かな情操と道徳心を培うとともに、健やかな身体を養うこと。
二　個人の価値を尊重して、その能力を伸ばし、創造性を培い、自主及び自律の精神を養うとともに、職業及び生活との関連を重視し、勤労を重んずる態度を養うこと。
三　正義と責任、男女の平等、自他の敬愛と協力を重んずるとともに、公共の精神に基づき、主体的に社会の形成に参画し、その発展に寄与する態度を養うこと。
四　生命を尊び、自然を大切にし、環境の保全に寄与する態度を養うこと。
五　伝統と文化を尊重し、それらをはぐくんできた我が国と郷土を愛するとともに、他国を尊重し、国際社会の平和と発展に寄与する態度を養うこと。
(生涯学習の理念)
第三条　国民一人一人が、自己の人格を磨き、豊かな人生を送ることができるよう、その生涯にわたって、あらゆる機会に、あらゆる場所において学習することができ、その成果を適切に生かすことのできる社会の実現が図られなければならない。
(教育の機会均等)
第四条　すべて国民は、ひとしく、その能力に応じた教育を受ける機会を与えられなければならず、人種、信条、性別、社会的身分、経済的地位又は門地によって、教育上差別されない。
2　国及び地方公共団体は、障害のある者が、その障害の状態に応じ、十分な教育を受けられるよう、教育上必要な支援を講じなければならない。
3　国及び地方公共団体は、能力があるにもかかわらず、経済的理由によって修学が困難な者に対して、奨学の措置を講じなければならない。

(第五条〜第十一条省略)

(社会教育)
第十二条　個人の要望や社会の要請にこたえ、社会において行われる教育は、国及び地方公共団体によって奨励されなければならない。
2　国及び地方公共団体は、図書館、博物館、公民館その他の社会教育施設の設置、学校の施設の利用、学習の機会及び情報の提供その他の適当な方法によって社会教育の振興に努めなければならない。

(第十二条省略)

(学校、家庭及び地域住民等の相互の連携協力)
第十三条　学校、家庭及び地域住民その他の関係者は、教育におけるそれぞれの役割と責任を自覚するとともに、相互の連携及び協力に努めるものとする。

(第十四条〜第十五条省略)

第三章　教育行政
(教育行政)
第十六条　教育は、不当な支配に服することなく、この法律及び他の法律の定めるところにより行われるべきものであり、教育行政は、国と地方公共団体との適切な役割分担及び相互の協力の下、公正かつ適正に行われなければならない。
2　国は、全国的な教育の機会均等と教育水準の維持向上を図るため、教育に関する施策を総合的に策定し、実施しなければならない。
3　地方公共団体は、その地域における教育の振興を図るため、その実情に応じた教育に関する施策を策定し、実施しなければならない。
4　国及び地方公共団体は、教育が円滑かつ継続的に実施されるよう、必要な財政上の措置を講じな

ければならない。

C 社会教育法（抄）（昭和二十四年六月十日法律第二百七号）

目次
第一章　総則（第一条～第九条）
第二章　社会教育主事等（第九条の二～第九条の七）
第三章　社会教育関係団体（第十条～第十四条）
第四章　社会教育委員（第十五条～第十九条）
第五章　公民館（第二十条～第四十二条）
第六章　学校施設の利用（第四十三条～第四十八条）
第七章　通信教育（第四十九条～第五十七条）
附則

第一章　総則
（この法律の目的）
第一条　この法律は、教育基本法（平成十八年法律第百二十号）の精神に則り、社会教育に関する国及び地方公共団体の任務を明らかにすることを目的とする。
（社会教育の定義）
第二条　この法律で「社会教育」とは、学校教育法（昭和二十二年法律第二十六号）に基き、学校の教育課程として行われる教育活動を除き、主として青少年及び成人に対して行われる組織的な教育活動（体育及びレクリエーションの活動を含む。）をいう。
（国及び地方公共団体の任務）
第三条　国及び地方公共団体は、この法律及び他の法令の定めるところにより、社会教育の奨励に必要な施設の設置及び運営、集会の開催、資料の作製、頒布その他の方法により、すべての国民があらゆる機会、あらゆる場所を利用して、自ら実際生活に即する文化的教養を高め得るような環境を醸成するように努めなければならない。
２　国及び地方公共団体は、前項の任務を行うに当たっては、社会教育が学校教育及び家庭教育との密接な関連性を有することにかんがみ、学校教育との連携の確保に努めるとともに、家庭教育の向上に資することとなるよう必要な配慮をするものとする。
（第四条省略）
（市町村の教育委員会の事務）
第五条　市(特別区を含む。以下同じ。)町村の教育委員会は、社会教育に関し、当該地方の必要に応じ、予算の範囲内において、次の事務を行う。
一　社会教育に必要な援助を行うこと。
二　社会教育委員の委嘱に関すること。
三　公民館の設置及び管理に関すること。
四　所管に属する図書館、博物館、青年の家その他社会教育に関する施設の設置及び管理に関すること。
五　所管に属する学校の行う社会教育のための講座の開設及びその奨励に関すること。
六　講座の開設及び討論会、講習会、講演会、展示会その他の集会の開催並びにこれらの奨励に関すること。
七　家庭教育に関する学習の機会を提供するための講座の開設及び集会の開催並びにこれらの奨励に関すること。
八　職業教育及び産業に関する科学技術指導のための集会の開催及びその奨励に関すること。

九　生活の科学化の指導のための集会の開催及びその奨励に関すること。
十　運動会、競技会その他体育指導のための集会の開催及びその奨励に関すること。
十一　音楽、演劇、美術その他芸術の発表会等の開催及びその奨励に関すること。
十二　青少年に対しボランティア活動など社会奉仕体験活動、自然体験活動その他の体験活動の機会を提供する事業の実施及びその奨励に関すること。
十三　一般公衆に対する社会教育資料の刊行配付に関すること。
十四　視聴覚教育、体育及びレクリエーションに必要な設備、器材及び資料の提供に関すること。
十五　情報の交換及び調査研究に関すること。
十六　その他第三条第１項の任務を達成するために必要な事務。
（第五条第２～３項省略）

（都道府県の教育委員会の事務）
第六条　都道府県の教育委員会は、社会教育に関し、当該地方の必要に応じ、予算の範囲内において、前条第１項各号の事務（同項第三号の事務を除く。）を行うほか、次の事務を行う。
一　公民館及び図書館の設置及び管理に関し、必要な指導及び調査を行うこと。
二　社会教育を行う者の研修に必要な施設の設置及び運営、講習会の開催、資料の配布等に関すること。
三　社会教育施設の設置及び運営に必要な物資の提供及びそのあっせんに関すること。
四　市町村の教育委員会との連絡に関すること。
五　その他法令によりその職務権限に属する事項
（第六条第２項省略）
（第七条～第八条省略）

（図書館及び博物館）
第九条　図書館及び博物館は、社会教育のための機関とする。
２　図書館及び博物館に関し必要な事項は、別に法律をもって定める。

第二章　社会教育主事等
（社会教育主事及び社会教育主事補の設置）
第九条の二　都道府県及び市町村の教育委員会の事務局に、社会教育主事を置く。
２　都道府県及び市町村の教育委員会の事務局に、社会教育主事補を置くことができる。
（社会教育主事及び社会教育主事補の職務）
第九条の三　社会教育主事は、社会教育を行う者に専門的技術的な助言と指導を与える。ただし、命令及び監督をしてはならない。
２　社会教育主事は、学校が社会教育関係団体、地域住民その他の関係者の協力を得て教育活動を行う場合には、その求めに応じて、必要な助言を行うことができる。
３　社会教育主事補は、社会教育主事の職務を助ける。
（第九条第４項～第十一条省略）

（国及び地方公共団体との関係）
第十二条　国及び地方公共団体は、社会教育関係団体に対し、いかなる方法によっても、不当に統制的支配を及ぼし、又はその事業に干渉を加えてはならない。
（第十三条～第十九条省略）

第五章　公民館
（目的）
第二十条　公民館は、市町村その他一定区域内の住民のために、実際生活に即する教育、学術及び文化に関する各種の事業を行い、もって住民の教養の向上、健康の増進、情操の純化を図り、生活文化の振興、社会福祉の増進に寄与することを目的とする。
（公民館の設置者）

第二十一条　公民館は、市町村が設置する。
2　前項の場合を除くほか、公民館は、公民館の設置を目的とする一般社団法人又は一般財団法人（以下この章において「法人」という。）でなければ設置することができない。
3　公民館の事業の運営上必要があるときは、公民館に分館を設けることができる。
（公民館の事業）
第二十二条　公民館は、第二十条の目的達成のために、おおむね、左の事業を行う。但し、この法律及び他の法令によって禁じられたものは、この限りでない。
一　定期講座を開設すること。
二　討論会、講習会、講演会、実習会、展示会等を開催すること。
三　図書、記録、模型、資料等を備え、その利用を図ること。
四　体育、レクリエーション等に関する集会を開催すること。
五　各種の団体、機関等の連絡を図ること。
六　その施設を住民の集会その他の公共的利用に供すること。
（公民館の運営方針）
第二十三条　公民館は、次の行為を行ってはならない。
一　もっぱら営利を目的として事業を行い、特定の営利事務に公民館の名称を利用させその他営利事業を援助すること。
二　特定の政党の利害に関する事業を行い、又は公私の選挙に関し、特定の候補者を支持すること。
2　市町村の設置する公民館は、特定の宗教を支持し、又は特定の教派、宗派若しくは教団を支援してはならない。
（公民館の基準）
第二十三条の二　文部科学大臣は、公民館の健全な発達を図るために、公民館の設置及び運営上必要な基準を定めるものとする。
2　文部科学大臣及び都道府県の教育委員会は、市町村の設置する公民館が前項の基準に従って設置され及び運営されるように、当該市町村に対し、指導、助言その他の援助に努めるものとする。

（第二十四条～第二十六条省略）

（公民館の職員）
第二十七条　公民館に館長を置き、主事その他必要な職員を置くことができる。
2　館長は、公民館の行う各種の事業の企画実施その他必要な事務を行い、所属職員を監督する。
3　主事は、館長の命を受け、公民館の事業の実施にあたる。
第二十八条　市町村の設置する公民館の館長、主事その他必要な職員は、当該市町村の教育委員会（特定地方公共団体である市町村の長がその設置、管理及び廃止に関する事務を管理し、及び執行することとされた公民館（第三十条第1項及び第四十条第1項において「特定公民館」という。）の館長、主事その他必要な職員にあっては、当該市町村の長）が任命する。

D　文化芸術基本法（抄）（平成十三年法律第百四十八号）

目次
前文
第一章　総則（第一条～第六条）
第二章　文化芸術推進基本計画等（第七条・第七条の二）
第三章　文化芸術に関する基本的施策（第八条～第三十五条）
第四章　文化芸術の推進に係る体制の整備（第三十六条・第三十七条）
附則

文化芸術を創造し、享受し、文化的な環境の中で生きる喜びを見出すことは、人々の変わらない願いである。また、文化芸術は、人々の創造性をはぐくみ、その表現力を高めるとともに、人々の心のつながりや相互に理解し尊重し合う土壌を提供し、多様性を受け入れることができる心豊かな社会を形成するものであり、世界の平和に寄与するものである。更に、文化芸術は、それ自体が固有の意義と価値を有するとともに、それぞれの国やそれぞれの時代における国民共通のよりどころとして重要な意味を持ち、国際化が進展する中にあって、自己認識の基点となり、文化的な伝統を尊重する心を育てるものである。
　我々は、このような文化芸術の役割が今後においても変わることなく、心豊かな活力ある社会の形成にとって極めて重要な意義を持ち続けると確信する。
　しかるに、現状をみるに、経済的な豊かさの中にありながら、文化芸術がその役割を果たすことができるような基盤の整備及び環境の形成は十分な状態にあるとはいえない。二十一世紀を迎えた今、文化芸術により生み出される様々な価値を生かして、これまで培われてきた伝統的な文化芸術を継承し、発展させるとともに、独創性のある新たな文化芸術の創造を促進することは、我々に課された緊要な課題となっている。
　このような事態に対処して、我が国の文化芸術の振興を図るためには、文化芸術の礎たる表現の自由の重要性を深く認識し、文化芸術活動を行う者の自主性を尊重することを旨としつつ、文化芸術を国民の身近なものとし、それを尊重し大切にするよう包括的に施策を推進していくことが不可欠である。
　ここに、文化芸術に関する施策についての基本理念を明らかにしてその方向を示し、文化芸術に関する施策を総合的かつ計画的に推進するため、この法律を制定する。

第一章　総則
（目的）
第一条　この法律は、文化芸術が人間に多くの恵沢をもたらすものであることに鑑み、文化芸術に関する施策に関し、基本理念を定め、並びに国及び地方公共団体の責務等を明らかにするとともに、文化芸術に関する施策の基本となる事項を定めることにより、文化芸術に関する活動（以下「文化芸術活動」という。）を行う者（文化芸術活動を行う団体を含む。以下同じ。）の自主的な活動の促進を旨として、文化芸術に関する施策の総合的かつ計画的な推進を図り、もって心豊かな国民生活及び活力ある社会の実現に寄与することを目的とする。

（基本理念）
第二条　文化芸術に関する施策の推進に当たっては、文化芸術活動を行う者の自主性が十分に尊重されなければならない。
2　文化芸術に関する施策の推進に当たっては、文化芸術活動を行う者の創造性が十分に尊重されるとともに、その地位の向上が図られ、その能力が十分に発揮されるよう考慮されなければならない。
3　文化芸術に関する施策の推進に当たっては、文化芸術を創造し、享受することが人々の生まれながらの権利であることに鑑み、国民がその年齢、障害の有無、経済的な状況又は居住する地域にかかわらず等しく、文化芸術を鑑賞し、これに参加し、又はこれを創造することができるような環境の整備が図られなければならない。
4　文化芸術に関する施策の推進に当たっては、我が国及び世界において文化芸術活動が活発に行われるような環境を醸成することを旨として文化芸術の発展が図られるよう考慮されなければならない。
5　文化芸術に関する施策の推進に当たっては、多様な文化芸術の保護及び発展が図られなければならない。
6　文化芸術に関する施策の推進に当たっては、地域の人々により主体的に文化芸術活動が行われるよう配慮するとともに、各地域の歴史、風土等を反映した特色ある文化芸術の発展が図られなければならない。

7　文化芸術に関する施策の推進に当たっては、我が国の文化芸術が広く世界へ発信されるよう、文化芸術に係る国際的な交流及び貢献の推進が図られなければならない。
8　文化芸術に関する施策の推進に当たっては、乳幼児、児童、生徒等に対する文化芸術に関する教育の重要性に鑑み、学校等、文化芸術活動を行う団体（以下「文化芸術団体」という。）、家庭及び地域における活動の相互の連携が図られるよう配慮されなければならない。
9　文化芸術に関する施策の推進に当たっては、文化芸術活動を行う者その他広く国民の意見が反映されるよう十分配慮されなければならない。
10　文化芸術に関する施策の推進に当たっては、文化芸術により生み出される様々な価値を文化芸術の継承、発展及び創造に活用することが重要であることに鑑み、文化芸術の固有の意義と価値を尊重しつつ、観光、まちづくり、国際交流、福祉、教育、産業その他の各関連分野における施策との有機的な連携が図られるよう配慮されなければならない。

（国の責務）
第三条　国は、前条の基本理念（以下「基本理念」という。）にのっとり、文化芸術に関する施策を総合的に策定し、及び実施する責務を有する。

（地方公共団体の責務）
第四条　地方公共団体は、基本理念にのっとり、文化芸術に関し、国との連携を図りつつ、自主的かつ主体的に、その地域の特性に応じた施策を策定し、及び実施する責務を有する。

（国民の関心及び理解）
第五条　国は、現在及び将来の世代にわたって人々が文化芸術を創造し、享受することができるとともに、文化芸術が将来にわたって発展するよう、国民の文化芸術に対する関心及び理解を深めるように努めなければならない。

（文化芸術団体の役割）
第五条の二　文化芸術団体は、その実情を踏まえつつ、自主的かつ主体的に、文化芸術活動の充実を図るとともに、文化芸術の継承、発展及び創造に積極的な役割を果たすよう努めなければならない。

（関係者相互の連携及び協働）
第五条の三　国、独立行政法人、地方公共団体、文化芸術団体、民間事業者その他の関係者は、基本理念の実現を図るため、相互に連携を図りながら協働するよう努めなければならない。

（法制上の措置等）
第六条　政府は、文化芸術に関する施策を実施するため必要な法制上、財政上又は税制上の措置その他の措置を講じなければならない。

第二章　文化芸術推進基本計画等
（文化芸術推進基本計画）
第七条　政府は、文化芸術に関する施策の総合的かつ計画的な推進を図るため、文化芸術に関する施策に関する基本的な計画（以下「文化芸術推進基本計画」という。）を定めなければならない。
2　文化芸術推進基本計画は、文化芸術に関する施策を総合的かつ計画的に推進するための基本的な事項その他必要な事項について定めるものとする。
3　文部科学大臣は、文化審議会の意見を聴いて、文化芸術推進基本計画の案を作成するものとする。
4　文部科学大臣は、文化芸術推進基本計画の案を作成しようとするときは、あらかじめ、関係行政機関の施策に係る事項について、第三十六条に規定する文化芸術推進会議において連絡調整を図るものとする。
5　文部科学大臣は、文化芸術推進基本計画が定められたときは、遅滞なく、これを公表しなければならない。
6　前三項の規定は、文化芸術推進基本計画の変更について準用する。

（地方文化芸術推進基本計画）
第七条の二　都道府県及び市（特別区を含む。第三十七条において同じ。）町村の教育委員会（地方

教育行政の組織及び運営に関する法律（昭和三十一年法律第百六十二号）第二十三条第1項の条例の定めるところによりその長が同項第三号に掲げる事務を管理し、及び執行することとされた地方公共団体（次項において「特定地方公共団体」という。）にあっては、その長）は、文化芸術推進基本計画を参酌して、その地方の実情に即した文化芸術の推進に関する計画（次項及び第三十七条において「地方文化芸術推進基本計画」という。）を定めるよう努めるものとする。
2　特定地方公共団体の長が地方文化芸術推進基本計画を定め、又はこれを変更しようとするときは、あらかじめ、当該特定地方公共団体の教育委員会の意見を聴かなければならない。

第三章　文化芸術に関する基本的施策
（芸術の振興）
第八条　国は、文学、音楽、美術、写真、演劇、舞踊その他の芸術（次条に規定するメディア芸術を除く。）の振興を図るため、これらの芸術の公演、展示等への支援、これらの芸術の制作等に係る物品の保存への支援、これらの芸術に係る知識及び技能の継承への支援、芸術祭等の開催その他の必要な施策を講ずるものとする。
（メディア芸術の振興）
第九条　国は、映画、漫画、アニメーション及びコンピュータその他の電子機器等を利用した芸術（以下「メディア芸術」という。）の振興を図るため、メディア芸術の制作、上映、展示等への支援、メディア芸術の制作等に係る物品の保存への支援、メディア芸術に係る知識及び技能の継承への支援、芸術祭等の開催その他の必要な施策を講ずるものとする。
（伝統芸能の継承及び発展）
第十条　国は、雅楽、能楽、文楽、歌舞伎、組踊その他の我が国古来の伝統的な芸能（以下「伝統芸能」という。）の継承及び発展を図るため、伝統芸能の公演、これに用いられた物品の保存等への支援その他の必要な施策を講ずるものとする。
（芸能の振興）
第十一条　国は、講談、落語、浪曲、漫談、漫才、歌唱その他の芸能（伝統芸能を除く。）の振興を図るため、これらの芸能の公演、これに用いられた物品の保存等への支援、これらの芸能に係る知識及び技能の継承への支援その他の必要な施策を講ずるものとする。
（生活文化の振興並びに国民娯楽及び出版物等の普及）
第十二条　国は、生活文化（茶道、華道、書道、食文化その他の生活に係る文化をいう。）の振興を図るとともに、国民娯楽（囲碁、将棋その他の国民的娯楽をいう。）並びに出版物及びレコード等の普及を図るため、これらに関する活動への支援その他の必要な施策を講ずるものとする。
（文化財等の保存及び活用）
第十三条　国は、有形及び無形の文化財並びにその保存技術（以下「文化財等」という。）の保存及び活用を図るため、文化財等に関し、修復、防災対策、公開等への支援その他の必要な施策を講ずるものとする。
（地域における文化芸術の振興等）
第十四条　国は、各地域における文化芸術の振興及びこれを通じた地域の振興を図るため、各地域における文化芸術の公演、展示、芸術祭等への支援、地域固有の伝統芸能及び民俗芸能（地域の人々によって行われる民俗的な芸能をいう。）に関する活動への支援その他の必要な施策を講ずるものとする。
（国際交流等の推進）
第十五条　国は、文化芸術に係る国際的な交流及び貢献の推進を図ることにより、我が国及び世界の文化芸術活動の発展を図るため、文化芸術活動を行う者の国際的な交流及び芸術祭その他の文化芸術に係る国際的な催しの開催又はこれへの参加、海外における我が国の文化芸術の現地の言語による展示、公開その他の普及への支援、海外の文化遺産の修復に関する協力、海外における著作権に関する制度の整備に関する協力、文化芸術に関する国際機関等の業務に従事する人材の養成及び派

遣その他の必要な施策を講ずるものとする。
2　国は、前項の施策を講ずるに当たっては、我が国の文化芸術を総合的に世界に発信するよう努めなければならない。
（芸術家等の養成及び確保）
第十六条　国は、文化芸術に関する創造的活動を行う者、伝統芸能の伝承者、文化財等の保存及び活用に関する専門的知識及び技能を有する者、文化芸術活動に関する企画又は制作を行う者、文化芸術活動に関する技術者、文化施設の管理及び運営を行う者その他の文化芸術を担う者（以下「芸術家等」という。）の養成及び確保を図るため、国内外における研修、教育訓練等の人材育成への支援、研修成果の発表の機会の確保、文化芸術に関する作品の流通の促進、芸術家等の文化芸術に関する創造的活動等の環境の整備その他の必要な施策を講ずるものとする。
（文化芸術に係る教育研究機関等の整備等）
第十七条　国は、芸術家等の養成及び文化芸術に関する調査研究の充実を図るため、文化芸術に係る大学その他の教育研究機関等の整備その他の必要な施策を講ずるものとする。
（国語についての理解）
第十八条　国は、国語が文化芸術の基盤をなすことにかんがみ、国語について正しい理解を深めるため、国語教育の充実、国語に関する調査研究及び知識の普及その他の必要な施策を講ずるものとする。
（日本語教育の充実）
第十九条　国は、外国人の我が国の文化芸術に関する理解に資するよう、外国人に対する日本語教育の充実を図るため、日本語教育に従事する者の養成及び研修体制の整備、日本語教育に関する教材の開発、日本語教育を行う機関における教育の水準の向上その他の必要な施策を講ずるものとする。
（著作権等の保護及び利用）
第二十条　国は、文化芸術の振興の基盤をなす著作者の権利及びこれに隣接する権利（以下この条において「著作権等」という。）について、著作権等に関する内外の動向を踏まえつつ、著作権等の保護及び公正な利用を図るため、著作権等に関する制度及び著作物の適正な流通を確保するための環境の整備、著作権等の侵害に係る対策の推進、著作権等に関する調査研究及び普及啓発その他の必要な施策を講ずるものとする。
（国民の鑑賞等の機会の充実）
第二十一条　国は、広く国民が自主的に文化芸術を鑑賞し、これに参加し、又はこれを創造する機会の充実を図るため、各地域における文化芸術の公演、展示等への支援、これらに関する情報の提供その他の必要な施策を講ずるものとする。
（高齢者、障害者等の文化芸術活動の充実）
第二十二条　国は、高齢者、障害者等が行う文化芸術活動の充実を図るため、これらの者の行う創造的活動、公演等への支援、これらの者の文化芸術活動が活発に行われるような環境の整備その他の必要な施策を講ずるものとする。
（青少年の文化芸術活動の充実）
第二十三条　国は、青少年が行う文化芸術活動の充実を図るため、青少年を対象とした文化芸術の公演、展示等への支援、青少年による文化芸術活動への支援その他の必要な施策を講ずるものとする。
（学校教育における文化芸術活動の充実）
第二十四条　国は、学校教育における文化芸術活動の充実を図るため、文化芸術に関する体験学習等文化芸術に関する教育の充実、芸術家等及び文化芸術団体による学校における文化芸術活動に対する協力への支援その他の必要な施策を講ずるものとする。
（劇場、音楽堂等の充実）
第二十五条　国は、劇場、音楽堂等の充実を図るため、これらの施設に関し、自らの設置等に係る施設の整備、公演等への支援、芸術家等の配置等への支援、情報の提供その他の必要な施策を講ずるものとする。

（美術館、博物館、図書館等の充実）
第二十六条　国は、美術館、博物館、図書館等の充実を図るため、これらの施設に関し、自らの設置等に係る施設の整備、展示等への支援、芸術家等の配置等への支援、文化芸術に関する作品等の記録及び保存への支援その他の必要な施策を講ずるものとする。
（地域における文化芸術活動の場の充実）
第二十七条　国は、国民に身近な文化芸術活動の場の充実を図るため、各地域における文化施設、学校施設、社会教育施設等を容易に利用できるようにするための措置その他の必要な施策を講ずるものとする。
（公共の建物等の建築に当たっての配慮等）
第二十八条　国は、公共の建物等の建築に当たっては、その外観等について、周囲の自然的環境、地域の歴史及び文化等との調和を保つよう努めるものとする。
2　国は、公共の建物等において、文化芸術に関する作品の展示その他の文化芸術の振興に資する取組を行うよう努めるものとする。
（情報通信技術の活用の推進）
第二十九条　国は、文化芸術活動における情報通信技術の活用の推進を図るため、文化芸術活動に関する情報通信ネットワークの構築、美術館等における情報通信技術を活用した展示への支援、情報通信技術を活用した文化芸術に関する作品等の記録及び公開への支援その他の必要な施策を講ずるものとする。
（調査研究等）
第二十九条の二　国は、文化芸術に関する施策の推進を図るため、文化芸術の振興に必要な調査研究並びに国の内外の情報の収集、整理及び提供その他の必要な施策を講ずるものとする。
（地方公共団体及び民間の団体等への情報提供等）
第三十条　国は、地方公共団体及び民間の団体等が行う文化芸術の振興のための取組を促進するため、情報の提供その他の必要な施策を講ずるものとする。
（民間の支援活動の活性化等）
第三十一条　国は、個人又は民間の団体が文化芸術活動に対して行う支援活動の活性化を図るとともに、文化芸術活動を行う者の活動を支援するため、文化芸術団体が個人又は民間の団体からの寄附を受けることを容易にする等のための税制上の措置、文化芸術団体が行う文化芸術活動への支援その他の必要な施策を講ずるよう努めなければならない。
（関係機関等の連携等）
第三十二条　国は、第八条から前条までの施策を講ずるに当たっては、芸術家等、文化芸術団体、学校等、文化施設、社会教育施設、民間事業者その他の関係機関等の間の連携が図られるよう配慮しなければならない。
2　国は、芸術家等及び文化芸術団体が、学校等、文化施設、社会教育施設、福祉施設、医療機関、民間事業者等と協力して、地域の人々が文化芸術を鑑賞し、これに参加し、又はこれを創造する機会を提供できるようにするよう努めなければならない。
（顕彰）
第三十三条　国は、文化芸術活動で顕著な成果を収めた者及び文化芸術の振興に寄与した者の顕彰に努めるものとする。
（政策形成への民意の反映等）
第三十四条　国は、文化芸術に関する政策形成に民意を反映し、その過程の公正性及び透明性を確保するため、芸術家等、学識経験者その他広く国民の意見を求め、これを十分考慮した上で政策形成を行う仕組みの活用等を図るものとする。
（地方公共団体の施策）
第三十五条　地方公共団体は、第八条から前条までの国の施策を勘案し、その地域の特性に応じた文化芸術に関する施策の推進を図るよう努めるものとする。

第四章　文化芸術の推進に係る体制の整備

（文化芸術推進会議）

第三十六条　政府は、文化芸術に関する施策の総合的、一体的かつ効果的な推進を図るため、文化芸術推進会議を設け、文部科学省及び内閣府、総務省、外務省、厚生労働省、農林水産省、経済産業省、国土交通省その他の関係行政機関相互の連絡調整を行うものとする。

（都道府県及び市町村の文化芸術推進会議等）

第三十七条　都道府県及び市町村に、地方文化芸術推進基本計画その他の文化芸術の推進に関する重要事項を調査審議させるため、条例で定めるところにより、審議会その他の合議制の機関を置くことができる。

　　附　則　（令和元年六月七日法律第二六号）　抄

E　文化観光拠点施設を中核とした地域における文化観光の推進に関する法律
　（以下「文化観光推進法」）（抄）（令和二年法律第十八号）

目次

第一章　総則（第一条・第二条）
第二章　基本方針（第三条）
第三章　文化観光拠点施設を中核とした地域における文化観光を推進するための措置
　第一節　拠点計画の認定等（第四条～第七条）
　第二節　認定拠点計画に基づく事業に対する特別の措置（第八条～第十条）
　第三節　地域計画の認定等（第十一条～第十五条）
　第四節　認定地域計画に基づく事業に対する特別の措置（第十六条・第十七条）
　第五節　国等の援助等（第十八条～第二十一条）
第四章　雑則（第二十二条・第二十三条）
第五章　罰則（第二十四条）
附則

第一章　総則

（目的）

第一条　この法律は、文化及び観光の振興並びに個性豊かで活力に満ちた地域社会の実現を図る上で文化についての理解を深める機会の拡大及びこれによる国内外からの観光旅客の来訪の促進が重要となっていることに鑑み、文化観光拠点施設を中核とした地域における文化観光を推進するため、主務大臣による基本方針の策定並びに拠点計画及び地域計画の認定、当該認定を受けた拠点計画又は地域計画に基づく事業に対する特別の措置その他の地域における文化観光を推進するために必要な措置について定め、もって豊かな国民生活の実現と国民経済の発展に寄与することを目的とする。

（定義）

第二条　この法律において「文化観光」とは、有形又は無形の文化的所産その他の文化に関する資源（以下「文化資源」という。）の観覧、文化資源に関する体験活動その他の活動を通じて文化についての理解を深めることを目的とする観光をいう。

2　この法律において「文化観光拠点施設」とは、文化資源の保存及び活用を行う施設（以下「文化資源保存活用施設」という。）のうち、主務省令で定めるところにより、国内外からの観光旅客が文化についての理解を深めることに資するよう当該文化資源の解説及び紹介をするとともに、当該文化資源保存活用施設の所在する地域に係る文化観光の推進に関する事業を行う者（以下「文化観光推進事業者」という。）と連携することにより、当該地域における文化観光の推進の拠点となる

ものをいう。
3　この法律において「文化観光拠点施設機能強化事業」とは、文化資源保存活用施設の文化観光拠点施設としての機能の強化に資する事業であって、次に掲げるものをいう。
一　文化資源保存活用施設における文化資源の魅力の増進に関する事業
二　文化資源保存活用施設における情報通信技術を活用した展示、外国語による情報の提供その他の国内外からの観光旅客が文化についての理解を深めることに資する措置に関する事業
三　文化資源保存活用施設に来訪する国内外からの観光旅客の移動の利便の増進その他の文化資源保存活用施設の利用に係る文化観光に関する利便の増進に関する事業
四　文化資源保存活用施設が保存及び活用を行う文化資源に関する工芸品、食品その他の物品の販売又は提供に関する事業
五　国内外における文化資源保存活用施設の宣伝に関する事業
六　前各号の事業に必要な施設又は設備の整備に関する事業
七　その他文化資源保存活用施設の文化観光拠点施設としての機能の強化に資する事業として主務省令で定めるもの
4　この法律において「地域文化観光推進事業」とは、文化観光拠点施設を中核とした地域における文化観光の総合的かつ一体的な推進に資する事業であって、次に掲げるものをいう。
一　地域における文化資源の総合的な魅力の増進に関する事業
二　地域内を移動する国内外からの観光旅客の移動の利便の増進その他の地域における文化観光に関する利便の増進に関する事業
三　地域における文化観光拠点施設その他の文化資源保存活用施設と飲食店、販売施設、宿泊施設その他の国内外からの観光旅客の利便に供する施設との連携の促進に関する事業
四　国内外における地域の宣伝に関する事業
五　前各号の事業に必要な施設又は設備の整備に関する事業
六　その他文化観光拠点施設を中核とした地域における文化観光の総合的かつ一体的な推進に資する事業として主務省令で定めるもの

第二章　基本方針
第三条　主務大臣は、文化観光拠点施設を中核とした地域における文化観光の推進に関する基本方針（以下単に「基本方針」という。）を定めるものとする。
2　基本方針は、次に掲げる事項について定めるものとする。
一　文化観光拠点施設を中核とした地域における文化観光の推進の意義及び目標に関する事項
二　文化観光拠点施設機能強化事業に関する基本的な事項
三　地域文化観光推進事業に関する基本的な事項
四　次条第１項に規定する拠点計画の同条第三項の認定に関する基本的な事項
五　第十二条第１項に規定する地域計画の同条第四項の認定に関する基本的な事項
六　関連する文化の振興に関する施策及び観光の振興に関する施策との連携に関する基本的な事項
七　その他文化観光拠点施設を中核とした地域における文化観光の推進に関する重要事項
3　主務大臣は、基本方針を定め、又はこれを変更しようとするときは、あらかじめ、関係行政機関の長に協議しなければならない。
4　主務大臣は、基本方針を定め、又はこれを変更したときは、遅滞なく、これを公表するものとする。

第三章　文化観光拠点施設を中核とした地域における文化観光を推進するための措置
第一節　拠点計画の認定等
（拠点計画の認定）
第四条　文化資源保存活用施設の設置者は、基本方針に基づき、主務省令で定めるところにより、文化観光拠点施設機能強化事業を実施しようとする文化観光推進事業者と共同して、その設置する文

化資源保存活用施設の文化観光拠点施設としての機能の強化に関する計画（以下「拠点計画」という。）を作成し、主務大臣の認定を申請することができる。
2　拠点計画には、次に掲げる事項を記載するものとする。
一　当該文化資源保存活用施設の文化観光拠点施設としての機能の強化に関する基本的な方針
二　拠点計画の目標
三　前号の目標を達成するために行う文化観光拠点施設機能強化事業の内容、実施主体及び実施時期
四　文化観光拠点施設機能強化事業を行うのに必要な資金の額及びその調達方法
五　計画期間
六　その他主務省令で定める事項
3　主務大臣は、第一項の規定による認定の申請があった場合において、当該申請に係る拠点計画が次の各号のいずれにも適合するものであると認めるときは、その認定をするものとする。
一　基本方針に照らして適切なものであること。
二　当該拠点計画の実施が当該文化資源保存活用施設の文化観光拠点施設としての機能の強化に寄与するものであると認められること。
三　円滑かつ確実に実施されると見込まれるものであること。
四　第十二条第4項の認定（第十三条第1項の変更の認定を含む。）を受けた第十二条第1項に規定する地域計画（変更があったときは、その変更後のもの。以下この号において同じ。）が当該文化資源保存活用施設の所在する地域について定められているときは、当該地域計画に照らして適切なものであること。
4　主務大臣は、拠点計画の認定をしようとするときは、あらかじめ、当該拠点計画に係る文化観光拠点施設機能強化事業がその区域内において行われることとなる市町村（特別区を含む。以下同じ。）及び都道府県の意見を聴かなければならない。
5　主務大臣は、第3項の認定をしたときは、主務省令で定めるところにより、当該認定に係る拠点計画の内容を公表するものとする。

（認定を受けた拠点計画の変更）
第五条　前条第3項の認定を受けた拠点計画の変更（主務省令で定める軽微な変更を除く。）をしようとするときは、文化資源保存活用施設の設置者は、文化観光拠点施設機能強化事業を実施しようとする文化観光推進事業者と共同して、主務大臣の認定を受けなければならない。
2　前条第3項から第5項までの規定は、前項の認定について準用する。

（認定拠点計画の実施状況に関する報告の徴収）
第六条　主務大臣は、第四条第3項の認定（前条第1項の変更の認定を含む。以下同じ。）を受けた者に対し、当該認定を受けた拠点計画（変更があったときは、その変更後のもの。以下「認定拠点計画」という。）の実施の状況について報告を求めることができる。

（認定の取消し）
第七条　主務大臣は、認定拠点計画が第四条第3項各号のいずれかに適合しなくなったと認めるときは、その認定を取り消すことができる。
2　主務大臣は、前項の規定により認定を取り消したときは、遅滞なく、その旨を公表するものとする。

第二節　認定拠点計画に基づく事業に対する特別の措置

（共通乗車船券）
第八条　文化観光拠点施設機能強化事業を実施しようとする者が、文化資源保存活用施設に来訪する国内外からの観光旅客の移動の利便の増進に関する事業であって当該観光旅客を対象とする共通乗車船券（二以上の運送事業者が期間、区間その他の条件を定めて共同で発行する証票であって、その証票を提示することにより、当該条件の範囲内で、当該各運送事業者の運送サービスの提供を受けることができるものをいう。）に係る運賃又は料金の割引を行うものに関する事項が記載された拠点計画について、第四条第3項の認定を受けた場合において、認定拠点計画に従って当該事業を実施しようとするときは、国土交通省令で定めるところにより、あらかじめ、その旨を共同で国土

交通大臣に届け出ることができる。
2　前項の規定による届出をした者は、鉄道事業法（昭和六十一年法律第九十二号）第十六条第3項後段若しくは第三十六条後段、軌道法（大正十年法律第七十六号）第十一条第2項、道路運送法（昭和二十六年法律第百八十三号）第九条第3項後段、海上運送法（昭和二十四年法律第百八十七号）第八条第1項後段（同法第二十三条において準用する場合を含む。）又は航空法（昭和二十七年法律第二百三十一号）第百五条第1項後段の規定による届出をしたものとみなす。

（道路運送法の特例）

第九条　文化観光拠点施設機能強化事業を実施しようとする者であって道路運送法第三条第一号イに掲げる一般乗合旅客自動車運送事業を経営するものが、文化資源保存活用施設に来訪する国内外からの観光旅客の移動の利便の増進に関する事業であって運行回数の増加その他の国土交通省令で定めるものに関する事項が記載された拠点計画について、第四条第3項の認定を受けた場合において、認定拠点計画に従って当該事業を実施するに当たり、同法第十五条第1項の認可を受けなければならないとき又は同条第3項若しくは同法第十五条の三第2項の規定による届出を行わなければならないときは、これらの規定にかかわらず、遅滞なく、その旨を国土交通大臣に届け出ることをもって足りる。

（海上運送法の特例）

第十条　文化観光拠点施設機能強化事業を実施しようとする者が、文化資源保存活用施設に来訪する国内外からの観光旅客の移動の利便の増進を図るために実施する海上運送法第十九条の五第1項に規定する人の運送をする貨物定期航路事業又は同法第二十条第2項に規定する人の運送をする不定期航路事業であって事業の開始その他の国土交通省令で定めるものに関する事項が記載された拠点計画について、第四条第3項の認定を受けた場合において、認定拠点計画に従って当該事業を実施するに当たり、同法第十九条の五第1項又は第二十条第2項の規定による届出を行わなければならないときは、これらの規定による届出をしたものとみなす。

2　文化観光拠点施設機能強化事業を実施しようとする者であって海上運送法第二条第5項に規定する一般旅客定期航路事業を営むものが、文化資源保存活用施設に来訪する国内外からの観光旅客の移動の利便の増進に関する事業であって運航回数の増加その他の国土交通省令で定めるものに関する事項が記載された拠点計画について、第四条第3項の認定を受けた場合において、認定拠点計画に従って当該事業を実施するに当たり、同法第十一条の二第1項の規定による届出を行わなければならないとき又は同条第2項の認可を受けなければならないときは、これらの規定にかかわらず、遅滞なく、その旨を国土交通大臣に届け出ることをもって足りる。

第三節　地域計画の認定等

（協議会）

第十一条　市町村又は都道府県は、単独で又は共同して、当該市町村又は都道府県の区域内について、文化観光拠点施設を中核とした地域における文化観光の総合的かつ一体的な推進を図るために必要な協議を行うための協議会（以下単に「協議会」という。）を組織することができる。

2　協議会は、次に掲げる者をもって構成する。
一　当該市町村又は都道府県
二　当該市町村又は都道府県の区域に所在する文化観光拠点施設その他の文化資源保存活用施設の設置者
三　当該市町村又は都道府県の区域に係る文化観光推進事業者
四　関係する住民、学識経験者、商工関係団体その他の当該市町村又は都道府県が必要と認める者

3　文化観光拠点施設（文化観光拠点施設でない文化資源保存活用施設であって、その設置者が文化観光拠点施設にしようとするものを含む。以下この項において同じ。）の設置者は、その文化観光拠点施設の所在する地域における文化観光の推進に関して協議を行う協議会が組織されていない場合にあっては、市町村又は都道府県に対して、協議会を組織するよう要請することができる。

4　市町村又は都道府県は、第1項の規定により協議会を組織したときは、遅滞なく、主務省令で定

めるところにより、その旨を公表しなければならない。
5　第２項第二号及び第三号に掲げる者であって協議会の構成員でないものは、第１項の規定により協議会を組織する市町村又は都道府県に対して、自己を協議会の構成員として加えるよう申し出ることができる。
6　前項の規定による申出を受けた市町村又は都道府県は、正当な理由がある場合を除き、当該申出に応じなければならない。
7　協議会は、必要があると認めるときは、関係行政機関に対して、資料の提供、意見の表明、説明その他必要な協力を求めることができる。
8　協議会において協議が調った事項については、協議会の構成員は、その協議の結果を尊重しなければならない。
9　前各項に定めるもののほか、協議会の運営に関し必要な事項は、協議会が定める。

（地域計画の認定）
第十二条　協議会において、基本方針に基づき、主務省令で定めるところにより、当該協議会の構成員である市町村又は都道府県の区域内について、文化観光拠点施設を中核とした地域における文化観光の総合的かつ一体的な推進に関する計画（以下「地域計画」という。）を作成したときは、当該市町村又は都道府県、当該地域計画において中核とする文化観光拠点施設の設置者及び当該地域計画に記載された地域文化観光推進事業の実施主体である文化観光推進事業者は、共同で、主務大臣の認定を申請することができる。
2　地域計画には、次に掲げる事項を記載するものとする。
一　地域計画の区域（以下「計画区域」という。）
二　中核とする文化観光拠点施設の名称及び位置
三　計画区域における文化観光拠点施設を中核とした文化観光の総合的かつ一体的な推進に関する基本的な方針
四　地域計画の目標
五　前号の目標を達成するために行う地域文化観光推進事業の内容、実施主体及び実施時期
六　地域文化観光推進事業を行うのに必要な資金の額及びその調達方法
七　計画期間
八　その他主務省令で定める事項
3　地域計画は、国土形成計画その他法律の規定による地域振興に関する計画並びに都市計画及び都市計画法（昭和四十三年法律第百号）第十八条の二に規定する市町村の都市計画に関する基本的な方針との調和が保たれたものでなければならない。
4　主務大臣は、第一項の規定による認定の申請があった場合において、当該申請に係る地域計画が次の各号のいずれにも適合するものであると認めるときは、その認定をするものとする。
一　基本方針に照らして適切なものであること。
二　当該地域計画の実施が計画区域における文化観光拠点施設を中核とした文化観光の総合的かつ一体的な推進に寄与するものであると認められること。
三　円滑かつ確実に実施されると見込まれるものであること。
5　主務大臣は、前項の認定をしたときは、主務省令で定めるところにより、当該認定に係る地域計画の内容を公表するものとする。

（認定を受けた地域計画の変更）
第十三条　前条第四項の認定を受けた地域計画の変更（主務省令で定める軽微な変更を除く。以下この項において同じ。）をしようとするときは、協議会において当該変更に係る地域計画を作成し、市町村又は都道府県、当該地域計画において中核とする文化観光拠点施設の設置者及び当該地域計画に記載された地域文化観光推進事業の実施主体である文化観光推進事業者は、共同で、主務大臣の認定を受けなければならない。
2　前条第四項及び第五項の規定は、前項の認定について準用する。

(認定地域計画の実施状況に関する報告の徴収)
第十四条　主務大臣は、第十二条第4項の認定(前条第一項の変更の認定を含む。以下同じ。)を受けた者に対し、当該認定を受けた地域計画(変更があったときは、その変更後のもの。以下「認定地域計画」という。)の実施の状況について報告を求めることができる。
(認定の取消し)
第十五条　主務大臣は、認定地域計画が第十二条第4項各号のいずれかに適合しなくなったと認めるときは、その認定を取り消すことができる。
2　主務大臣は、前項の規定により認定を取り消したときは、遅滞なく、その旨を公表するものとする。
第四節　認定地域計画に基づく事業に対する特別の措置
(文化財の登録の提案)
第十六条　地域文化観光推進事業を実施しようとする市町村又は都道府県が、地域における文化資源の総合的な魅力の増進に関する事業であって、計画区域内に存する文化財について専門的な調査を行い、当該調査に基づき必要な保存及び活用のための措置を行うものに関する事項が記載された地域計画について第十二条第4項の認定を受けた場合には、当該市町村又は都道府県の教育委員会(地方文化財保護審議会を置くものに限る。以下この条において同じ。)(地方教育行政の組織及び運営に関する法律(昭和三十一年法律第百六十二号)第二十三条第1項の条例の定めるところによりその長が文化財の保護に関する事務を管理し、及び執行することとされた地方公共団体にあっては、その長。以下この条において同じ。)は、当該文化財であって文化財保護法(昭和二十五年法律第二百十四号)第五十七条第1項、第七十六条の七第1項、第九十条第1項、第九十条の五第1項又は第百三十二条第1項の規定により登録されることが適当であると思料するものがあるときは、文部科学省令で定めるところにより、文部科学大臣に対し、当該文化財を文化財登録原簿に登録することを提案することができる。
2　市町村又は都道府県の教育委員会は、前項の規定による提案をしようとするときは、あらかじめ、地方文化財保護審議会の意見を聴かなければならない。
3　文部科学大臣は、第1項の規定による提案が行われた場合において、当該提案に係る文化財について文化財保護法第五十七条第1項、第七十六条の七第1項、第九十条第1項、第九十条の五第1項又は第百三十二条第1項の規定による登録をしないこととしたときは、遅滞なく、その旨及びその理由を当該提案をした市町村又は都道府県の教育委員会に通知しなければならない。
(規定の準用)
第十七条　第八条から第十条までの規定は、地域文化観光推進事業を実施しようとする者が地域内を移動する国内外からの観光旅客の移動の利便の増進に関する事業に関する事項が記載された地域計画について第十二条第4項の認定を受けた場合について準用する。
第五節　国等の援助等
(国等の援助及び連携)
第十八条　国及び地方公共団体は、第四条第3項の認定を受けた者又は第十二条第4項の認定を受けた者に対し、認定拠点計画又は認定地域計画の円滑かつ確実な実施に関し必要な助言その他の援助を行うように努めなければならない。
2　前項に定めるもののほか、国、地方公共団体、文化資源保存活用施設の設置者及び文化観光推進事業者は、文化観光拠点施設を中核とした地域における文化観光の推進に関し相互に連携を図りながら協力しなければならない。
(文化についての理解を深めることに資する措置の実施に必要な援助)
第十九条　独立行政法人国立科学博物館、独立行政法人国立美術館、独立行政法人国立文化財機構及び独立行政法人日本芸術文化振興会は、第四条第3項の認定を受けた文化資源保存活用施設の設置者又は第十二条第4項の認定を受けた市町村若しくは都道府県若しくは文化資源保存活用施設の設置者に対し、その求めに応じ、認定拠点計画又は認定地域計画に係る文化資源保存活用施設について、情報通信技術を活用した展示、外国語による情報の提供その他の国内外からの観光旅客が文化

についての理解を深めることに資する措置の実施に必要な助言その他の援助を行うよう努めなければならない。
(海外における宣伝等の措置)
第二十条　独立行政法人国際観光振興機構は、国外からの観光旅客の来訪を促進するため、認定拠点計画に係る文化観光拠点施設及び認定地域計画の計画区域について、海外における宣伝を行うほか、これに関連して第四条第3項の認定を受けた者又は第十二条第4項の認定を受けた者に対し、その求めに応じ、海外における宣伝に関する助言その他の措置を講ずるよう努めなければならない。
(国等による資料の公開への協力)
第二十一条　国、独立行政法人国立科学博物館、独立行政法人国立美術館及び独立行政法人国立文化財機構は、文化観光拠点施設を中核とした地域における文化観光の推進に資するため、その所有する資料を文化観光拠点施設において公開の用に供するため出品するよう当該文化観光拠点施設の設置者から求めがあった場合には、これに協力するよう努めなければならない。

第四章　雑則
(主務大臣等)
第二十二条　この法律における主務大臣は、文部科学大臣及び国土交通大臣とする。
2　この法律における主務省令は、主務大臣の発する命令とする。
3　この法律に規定する国土交通大臣の権限は、国土交通省令で定めるところにより、その一部を地方運輸局長に委任することができる。
(主務省令への委任)
第二十三条　この法律に定めるもののほか、この法律の実施のための手続その他この法律の施行に関し必要な事項は、主務省令で定める。

第五章　罰則
第二十四条　第六条又は第十四条の規定による報告をせず、又は虚偽の報告をした場合には、その違反行為をした者は、三十万円以下の罰金に処する。
2　法人の代表者又は法人若しくは人の代理人、使用人その他の従業者が、その法人又は人の業務に関し、前項の違反行為をしたときは、行為者を罰するほか、その法人又は人に対して同項の刑を科する。
　　附　則　(令和三年四月二十三日法律第二十二号)　抄

F　博物館法 (昭和二十六年法律第二百八十五号)

目次
第一章　総則 (第一条～第十条)
第二章　登録 (第十一条～第二十二条)
第三章　公立博物館 (第二十三条～第二十八条)
第四章　私立博物館 (第二十九条・第三十条)
第五章　博物館に相当する施設 (第三十一条)
附則

第一章　総則
(目的)
第一条　この法律は、社会教育法 (昭和二十四年法律第二百七号) 及び文化芸術基本法 (平成十三年法律第百四十八号) の精神に基づき、博物館の設置及び運営に関して必要な事項を定め、その健全

な発達を図り、もって国民の教育、学術及び文化の発展に寄与することを目的とする。
(定義)
第二条　この法律において「博物館」とは、歴史、芸術、民俗、産業、自然科学等に関する資料を収集し、保管（育成を含む。以下同じ。）し、展示して教育的配慮の下に一般公衆の利用に供し、その教養、調査研究、レクリエーション等に資するために必要な事業を行い、併せてこれらの資料に関する調査研究をすることを目的とする機関（社会教育法による公民館及び図書館法（昭和二十五年法律第百十八号）による図書館を除く。）のうち、次章の規定による登録を受けたものをいう。
2　この法律において「公立博物館」とは、地方公共団体又は地方独立行政法人（地方独立行政法人法（平成十五年法律第百十八号）第二条第１項に規定する地方独立行政法人をいう。以下同じ。）の設置する博物館をいう。
3　この法律において「私立博物館」とは、博物館のうち、公立博物館以外のものをいう。
4　この法律において「博物館資料」とは、博物館が収集し、保管し、又は展示する資料（電磁的記録（電子的方式、磁気的方式その他人の知覚によっては認識することができない方式で作られた記録をいう。次条第１項第三号において同じ。）を含む。）をいう。
(博物館の事業)
第三条　博物館は、前条第１項に規定する目的を達成するため、おおむね次に掲げる事業を行う。
一　実物、標本、模写、模型、文献、図表、写真、フィルム、レコード等の博物館資料を豊富に収集し、保管し、及び展示すること。
二　分館を設置し、又は博物館資料を当該博物館外で展示すること。
三　博物館資料に係る電磁的記録を作成し、公開すること。
四　一般公衆に対して、博物館資料の利用に関し必要な説明、助言、指導等を行い、又は研究室、実験室、工作室、図書室等を設置してこれを利用させること。
五　博物館資料に関する専門的、技術的な調査研究を行うこと。
六　博物館資料の保管及び展示等に関する技術的研究を行うこと。
七　博物館資料に関する案内書、解説書、目録、図録、年報、調査研究の報告書等を作成し、及び頒布すること。
八　博物館資料に関する講演会、講習会、映写会、研究会等を主催し、及びその開催を援助すること。
九　当該博物館の所在地又はその周辺にある文化財保護法（昭和二十五年法律第二百十四号）の適用を受ける文化財について、解説書又は目録を作成する等一般公衆の当該文化財の利用の便を図ること。
十　社会教育における学習の機会を利用して行った学習の成果を活用して行う教育活動その他の活動の機会を提供し、及びその提供を奨励すること。
十一　学芸員その他の博物館の事業に従事する人材の養成及び研修を行うこと。
十二　学校、図書館、研究所、公民館等の教育、学術又は文化に関する諸施設と協力し、その活動を援助すること。
2　博物館は、前項各号に掲げる事業の充実を図るため、他の博物館、第三十一条第２項に規定する指定施設その他これらに類する施設との間において、資料の相互貸借、職員の交流、刊行物及び情報の交換その他の活動を通じ、相互に連携を図りながら協力するよう努めるものとする。
3　博物館は、第１項各号に掲げる事業の成果を活用するとともに、地方公共団体、学校、社会教育施設その他の関係機関及び民間団体と相互に連携を図りながら協力し、当該博物館が所在する地域における教育、学術及び文化の振興、文化観光（有形又は無形の文化的所産その他の文化に関する資源（以下この項において「文化資源」という。）の観覧、文化資源に関する体験活動その他の活動を通じて文化についての理解を深めることを目的とする観光をいう。）その他の活動の推進を図り、もって地域の活力の向上に寄与するよう努めるものとする。
(館長、学芸員その他の職員)
第四条　博物館に、館長を置く。

2　館長は、館務を掌理し、所属職員を監督して、博物館の任務の達成に努める。
3　博物館に、専門的職員として学芸員を置く。
4　学芸員は、博物館資料の収集、保管、展示及び調査研究その他これと関連する事業についての専門的事項をつかさどる。
5　博物館に、館長及び学芸員のほか、学芸員補その他の職員を置くことができる。
6　学芸員補は、学芸員の職務を助ける。
(学芸員の資格)
第五条　次の各号のいずれかに該当する者は、学芸員となる資格を有する。
一　学士の学位(学校教育法(昭和二十二年法律第二十六号)第百四条第2項に規定する文部科学大臣の定める学位(専門職大学を卒業した者に対して授与されるものに限る。)を含む。)を有する者で、大学において文部科学省令で定める博物館に関する科目の単位を修得したもの
二　次条各号のいずれかに該当する者で、三年以上学芸員補の職にあったもの
三　文部科学大臣が、文部科学省令で定めるところにより、前二号に掲げる者と同等以上の学力及び経験を有する者と認めた者
2　前項第二号の学芸員補の職には、官公署、学校又は社会教育施設(博物館の事業に類する事業を行う施設を含む。)における職で、社会教育主事、司書その他の学芸員補の職と同等以上の職として文部科学大臣が指定するものを含むものとする。
(学芸員補の資格)
第六条　次の各号のいずれかに該当する者は、学芸員補となる資格を有する。
一　短期大学士の学位(学校教育法第百四条第2項に規定する文部科学大臣の定める学位(専門職大学を卒業した者に対して授与されるものを除く。)及び同条第六項に規定する文部科学大臣の定める学位を含む。)を有する者で、前条第1項第一号の文部科学省令で定める博物館に関する科目の単位を修得したもの
二　前号に掲げる者と同等以上の学力及び経験を有する者として文部科学省令で定める者
(館長、学芸員及び学芸員補等の研修)
第七条　文部科学大臣及び都道府県の教育委員会は、館長、学芸員及び学芸員補その他の職員に対し、その資質の向上のために必要な研修を行うよう努めるものとする。
(設置及び運営上望ましい基準)
第八条　文部科学大臣は、博物館の健全な発達を図るために、博物館の設置及び運営上望ましい基準を定め、これを公表するものとする。
(運営の状況に関する評価等)
第九条　博物館は、当該博物館の運営の状況について評価を行うとともに、その結果に基づき博物館の運営の改善を図るため必要な措置を講ずるよう努めなければならない。
(運営の状況に関する情報の提供)
第十条　博物館は、当該博物館の事業に関する地域住民その他の関係者の理解を深めるとともに、これらの者との連携及び協力の推進に資するため、当該博物館の運営の状況に関する情報を積極的に提供するよう努めなければならない。

第二章　登録
(登録)
第十一条　博物館を設置しようとする者は、当該博物館について、当該博物館の所在する都道府県の教育委員会(当該博物館(都道府県が設置するものを除く。)が指定都市(地方自治法(昭和二十二年法律第六十七号)第二百五十二条の十九第1項の指定都市をいう。以下同じ。)の区域内に所在する場合にあっては、当該指定都市の教育委員会。第三十一条第1項第二号を除き、以下同じ。)の登録を受けるものとする。
(登録の申請)

第十二条　前条の登録(以下「登録」という。)を受けようとする者は、都道府県の教育委員会の定めるところにより、次に掲げる事項を記載した登録申請書を都道府県の教育委員会に提出しなければならない。
一　登録を受けようとする博物館の設置者の名称及び住所
二　登録を受けようとする博物館の名称及び所在地
三　その他都道府県の教育委員会の定める事項
2　前項の登録申請書には、次に掲げる書類を添付しなければならない。
一　館則(博物館の規則のうち、目的、開館日、運営組織その他の博物館の運営上必要な事項を定めたものをいう。)の写し
二　次条第1項各号に掲げる基準に適合していることを証する書類
三　その他都道府県の教育委員会の定める書類
(登録の審査)
第十三条　都道府県の教育委員会は、登録の申請に係る博物館が次の各号のいずれにも該当すると認めるときは、当該博物館の登録をしなければならない。
一　当該申請に係る博物館の設置者が次のイ又はロに掲げる法人のいずれかに該当すること。
イ　地方公共団体又は地方独立行政法人
ロ　次に掲げる要件のいずれにも該当する法人(イに掲げる法人並びに国及び独立行政法人(独立行政法人通則法(平成十一年法律第百三号)第二条第1項に規定する独立行政法人をいう。第三十一条第1項及び第6項において同じ。)を除く。)
(1)　博物館を運営するために必要な経済的基礎を有すること。
(2)　当該申請に係る博物館の運営を担当する役員が博物館を運営するために必要な知識又は経験を有すること。
(3)　当該申請に係る博物館の運営を担当する役員が社会的信望を有すること。
二　当該申請に係る博物館の設置者が、第十九条第1項の規定により登録を取り消され、その取消しの日から二年を経過しない者でないこと。
三　博物館資料の収集、保管及び展示並びに博物館資料に関する調査研究を行う体制が、第三条第1項各号に掲げる事業を行うために必要なものとして都道府県の教育委員会の定める基準に適合するものであること。
四　学芸員その他の職員の配置が、第三条第1項各号に掲げる事業を行うために必要なものとして都道府県の教育委員会の定める基準に適合するものであること。
五　施設及び設備が、第三条第1項各号に掲げる事業を行うために必要なものとして都道府県の教育委員会の定める基準に適合するものであること。
六　一年を通じて百五十日以上開館すること。
2　都道府県の教育委員会が前項第三号から第五号までの基準を定めるに当たっては、文部科学省令で定める基準を参酌するものとする。
3　都道府県の教育委員会は、登録を行うときは、あらかじめ、博物館に関し学識経験を有する者の意見を聴かなければならない。
(登録の実施等)
第十四条　登録は、都道府県の教育委員会が、次に掲げる事項を博物館登録原簿に記載してするものとする。
一　第十二条第1項第一号及び第二号に掲げる事項
二　登録の年月日
2　都道府県の教育委員会は、登録をしたときは、遅滞なく、その旨を当該登録の申請をした者に通知するとともに、前項各号に掲げる事項をインターネットの利用その他の方法により公表しなければならない。
(変更の届出)

第十五条　博物館の設置者は、第十二条第１項第一号又は第二号に掲げる事項を変更するときは、あらかじめ、その旨を都道府県の教育委員会に届け出なければならない。
２　都道府県の教育委員会は、前項の規定による届出があったときは、当該届出に係る登録事項の変更登録をするとともに、その旨をインターネットの利用その他の方法により公表しなければならない。
（都道府県の教育委員会への定期報告）
第十六条　博物館の設置者は、当該博物館の運営の状況について、都道府県の教育委員会の定めるところにより、定期的に、都道府県の教育委員会に報告しなければならない。
（報告又は資料の提出）
第十七条　都道府県の教育委員会は、その登録に係る博物館の適正な運営を確保するため必要があると認めるときは、当該博物館の設置者に対し、その運営の状況に関し報告又は資料の提出を求めることができる。
（勧告及び命令）
第十八条　都道府県の教育委員会は、その登録に係る博物館が第十三条第１項各号のいずれかに該当しなくなったと認めるときは、当該博物館の設置者に対し、必要な措置をとるべきことを勧告することができる。
２　都道府県の教育委員会は、前項の規定による勧告を受けた博物館の設置者が、正当な理由がなくてその勧告に係る措置をとらなかったときは、当該博物館の設置者に対し、期限を定めて、その勧告に係る措置をとるべきことを命ずることができる。
３　第十三条第３項の規定は、第１項の規定による勧告及び前項の規定による命令について準用する。
（登録の取消し）
第十九条　都道府県の教育委員会は、その登録に係る博物館の設置者が次の各号のいずれかに該当するときは、当該博物館の登録を取り消すことができる。
一　偽りその他不正の手段により登録を受けたとき。
二　第十五条第１項の規定による届出をせず、又は虚偽の届出をしたとき。
三　第十六条の規定に違反したとき。
四　第十七条の報告若しくは資料の提出をせず、又は虚偽の報告若しくは資料の提出をしたとき。
五　前条第２項の規定による命令に違反したとき。
２　第十三条第３項の規定は、前項の規定による登録の取消しについて準用する。
３　都道府県の教育委員会は、第１項の規定により登録の取消しをしたときは、速やかにその旨を、当該登録に係る博物館の設置者に対し通知するとともに、インターネットの利用その他の方法により公表しなければならない。
（博物館の廃止）
第二十条　博物館の設置者は、博物館を廃止したときは、速やかにその旨を都道府県の教育委員会に届け出なければならない。
２　都道府県の教育委員会は、前項の規定による届出があったときは、当該届出に係る博物館の登録を抹消するとともに、その旨をインターネットの利用その他の方法により公表しなければならない。
（都道府県又は指定都市の設置する博物館に関する特例）
第二十一条　第十五条第１項、第十六条から第十八条まで及び前条第１項の規定は、都道府県又は指定都市の設置する博物館については、適用しない。
２　都道府県又は指定都市の設置する博物館についての第十五条第２項、第十九条第１項及び第３項並びに前条第二項の規定の適用については、第十五条第２項中「前項の規定による届出があったときは、当該届出に係る登録事項」とあるのは「その設置する博物館について第十二条第１項第一号又は第二号に掲げる事項に変更があるときは、当該事項」と、第十九条第１項中「登録に係る博物館の設置者が次の各号のいずれかに該当する」とあるのは「設置する博物館が第十三条第１項第三号から第六号までのいずれかに該当しなくなったと認める」と、同条第３項中「その旨を、当該登

録に係る博物館の設置者に対し通知するとともに、」とあるのは「その旨を」と、前条第2項中「前項の規定による届出があったときは、当該届出に係る」とあるのは「その設置する博物館を廃止したときは、当該」とする。
(規則への委任)
第二十二条　この章に定めるものを除くほか、博物館の登録に関し必要な事項は、都道府県の教育委員会の規則で定める。

第三章　公立博物館
(博物館協議会)
第二十三条　公立博物館に、博物館協議会を置くことができる。
2　博物館協議会は、博物館の運営に関し館長の諮問に応ずるとともに、館長に対して意見を述べる機関とする。
第二十四条　博物館協議会の委員は、地方公共団体の設置する博物館にあっては当該博物館を設置する地方公共団体の教育委員会(地方教育行政の組織及び運営に関する法律(昭和三十一年法律第百六十二号)第二十三条第1項の条例の定めるところにより地方公共団体の長が当該博物館の設置、管理及び廃止に関する事務を管理し、及び執行することとされている場合にあっては、当該地方公共団体の長)が、地方独立行政法人の設置する博物館にあっては当該地方独立行政法人の理事長がそれぞれ任命する。
第二十五条　博物館協議会の設置、その委員の任命の基準、定数及び任期その他博物館協議会に関し必要な事項は、地方公共団体の設置する博物館にあっては当該博物館を設置する地方公共団体の条例で、地方独立行政法人の設置する博物館にあっては当該地方独立行政法人の規程でそれぞれ定めなければならない。この場合において、委員の任命の基準については、文部科学省令で定める基準を参酌するものとする。
(入館料等)
第二十六条　公立博物館は、入館料その他博物館資料の利用に対する対価を徴収してはならない。ただし、博物館の維持運営のためにやむを得ない事情のある場合は、必要な対価を徴収することができる。
(博物館の補助)
第二十七条　国は、博物館を設置する地方公共団体又は地方独立行政法人に対し、予算の範囲内において、博物館の施設、設備に要する経費その他必要な経費の一部を補助することができる。
2　前項の補助金の交付に関し必要な事項は、政令で定める。
(補助金の交付中止及び補助金の返還)
第二十八条　国は、博物館を設置する地方公共団体又は地方独立行政法人に対し前条の規定による補助金の交付をした場合において、次の各号のいずれかに該当するときは、当該年度におけるその後の補助金の交付をやめるとともに、第一号の場合の取消しが第十九条第1項第一号に該当することによるものである場合には、既に交付した補助金を、第三号又は第四号に該当する場合には、既に交付した当該年度の補助金を返還させなければならない。
一　当該博物館について、第十九条第1項の規定による登録の取消しがあったとき。
二　地方公共団体又は地方独立行政法人が当該博物館を廃止したとき。
三　地方公共団体又は地方独立行政法人が補助金の交付の条件に違反したとき。
四　地方公共団体又は地方独立行政法人が虚偽の方法で補助金の交付を受けたとき。

第四章　私立博物館
(都道府県の教育委員会との関係)
第二十九条　都道府県の教育委員会は、博物館に関する指導資料の作成及び調査研究のために、私立博物館に対し必要な報告を求めることができる。

2　都道府県の教育委員会は、私立博物館に対し、その求めに応じて、私立博物館の設置及び運営に関して、専門的、技術的な指導又は助言を与えることができる。

（国及び地方公共団体との関係）
第三十条　国及び地方公共団体は、私立博物館に対し、その求めに応じて、必要な物資の確保につき援助を与えることができる。

第五章　博物館に相当する施設
第三十一条　次の各号に掲げる者は、文部科学省令で定めるところにより、博物館の事業に類する事業を行う施設であって当該各号に定めるものを、博物館に相当する施設として指定することができる。
一　文部科学大臣　国又は独立行政法人が設置するもの
二　都道府県の教育委員会　国及び独立行政法人以外の者が設置するもののうち、当該都道府県の区域内に所在するもの（指定都市の区域内に所在するもの（都道府県が設置するものを除く。）を除く。）
三　指定都市の教育委員会　国、独立行政法人及び都道府県以外の者が設置するもののうち、当該指定都市の区域内に所在するもの
2　前項の規定による指定をした者は、当該指定をした施設（以下この条において「指定施設」という。）が博物館の事業に類する事業を行う施設に該当しなくなったと認めるときその他の文部科学省令で定める事由に該当するときは、文部科学省令で定めるところにより、当該指定施設についての前項の規定による指定を取り消すことができる。
3　第1項の規定による指定をした者は、当該指定をしたとき又は前項の規定による指定の取消しをしたときは、その旨をインターネットの利用その他の方法により公表しなければならない。
4　第1項の規定による指定をした者は、指定施設の設置者に対し、その求めに応じて、当該指定施設の運営に関して、専門的、技術的な指導又は助言を与えることができる。
5　指定施設は、その事業を行うに当たっては、第三条第2項及び第3項の規定の趣旨を踏まえ、博物館、他の指定施設、地方公共団体、学校、社会教育施設その他の関係機関及び民間団体と相互に連携を図りながら協力するよう努めるものとする。
6　国又は独立行政法人が設置する指定施設は、博物館及び他の指定施設における公開の用に供するための資料の貸出し、職員の研修の実施その他の博物館及び他の指定施設の事業の充実のために必要な協力を行うよう努めるものとする。

附　則　（令和四年四月一五日法律第二四号）　抄
（施行期日）
第一条　この法律は、令和五年四月一日から施行する。ただし、附則第三条の規定は、公布の日から施行する。

G　博物館法施行規則（昭和三十年文部省令第二十四号）

目次
第一章　博物館に関する科目の単位（第一条・第二条）
第二章　学芸員及び学芸員補の資格（第三条～第十八条）
第三章　博物館の登録に係る基準を定めるに当たって参酌すべき基準（第十九条～第二十一条）
第四章　博物館協議会の委員の任命の基準を条例で定めるに当たって参酌すべき基準（第二十二条）
第五章　博物館に相当する施設の指定（第二十三条～第二十七条）
附則

第一章　博物館に関する科目の単位
（博物館に関する科目の単位）
第一条　博物館法（昭和二十六年法律第二百八十五号。以下「法」という。）第五条第１項第一号に規定する博物館に関する科目の単位は、次の表に掲げるものとする。

科目・単位数
生涯学習概論　二
博物館概論　二
博物館経営論　二
博物館資料論　二
博物館資料保存論　二
博物館展示論　二
博物館教育論　二
博物館情報・メディア論　二
博物館実習　三

２　博物館に関する科目の単位のうち、すでに大学において修得した科目の単位又は第六条第３項に規定する試験科目について合格点を得ている科目は、これをもって、前項の規定により修得すべき科目の単位に替えることができる。

（博物館実習）
第二条　前条に掲げる博物館実習は、博物館（法第二条第１項に規定する博物館をいう。以下同じ。）又は法第三十一条第１項の規定に基づき文部科学大臣若しくは都道府県若しくは指定都市（地方自治法（昭和二十二年法律第六十七号）第二百五十二条の十九第１項の指定都市をいう。以下同じ。）の教育委員会が博物館に相当する施設として指定した施設（大学においてこれに準ずると認めた施設を含む。）における実習により修得するものとする。

２　博物館実習には、大学における博物館実習に係る事前及び事後の指導を含むものとする。

第二章　学芸員及び学芸員補の資格
（学芸員となる資格を有する者と同等以上の学力及び経験を有する者）
第三条　法第五条第１項第三号の規定により学芸員となる資格を有する者と同等以上の学力及び経験を有する者と認められる者は、次の各号のいずれかに該当する者とする。
一　学校教育法施行規則（昭和二十二年文部省令第十一号）第百五十五条第１項各号のいずれかに該当する者であって、大学において博物館に関する科目の単位を修得したもの
二　この章に定める試験認定又は審査認定（以下「資格認定」という。）の合格者

（資格認定の施行期日等）
第四条　資格認定は、少なくとも二年に一回、文部科学大臣が行う。
２　資格認定の施行期日、場所及び出願の期限等は、あらかじめ、インターネットの利用その他の適切な方法により公示する。

（試験認定の受験資格）
第五条　次の各号のいずれかに該当する者は、試験認定を受けることができる。
一　学校教育法（昭和二十二年法律第二十六号）第百二条第１項本文の規定により大学院に入学することができる者
二　大学に二年以上在学して六十二単位以上を修得した者（学校教育法施行規則第百五十五条第二項各号のいずれかに該当する者を含む。第九条第三号ロにおいて同じ。）であって、二年以上博物館における博物館資料の収集、保管、展示及び調査研究その他これと関連する事業に関する実務（法第五条第２項に規定する職の実務を含む。以下「博物館資料関係実務」という。）を行った経験を

有するもの
三　学校教育法第九十条第１項の規定により大学に入学することのできる者であって、四年以上博物館資料関係実務を行った経験を有するもの
四　教育職員免許法（昭和二十四年法律第百四十七号）第二条第１項に規定する教育職員の普通免許状を有し、二年以上教育職員の職にあった者
五　その他文部科学大臣が前各号に掲げる者と同等以上の資格を有すると認めた者
（試験認定の方法及び試験科目）
第六条　試験認定は、大学卒業の程度において、筆記の方法により行う。
２　試験認定は、二回以上にわたり、それぞれ一以上の試験科目について受けることができる。
３　試験科目は、次表に定めるとおりとする。

試験科目
生涯学習概論
博物館概論
博物館経営論
博物館資料論
博物館資料保存論
博物館展示論
博物館教育論
博物館情報・メディア論

（試験科目の免除）
第七条　大学において前条に規定する試験科目に相当する科目の単位を修得した者又は文部科学大臣が別に定めるところにより前条に規定する試験科目に相当する学修を修了した者に対しては、その願い出により、当該科目についての試験を免除する。
　　　　　　　　　第八条　削除
（審査認定の受験資格）
第九条　次の各号のいずれかに該当する者は、審査認定を受けることができる。
一　次のいずれかに該当する者であって、二年以上博物館資料関係実務を行った経験を有するもの
イ　学位規則（昭和二十八年文部省令第九号）による修士の学位又は専門職学位を有する者（学校教育法施行規則第百五十六条各号のいずれかに該当する者を含む。）
ロ　学位規則による博士の学位を有する者（旧学位令（大正九年勅令第二百号）による博士の称号を有する者及び外国において博士の学位に相当する学位を授与された者を含む。）
二　大学において博物館に関する科目（生涯学習概論を除く。）に関し二年以上教授、准教授、助教又は講師の職にあった者であって、二年以上博物館資料関係実務を行った経験を有するもの
三　次のいずれかに該当する者であって、都道府県の教育委員会の推薦するもの
イ　学校教育法第百二条第１項本文の規定により大学院に入学することができる者であって、四年以上博物館資料関係実務を行った経験を有するもの
ロ　大学に二年以上在学し、六十二単位以上を修得した者であって、六年以上博物館資料関係実務を行った経験を有するもの
ハ　学校教育法第九十条第１項の規定により大学に入学することのできる者であって、八年以上博物館資料関係実務を行った経験を有するもの
四　その他文部科学大臣が前各号に掲げる者と同等以上の資格を有すると認めた者
（審査認定の方法）
第十条　審査認定は、次条の規定により願い出た者について、博物館に関する学識及び業績を審査して行うものとする。

（受験の手続）
第十一条　資格認定を受けようとする者は、受験願書（別記第一号様式により作成したもの）に次に掲げる書類等を添えて、文部科学大臣に願い出なければならない。この場合において、住民基本台帳法（昭和四十二年法律第八十一号）第三十条の九の規定により機構保存本人確認情報（同法第七条第八号の二に規定する個人番号を除く。）の提供を受けて文部科学大臣が資格認定を受けようとする者の氏名、生年月日及び住所を確認することができるときは、第三号に掲げる住民票の写しを添付することを要しない。
一　受験資格を証明する書類
二　履歴書（別記第二号様式により作成したもの）
三　戸籍抄本又は住民票の写し（いずれも出願前六月以内に交付を受けたもの）
四　写真（出願前六月以内に撮影した無帽かつ正面上半身のもの）
2　前項に掲げる書類は、やむを得ない事由があると文部科学大臣が特に認めた場合においては、他の証明書をもって代えることができる。
3　第七条の規定に基づき試験認定の試験科目の免除を願い出る者については、その免除を受ける資格を証明する書類を提出しなければならない。
4　審査認定を願い出る者については、第１項各号に掲げるもののほか、次に掲げる資料又は書類を提出しなければならない。
一　第九条第一号又は同条第二号により出願する者にあっては、博物館に関する著書、論文、報告等
二　第九条第三号により出願する者にあっては、博物館に関する著書、論文、報告等又は博物館に関する顕著な実績を証明する書類
三　第九条第四号により出願する者にあっては、前二号に準ずる資料又は書類

（筆記試験及び試験認定合格者）
第十二条　試験科目（試験科目の免除を受けた者については、その免除を受けた科目を除く。）の全部について合格点を得た者（試験科目の全部について試験の免除を受けた者を含む。以下「筆記試験合格者」という。）であって、一年間博物館資料関係実務を行った後に文部科学大臣が認定したものを試験認定合格者とする。
2　筆記試験合格者が試験認定合格者になるためには、試験認定合格申請書（別記第三号様式によるもの）を文部科学大臣に提出しなければならない。

（審査認定合格者）
＜法令内見出し＞第十三条　第十条の規定による審査に合格した者を審査認定合格者とする。

（合格証書の授与等）
第十四条　試験認定合格者及び審査認定合格者に対しては、合格証書（別記第四号様式によるもの）を授与する。
2　筆記試験合格者に対しては、筆記試験合格証書（別記第五号様式によるもの）を授与する。
3　合格証書を有する者が、その氏名を変更し、又は合格証書を破損し、若しくは紛失した場合において、その事由をしるして願い出たときは、合格証書を書き換え又は再交付する。

（合格証明書の交付等）
第十五条　試験認定合格者又は審査認定合格者が、その合格の証明を願い出たときは、合格証明書（別記第六号様式によるもの）を交付する。
2　筆記試験合格者が、その合格の証明を申請したときは、筆記試験合格証明書（別記第七号様式によるもの）を交付する。
3　一以上の試験科目について合格点を得た者（筆記試験合格者を除く。次条及び第十七条において「筆記試験科目合格者」という。）がその科目合格の証明を願い出たときは、筆記試験科目合格証明書（別記第八号様式によるもの）を交付する。

（手数料）
第十六条　次表の上欄に掲げる者は、それぞれその下欄に掲げる額の手数料を納付しなければならな

い。
一　試験認定を願い出る者　一科目につき　千三百円
二　審査認定を願い出る者　三千八百円
三　試験認定の試験科目の全部について免除を願い出る者　八百円
四　合格証書の書換え又は再交付を願い出る者　七百円
五　合格証明書の交付を願い出る者　七百円
六　筆記試験合格証明書の交付を願い出る者　七百円
七　筆記試験科目合格証明書の交付を願い出る者　七百円
2　前項の規定によって納付すべき手数料は、収入印紙を用い、収入印紙は、各願書に貼るものとする。ただし、情報通信技術を活用した行政の推進等に関する法律（平成十四年法律第百五十一号）第六条第1項の規定に基づき申請等を行った場合は、当該申請等により得られた納付情報により手数料を納付しなければならない。
3　納付した手数料は、これを返還しない。
（不正の行為を行った者等に対する処分）
第十七条　虚偽若しくは不正の方法により資格認定を受け、又は資格認定を受けるにあたり不正の行為を行った者に対しては、受験を停止し、既に受けた資格認定の成績を無効にするとともに、期間を定めてその後の資格認定を受けさせないことができる。
2　試験認定合格者、審査認定合格者、筆記試験合格者又は筆記試験科目合格者について前項の事実があったことが明らかになったときは、その合格を無効にするとともに、既に授与し、又は交付した合格証書その他当該合格を証明する書類を取り上げ、かつ、期間を定めてその後の資格認定を受けさせないことができる。
（学芸員補となる資格を有する者と同等以上の学力及び経験を有する者）
第十八条　法第六条第二号に規定する学芸員補となる資格を有する者と同等以上の学力及び経験を有する者として文部科学省令で定める者は、次の各号のいずれかに該当する者とする。
一　大学に二年以上在学し、博物館に関する科目の単位を含めて六十二単位以上を修得した者
二　学校教育法施行規則第百五十五条第2項各号のいずれかに該当する者であって、大学において博物館に関する科目の単位を修得したもの

第三章　博物館の登録に係る基準を定めるに当たって参酌すべき基準
（博物館の体制に関する基準を定めるに当たり参酌すべき基準）
第十九条　法第十三条第2項の文部科学省令で定める基準であって、同条第1項第三号に規定する博物館資料の収集、保管及び展示並びに博物館資料に関する調査研究を行う体制に係るものは、次の各号に掲げる事項とする。
一　博物館資料の収集、保管及び展示（インターネットの利用その他の方法により博物館資料に係る電磁的記録を公開することを含む。第四号、第二十一条第一号及び第二十四条第1項第二号において同じ。）並びに博物館資料に関する調査研究の実施に関する基本的運営方針を策定し当該方針を公表するとともに、当該方針に基づき、相当の公益性をもって博物館を運営する体制を整備していること。
二　前号の基本的運営方針に基づく博物館資料の収集及び管理の方針を定め、当該方針に基づき、博物館資料を体系的に収集する体制を整備していること。
三　前号に規定する博物館資料の収集及び管理の方針に基づき、所蔵する博物館資料の目録を作成し、当該博物館資料を適切に管理し、及び活用する体制を整備していること。
四　一般公衆に対して、所蔵する博物館資料の展示を行い、又は特定の主題に基づき、所蔵する博物館資料若しくは借用した博物館資料による展示を行う体制を整備していること。
五　単独で又は他の博物館若しくは法第三条第1項第十二号に掲げる学術若しくは文化に関する諸施設と共同で、博物館資料に関する調査研究を行い、その成果を活用する体制を整備していること。

六　博物館資料を用いた学習機会の提供、利用者に対する博物館資料の説明その他の教育活動を行う体制を整備していること。
七　法第七条に規定する研修その他の研修に職員が参加する機会が確保されていること。

(博物館の職員に関する基準を定めるに当たり参酌すべき基準)
第二十条　法第十三条第2項の文部科学省令で定める基準であって、同条第1項第四号に規定する学芸員その他の職員の配置に係るものは、次の各号に掲げる事項とする。
一　前条第一号の基本的運営方針に基づいて博物館の管理運営を行うことができる館長が置かれていること。
二　学芸員が置かれていること。
三　同条第一号の基本的運営方針に基づく博物館の運営に必要な職員が置かれていること。

(博物館の施設及び設備に関する基準を定めるに当たり参酌すべき基準)
第二十一条　法第十三条第2項の文部科学省令で定める基準であって、同条第1項第五号に規定する施設及び設備に係るものは、次の各号に掲げる事項とする。
一　博物館資料の収集、保管及び展示並びに博物館資料に関する調査研究を安定的かつ継続的に行うことができる施設及び設備が整備されていること。
二　防災及び防犯のために必要な施設及び設備を有していること。
三　博物館の規模及び展示内容に応じ、利用者の安全及び利便性の確保のために必要な配慮がなされていること。
四　高齢者、障害者、妊娠中の者、日本語を理解できない者その他博物館の利用に困難を有する者が博物館を円滑に利用するための配慮がなされていること。

第四章　博物館協議会の委員の任命の基準を条例で定めるに当たって参酌すべき基準
第二十二条　法第二十五条の文部科学省令で定める基準は、学校教育及び社会教育の関係者、家庭教育の向上に資する活動を行う者並びに学識経験のある者の中から任命することとする。

第五章　博物館に相当する施設の指定
(申請の手続)
第二十三条　法第三十一条第1項の規定により博物館に相当する施設として文部科学大臣又は都道府県若しくは指定都市の教育委員会の指定を受けようとする場合は、次に掲げる事項を記載した指定申請書(別記第九号様式により作成したもの)を、国立の施設にあっては当該施設の長が、独立行政法人(独立行政法人通則法(平成十一年法律第百三号)第二条第1項に規定する独立行政法人をいう。第二十五条において同じ。)が設置する施設にあっては当該独立行政法人の長が文部科学大臣に、都道府県又は指定都市が設置する施設にあっては当該施設の長(大学に附属する施設にあっては当該大学の長)が、地方独立行政法人(地方独立行政法人法(平成十五年法律第百十八号)第二条第1項に規定する地方独立行政法人をいう。第二十五条において同じ。)が設置する施設にあっては当該地方独立行政法人の長が、その他の施設にあっては当該施設を設置する者(大学に附属する施設にあっては当該大学の長)が当該施設の所在する都道府県の教育委員会(当該施設(都道府県が設置するものを除く。)が指定都市の区域内に所在する場合にあっては、当該指定都市の教育委員会。第二十五条において同じ。)に、それぞれ提出しなければならない。
一　指定を受けようとする施設の設置者の氏名及び住所(法人にあっては、その名称、代表者の氏名及び主たる事務所の所在地)
二　指定を受けようとする施設の名称及び所在地
三　その他指定を行う者が定める事項
2　前項の指定申請書には、次に掲げる書類を添付しなければならない。
一　当該施設の運営に関する規則のうち、目的、開館日、運営組織その他の施設の運営上必要な事項を定めたもの

二　次条第1項各号に掲げる基準に適合していることを証する書類
三　その他指定を行う者が定める書類
（指定の審査）
第二十四条　文部科学大臣又は都道府県若しくは指定都市の教育委員会は、前条第1項の指定申請書の提出があったときは、申請に係る施設が、次の各号に掲げる要件を備えているかどうかを審査するものとする。
一　当該施設の設置者が、その設置する博物館について法第十九条第1項の規定により登録を取り消され、その取消しの日から二年を経過しない者でなく、かつ、その設置する施設について法第三十一条第2項の規定により指定を取り消され、その取消しの日から二年を経過しない者でないこと。
二　当該施設における資料の収集、保管及び展示並びに資料に関する調査研究を行う体制が、当該施設が博物館の事業に類する事業を行うために必要なものとして文部科学大臣又は都道府県若しくは指定都市の教育委員会の定める基準に適合すること。
三　当該施設における職員の配置が、当該施設が博物館の事業に類する事業を行うために必要なものとして文部科学大臣又は都道府県若しくは指定都市の教育委員会の定める基準に適合すること。
四　当該施設の施設及び設備が、当該施設が博物館の事業に類する事業を行うために必要なものとして文部科学大臣又は都道府県若しくは指定都市の教育委員会の定める基準に適合すること。
五　一般公衆の利用のために当該施設及び設備を公開すること。
六　一年を通じて百日以上開館すること。
2　文部科学大臣又は都道府県若しくは指定都市の教育委員会は、前項第二号から第四号までに規定する基準を定めるに当たっては、第十九条から第二十一条までの規定を参酌して定めるものとする。この場合において、第十九条（第七号を除く。）中「博物館資料」とあるのは「資料」と、同条第一号中「博物館を運営する」とあるのは「法第三十一条第1項の規定による指定を受けた施設（次条及び第二十一条において「指定施設」という。）を運営する」と、第二十条第一号及び第三号中「博物館」とあるのは「指定施設」と、同条第二号中「学芸員」とあるのは「学芸員に相当する職員」と、第二十一条第一号中「博物館資料」とあるのは「資料」と、同条第三号及び四号中「博物館」とあるのは「指定施設」とする。
3　前項に規定する指定の審査に当たっては、必要に応じて当該施設の実地について審査するものとする。（註Ⅱ部-1）
（報告）
第二十五条　法第三十一条第1項の規定に基づき文部科学大臣又は都道府県若しくは指定都市の教育委員会が博物館に相当する施設として指定した施設（以下「指定施設」という。）が前条第1項に規定する要件を備えなくなったときは、直ちにその旨を、国立の施設にあっては当該施設の長が、独立行政法人が設置する施設にあっては当該独立行政法人の長が文部科学大臣に、都道府県又は指定都市が設置する施設にあっては当該施設の長（大学に附属する施設にあっては当該大学の長）が、地方独立行政法人が設置する施設にあっては当該地方独立行政法人の長が、その他の施設にあっては当該施設を設置する者（大学に附属する施設にあっては当該大学の長）が当該施設の所在する都道府県の教育委員会に、それぞれ報告しなければならない。
第二十六条　文部科学大臣又は都道府県若しくは指定都市の教育委員会は、自ら法第三十一条第1項の規定により指定した指定施設に対し、第二十四条第1項に規定する要件に関し、必要な報告を求めることができる。
（指定の取消し）
第二十七条　法第三十一条第2項に規定する指定施設の指定を取り消すことができる事由は、次のとおりとする。
一　博物館の事業に類する事業を行う施設に該当しなくなったと法第三十一条第1項の規定による指定をした者が認めるとき。

二　偽りその他不正の手段により法第三十一条第１項の規定による指定を受けたとき。
三　第二十五条の規定による報告をせず、又は虚偽の報告をしたとき。
四　前条の規定による文部科学大臣又は都道府県若しくは指定都市の教育委員会の求めに対して報告をせず、又は虚偽の報告をしたとき。

　　附　則
（施行期日）
　第一条　この省令は、令和五年四月一日から施行する。

H　地方自治法（抄）（昭和二十二年法律第六十七号）抜粋

第七章　執行機関
第二款　教育委員会
第百八十条の八　教育委員会は、別に法律の定めるところにより、学校その他の教育機関を管理し、学校の組織編制、教育課程、教科書その他の教材の取扱及び教育職員の身分取扱に関する事務を行い、並びに社会教育その他教育、学術及び文化に関する事務を管理し及びこれを執行する。

第十章　公の施設
（公の施設）
第二百四十四条　普通地方公共団体は、住民の福祉を増進する目的をもってその利用に供するための施設（これを公の施設という。）を設けるものとする。
２　普通地方公共団体（次条第３項に規定する指定管理者を含む。次項において同じ。）は、正当な理由がない限り、住民が公の施設を利用することを拒んではならない。
３　普通地方公共団体は、住民が公の施設を利用することについて、不当な差別的取扱いをしてはならない。
（公の施設の設置、管理及び廃止）
第二百四十四条の二　普通地方公共団体は、法律又はこれに基づく政令に特別の定めがあるものを除くほか、公の施設の設置及びその管理に関する事項は、条例でこれを定めなければならない。
２　普通地方公共団体は、条例で定める重要な公の施設のうち条例で定める特に重要なものについて、これを廃止し、又は条例で定める長期かつ独占的な利用をさせようとするときは、議会において出席議員の三分の二以上の者の同意を得なければならない。
３　普通地方公共団体は、公の施設の設置の目的を効果的に達成するため必要があると認めるときは、条例の定めるところにより、法人その他の団体であって当該普通地方公共団体が指定するもの（以下本条及び第二百四十四条の四において「指定管理者」という。）に、当該公の施設の管理を行わせることができる。
４　前項の条例には、指定管理者の指定の手続、指定管理者が行う管理の基準及び業務の範囲その他必要な事項を定めるものとする。
５　指定管理者の指定は、期間を定めて行うものとする。
６　普通地方公共団体は、指定管理者の指定をしようとするときは、あらかじめ、当該普通地方公共団体の議会の議決を経なければならない。
７　指定管理者は、毎年度終了後、その管理する公の施設の管理の業務に関し事業報告書を作成し、当該公の施設を設置する普通地方公共団体に提出しなければならない。
８　普通地方公共団体は、適当と認めるときは、指定管理者にその管理する公の施設の利用に係る料金（次項において「利用料金」という。）を当該指定管理者の収入として収受させることができる。
９　前項の場合における利用料金は、公益上必要があると認める場合を除くほか、条例の定めるとこ

ろにより、指定管理者が定めるものとする。この場合において、指定管理者は、あらかじめ当該利用料金について当該普通地方公共団体の承認を受けなければならない。
10　普通地方公共団体の長又は委員会は、指定管理者の管理する公の施設の管理の適正を期するため、指定管理者に対して、当該管理の業務又は経理の状況に関し報告を求め、実地について調査し、又は必要な指示をすることができる。
11　普通地方公共団体は、指定管理者が前項の指示に従わないときその他当該指定管理者による管理を継続することが適当でないと認めるときは、その指定を取り消し、又は期間を定めて管理の業務の全部又は一部の停止を命ずることができる。

I 文化財保護法（抄）（昭和二十五年法律第二百十四号）

目次
第一章　総則（第一条～第四条）
第二章　削除
第三章　有形文化財
第一節　重要文化財
第一款　指定（第二十七条～第二十九条）
第二款　管理（第三十条～第三十四条）
第三款　保護（第三十四条の二～第四十七条）
第四款　公開（第四十七条の二～第五十三条）
第五款　重要文化財保存活用計画（第五十三条の二～第五十三条の八）
第六款　調査（第五十四条・第五十五条）
第七款　雑則（第五十六条）
第二節　登録有形文化財（第五十七条～第六十九条）
第三節　重要文化財及び登録有形文化財以外の有形文化財（第七十条）
第四章　無形文化財
第一節　重要無形文化財（第七十一条～第七十六条の六）
第二節　登録無形文化財（第七十六条の七～第七十六条の十七）
第三節　重要無形文化財及び登録無形文化財以外の無形文化財（第七十七条）
第五章　民俗文化財（第七十八条～第九十一条）
第六章　埋蔵文化財（第九十二条～第百八条）
第七章　史跡名勝天然記念物（第百九条～第百三十三条の四）
第八章　重要文化的景観（第百三十四条～第百四十一条）
第九章　伝統的建造物群保存地区（第百四十二条～第百四十六条）
第十章　文化財の保存技術の保護（第百四十七条～第百五十二条）
第十一章　文化審議会への諮問（第百五十三条）
第十二章　補則
第一節　聴聞、意見の聴取及び審査請求（第百五十四条～第百六十一条）
第二節　国に関する特例（第百六十二条～第百八十一条）
第三節　地方公共団体及び教育委員会（第百八十二条～第百九十二条）
第四節　文化財保存活用支援団体（第百九十二条の二～第百九十二条の六）
第十三章　罰則（第百九十三条～第二百三条）
附則

第一章　総則

(この法律の目的)
第一条　この法律は、文化財を保存し、且つ、その活用を図り、もって国民の文化的向上に資するとともに、世界文化の進歩に貢献することを目的とする。

(文化財の定義)
第二条　この法律で「文化財」とは、次に掲げるものをいう。
一　建造物、絵画、彫刻、工芸品、書跡、典籍、古文書その他の有形の文化的所産で我が国にとって歴史上又は芸術上価値の高いもの（これらのものと一体をなしてその価値を形成している土地その他の物件を含む。）並びに考古資料及びその他の学術上価値の高い歴史資料（以下「有形文化財」という。）
二　演劇、音楽、工芸技術その他の無形の文化的所産で我が国にとって歴史上又は芸術上価値の高いもの（以下「無形文化財」という。）
三　衣食住、生業、信仰、年中行事等に関する風俗慣習、民俗芸能、民俗技術及びこれらに用いられる衣服、器具、家屋その他の物件で我が国民の生活の推移の理解のため欠くことのできないもの（以下「民俗文化財」という。）
四　貝づか、古墳、都城跡、城跡、旧宅その他の遺跡で我が国にとって歴史上又は学術上価値の高いもの、庭園、橋梁、峡谷、海浜、山岳その他の名勝地で我が国にとって芸術上又は観賞上価値の高いもの並びに動物（生息地、繁殖地及び渡来地を含む。）、植物（自生地を含む。）及び地質鉱物（特異な自然の現象の生じている土地を含む。）で我が国にとって学術上価値の高いもの（以下「記念物」という。）
五　地域における人々の生活又は生業及び当該地域の風土により形成された景観地で我が国民の生活又は生業の理解のため欠くことのできないもの（以下「文化的景観」という。）
六　周囲の環境と一体をなして歴史的風致を形成している伝統的な建造物群で価値の高いもの（以下「伝統的建造物群」という。）
2　この法律の規定（第二十七条から第二十九条まで、第三十七条、第五十五条第1項第四号、第百五十三条第1項第一号、第百六十五条、第百七十一条及び附則第三条の規定を除く。）中「重要文化財」には、国宝を含むものとする。
3　この法律の規定（第百九条、第百十条、第百十二条、第百二十二条、第百三十一条第1項第四号、第百五十三条第1項第十号及び第十一号、第百六十五条並びに第百七十一条の規定を除く。）中「史跡名勝天然記念物」には、特別史跡名勝天然記念物を含むものとする。

(政府及び地方公共団体の任務)
第三条　政府及び地方公共団体は、文化財がわが国の歴史、文化等の正しい理解のため欠くことのできないものであり、且つ、将来の文化の向上発展の基礎をなすものであることを認識し、その保存が適切に行われるように、周到の注意をもってこの法律の趣旨の徹底に努めなければならない。

(国民、所有者等の心構)
第四条　一般国民は、政府及び地方公共団体がこの法律の目的を達成するために行う措置に誠実に協力しなければならない。
2　文化財の所有者その他の関係者は、文化財が貴重な国民的財産であることを自覚し、これを公共のために大切に保存するとともに、できるだけこれを公開する等その文化的活用に努めなければならない。
3　政府及び地方公共団体は、この法律の執行に当って関係者の所有権その他の財産権を尊重しなければならない。

第二章　削除
第五条から第二十六条まで　削除

第三章　有形文化財
第一節　重要文化財

第一款　指定
(指定)
第二十七条　文部科学大臣は、有形文化財のうち重要なものを重要文化財に指定することができる。
2　文部科学大臣は、重要文化財のうち世界文化の見地から価値の高いもので、たぐいない国民の宝たるものを国宝に指定することができる。

(第二十八条～第三十条省略)

第二款　管理
(所有者の管理義務及び管理責任者)
第三十一条　重要文化財の所有者は、この法律並びにこれに基いて発する文部科学省令及び文化庁長官の指示に従い、重要文化財を管理しなければならない。
2　重要文化財の所有者は、当該重要文化財の適切な管理のため必要があるときは、第百九十二条の二第1項に規定する文化財保存活用支援団体その他の適当な者を専ら自己に代わり当該重要文化財の管理の責めに任ずべき者(以下この節及び第百八十七条第1項第一号において「管理責任者」という。)に選任することができる。

(同3項以下省略、第三十二条～第三十七条省略)

(文化庁長官による国宝の修理等の施行)
第三十八条　文化庁長官は、左の各号の一に該当する場合においては、国宝につき自ら修理を行い、又は滅失、き損若しくは盗難の防止の措置をすることができる。
一　所有者、管理責任者又は管理団体が前二条の規定による命令に従わないとき。
二　国宝がき損している場合又は滅失し、き損し、若しくは盗み取られる虞がある場合において、所有者、管理責任者又は管理団体に修理又は滅失、き損若しくは盗難の防止の措置をさせることが適当でないと認められるとき。
2　前項の規定による修理又は措置をしようとするときは、文化庁長官は、あらかじめ、所有者、管理責任者又は管理団体に対し、当該国宝の名称、修理又は措置の内容、着手の時期その他必要と認める事項を記載した令書を交付するとともに、権原に基く占有者にこれらの事項を通知しなければならない。

第三十九条　文化庁長官は、前条第一項の規定による修理又は措置をするときは、文化庁の職員のうちから、当該修理又は措置の施行及び当該国宝の管理の責に任ずべき者を定めなければならない。
2　前項の規定により責に任ずべき者と定められた者は、当該修理又は措置の施行に当るときは、その身分を証明する証票を携帯し、関係者の請求があったときは、これを示し、且つ、その正当な意見を十分に尊重しなければならない。

(同3項以下省略、第四十条～第四十三条省略)

(輸出の禁止)
第四十四条　重要文化財は、輸出してはならない。但し、文化庁長官が文化の国際的交流その他の事由により特に必要と認めて許可した場合は、この限りでない。

(環境保全)
第四十五条　文化庁長官は、重要文化財の保存のため必要があると認めるときは、地域を定めて一定の行為を制限し、若しくは禁止し、又は必要な施設をすることを命ずることができる。(註Ⅱ部-2)
2　前項の規定による処分によって損失を受けた者に対しては、国は、その通常生ずべき損失を補償する。
3　前項の場合には、第四十一条第2項から第4項までの規定を準用する。

(国に対する売渡しの申出)
第四十六条　重要文化財を有償で譲り渡そうとする者は、譲渡の相手方、予定対価の額(予定対価が金銭以外のものであるときは、これを時価を基準として金銭に見積った額。以下同じ。)その他文部科学省令で定める事項を記載した書面をもって、まず文化庁長官に国に対する売渡しの申出をしなければならない。

2　前項の書面においては、当該相手方に対して譲り渡したい事情を記載することができる。
（同3項以下省略、第四十七条省略）

第四款　公開
（文化庁長官による公開）
第四十八条　文化庁長官は、重要文化財の所有者（管理団体がある場合は、その者）に対し、一年以内の期間を限って、国立博物館（独立行政法人国立文化財機構が設置する博物館をいう。以下この条において同じ。）その他の施設において文化庁長官の行う公開の用に供するため重要文化財を出品することを勧告することができる。
2　文化庁長官は、国庫が管理又は修理につき、その費用の全部若しくは一部を負担し、又は補助金を交付した重要文化財の所有者（管理団体がある場合は、その者）に対し、一年以内の期間を限って、国立博物館その他の施設において文化庁長官の行う公開の用に供するため当該重要文化財を出品することを命ずることができる。
3　文化庁長官は、前項の場合において必要があると認めるときは、一年以内の期間を限って、出品の期間を更新することができる。但し、引き続き五年をこえてはならない。
4　第2項の命令又は前項の更新があったときは、重要文化財の所有者又は管理団体は、その重要文化財を出品しなければならない。
5　前四項に規定する場合の外、文化庁長官は、重要文化財の所有者（管理団体がある場合は、その者）から国立博物館その他の施設において文化庁長官の行う公開の用に供するため重要文化財を出品したい旨の申出があった場合において適当と認めるときは、その出品を承認することができる。

（所有者等以外の者による公開）
第五十三条　重要文化財の所有者及び管理団体以外の者がその主催する展覧会その他の催しにおいて重要文化財を公衆の観覧に供しようとするときは、文化庁長官の許可を受けなければならない。ただし、文化庁長官以外の国の機関若しくは地方公共団体があらかじめ文化庁長官の承認を受けた博物館その他の施設（以下この項において「公開承認施設」という。）において展覧会その他の催しを主催する場合又は公開承認施設の設置者が当該公開承認施設においてこれらを主催する場合は、この限りでない。
2　前項ただし書の場合においては、同項に規定する催しを主催した者（文化庁長官を除く。）は、重要文化財を公衆の観覧に供した期間の最終日の翌日から起算して二十日以内に、文部科学省令で定める事項を記載した書面をもって、文化庁長官に届け出るものとする。
3　文化庁長官は、第一項の許可を与える場合において、その許可の条件として、許可に係る公開及び当該公開に係る重要文化財の管理に関し必要な指示をすることができる。
4　第1項の許可を受けた者が前項の許可の条件に従わなかったときは、文化庁長官は、許可に係る公開の停止を命じ、又は許可を取り消すことができる。
（第五十三条の二～第五十六条省略）

第二節　登録有形文化財
（有形文化財の登録）
第五十七条　文部科学大臣は、重要文化財以外の有形文化財（第百八十二条第2項に規定する指定を地方公共団体が行っているものを除く。）のうち、その文化財としての価値に鑑み保存及び活用のための措置が特に必要とされるものを文化財登録原簿に登録することができる。
2　文部科学大臣は、前項の規定による登録をしようとするときは、あらかじめ、関係地方公共団体の意見を聴くものとする。ただし、当該登録をしようとする有形文化財が第百八十二条の二第1項若しくは第百八十三条の五第1項の規定又は文化観光拠点施設を中核とした地域における文化観光の推進に関する法律（令和二年法律第十八号）第十六条第1項の規定による登録の提案に係るものであるときは、この限りでない。
3　文化財登録原簿に記載すべき事項その他文化財登録原簿に関し必要な事項は、文部科学省令で定める。

（告示、通知及び登録証の交付）
第五十八条　前条第1項の規定による登録をしたときは、速やかに、その旨を官報で告示するとともに、当該登録をされた有形文化財（以下「登録有形文化財」という。）の所有者に通知する。
2　前条第1項の規定による登録は、前項の規定による官報の告示があった日からその効力を生ずる。ただし、当該登録有形文化財の所有者に対しては、同項の規定による通知が当該所有者に到達した時からその効力を生ずる。
3　前条第1項の規定による登録をしたときは、文部科学大臣は、当該登録有形文化財の所有者に登録証を交付しなければならない。
4　登録証に記載すべき事項その他登録証に関し必要な事項は、文部科学省令で定める。

（第五十九条〜第七十条省略）

第四章　無形文化財　第一節　重要無形文化財
（重要無形文化財の指定等）
第七十一条　文部科学大臣は、無形文化財のうち重要なものを重要無形文化財に指定することができる。
2　文部科学大臣は、前項の規定による指定をするに当たっては、当該重要無形文化財の保持者又は保持団体（無形文化財を保持する者が主たる構成員となっている団体で代表者の定めのあるものをいう。以下同じ。）を認定しなければならない。

（同3項以下省略、第七十二条〜第七十七条省略）

第五章　民俗文化財
（重要有形民俗文化財及び重要無形民俗文化財の指定）
第七十八条　文部科学大臣は、有形の民俗文化財のうち特に重要なものを重要有形民俗文化財に、無形の民俗文化財のうち特に重要なものを重要無形民俗文化財に指定することができる。
2　前項の規定による重要有形民俗文化財の指定には、第二十八条第1項から第4項までの規定を準用する。
3　第1項の規定による重要無形民俗文化財の指定は、その旨を官報に告示してする。

（第七十九条〜第九十一条省略）

第六章　埋蔵文化財
（調査のための発掘に関する届出、指示及び命令）
第九十二条　土地に埋蔵されている文化財（以下「埋蔵文化財」という。）について、その調査のため土地を発掘しようとする者は、文部科学省令の定める事項を記載した書面をもって、発掘に着手しようとする日の三十日前までに文化庁長官に届け出なければならない。ただし、文部科学省令の定める場合は、この限りでない。
2　埋蔵文化財の保護上特に必要があると認めるときは、文化庁長官は、前項の届出に係る発掘に関し必要な事項及び報告書の提出を指示し、又はその発掘の禁止、停止若しくは中止を命ずることができる。
（土木工事等のための発掘に関する届出及び指示）
第九十三条　土木工事その他埋蔵文化財の調査以外の目的で、貝づか、古墳その他埋蔵文化財を包蔵する土地として周知されている土地（以下「周知の埋蔵文化財包蔵地」という。）を発掘しようとする場合には、前条第一項の規定を準用する。この場合において、同項中「三十日前」とあるのは、「六十日前」と読み替えるものとする。
2　埋蔵文化財の保護上特に必要があると認めるときは、文化庁長官は、前項で準用する前条第一項の届出に係る発掘に関し、当該発掘前における埋蔵文化財の記録の作成のための発掘調査の実施その他の必要な事項を指示することができる。
（国の機関等が行う発掘に関する特例）
第九十四条　国の機関、地方公共団体又は国若しくは地方公共団体の設立に係る法人で政令の定めるもの（以下この条及び第九十七条において「国の機関等」と総称する。）が、前条第一項に規定す

る目的で周知の埋蔵文化財包蔵地を発掘しようとする場合においては、同条の規定を適用しないものとし、当該国の機関等は、当該発掘に係る事業計画の策定に当たって、あらかじめ、文化庁長官にその旨を通知しなければならない。

2　文化庁長官は、前項の通知を受けた場合において、埋蔵文化財の保護上特に必要があると認めるときは、当該国の機関等に対し、当該事業計画の策定及びその実施について協議を求めるべき旨の通知をすることができる。

(同3項以下省略、第九十四条～第九十五条省略)

(遺跡の発見に関する届出、停止命令等)

第九十六条　土地の所有者又は占有者が出土品の出土等により貝づか、住居跡、古墳その他遺跡と認められるものを発見したときは、第九十二条第1項の規定による調査に当たって発見した場合を除き、その現状を変更することなく、遅滞なく、文部科学省令の定める事項を記載した書面をもって、その旨を文化庁長官に届け出なければならない。ただし、非常災害のために必要な応急措置を執る場合は、その限度において、その現状を変更することを妨げない。

2　文化庁長官は、前項の届出があった場合において、当該届出に係る遺跡が重要なものであり、かつ、その保護のため調査を行う必要があると認めるときは、その土地の所有者又は占有者に対し、期間及び区域を定めて、その現状を変更することとなるような行為の停止又は禁止を命ずることができる。ただし、その期間は、三月を超えることができない。

3　文化庁長官は、前項の命令をしようとするときは、あらかじめ、関係地方公共団体の意見を聴かなければならない。

4　第2項の命令は、第1項の届出があった日から起算して一月以内にしなければならない。

5　第2項の場合において、同項の期間内に調査が完了せず、引き続き調査を行う必要があるときは、文化庁長官は、一回に限り、当該命令に係る区域の全部又は一部について、その期間を延長することができる。ただし、当該命令の期間が、同項の期間と通算して六月を超えることとなってはならない。

(同6項以下省略、第九十八条～第九十九条省略)

(返還又は通知等)

第百条　第九十八条第1項の規定による発掘により文化財を発見した場合において、文化庁長官は、当該文化財の所有者が判明しているときはこれを所有者に返還し、所有者が判明しないときは、遺失物法(平成十八年法律第七十三号)第四条第1項の規定にかかわらず、警察署長にその旨を通知することをもって足りる。

2　前項の規定は、前条第1項の規定による発掘により都道府県又は地方自治法(昭和二十二年法律第六十七号)第二百五十二条の十九第1項の指定都市(以下「指定都市」という。)若しくは同法第二百五十二条の二十二第1項の中核市(以下「指定都市等」という。)の教育委員会が文化財を発見した場合における当該教育委員会について準用する。

3　第1項(前項において準用する場合を含む。)の通知を受けたときは、警察署長は、直ちに当該文化財につき遺失物法第七条第1項の規定による公告をしなければならない。

(第百一条～第百三条省略)

(国庫帰属及び報償金)

第百四条　第百条第1項に規定する文化財又は第百二条第2項に規定する文化財(国の機関又は独立行政法人国立文化財機構が埋蔵文化財の調査のための土地の発掘により発見したものに限る。)で、その所有者が判明しないものの所有権は、国庫に帰属する。この場合においては、文化庁長官は、当該文化財の発見された土地の所有者にその旨を通知し、かつ、その価格の二分の一に相当する額の報償金を支給する。

2　前項の場合には、第四十一条第2項から第4項までの規定を準用する。

(都道府県帰属及び報償金)

第百五条　第百条第2項に規定する文化財又は第百二条第2項に規定する文化財(前条第1項に規定

するものを除く。）で、その所有者が判明しないものの所有権は、当該文化財の発見された土地を管轄する都道府県に帰属する。この場合においては、当該都道府県の教育委員会は、当該文化財の発見者及びその発見された土地の所有者にその旨を通知し、かつ、その価格に相当する額の報償金を支給する。
2 前項に規定する発見者と土地所有者とが異なるときは、前項の報償金は、折半して支給する。
3 第1項の報償金の額は、当該都道府県の教育委員会が決定する。
4 前項の規定による報償金の額については、第四十一条第3項の規定を準用する。
5 前項において準用する第四十一条第3項の規定による訴えにおいては、都道府県を被告とする。
(第百六条〜第百八条省略)

第七章　史跡名勝天然記念物
(指定)
第百九条　文部科学大臣は、記念物のうち重要なものを史跡、名勝又は天然記念物（以下「史跡名勝天然記念物」と総称する。）に指定することができる。
2 文部科学大臣は、前項の規定により指定された史跡名勝天然記念物のうち特に重要なものを特別史跡、特別名勝又は特別天然記念物（以下「特別史跡名勝天然記念物」と総称する。）に指定することができる。
3 前2項の規定による指定は、その旨を官報で告示するとともに、当該特別史跡名勝天然記念物又は史跡名勝天然記念物の所有者及び権原に基づく占有者に通知してする。
(同4〜5項省略)
6 文部科学大臣は、第1項の規定により名勝又は天然記念物の指定をしようとする場合において、その指定に係る記念物が自然環境の保護の見地から価値の高いものであるときは、環境大臣と協議しなければならない。

(仮指定)
第百十条　前条第1項の規定による指定前において緊急の必要があると認めるときは、都道府県の教育委員会（当該記念物が指定都市の区域内に存する場合にあっては、当該指定都市の教育委員会。第百三十三条を除き、以下この章において同じ。）は、史跡名勝天然記念物の仮指定を行うことができる。
2 前項の規定により仮指定を行ったときは、都道府県の教育委員会は、直ちにその旨を文部科学大臣に報告しなければならない。
(同3項省略、第百十一条〜第百十六条省略)

(管理団体による管理及び復旧)
第百十六条　管理団体が行う管理及び復旧に要する費用は、この法律に特別の定めのある場合を除いて、管理団体の負担とする。
2 前項の規定は、管理団体と所有者との協議により、管理団体が行う管理又は復旧により所有者の受ける利益の限度において、管理又は復旧に要する費用の一部を所有者の負担とすることを妨げるものではない。
3 管理団体は、その管理する史跡名勝天然記念物につき観覧料を徴収することができる。
(第百十七条〜第百二十条省略)

(管理に関する命令又は勧告)
第百二十一条　管理が適当でないため史跡名勝天然記念物が滅失し、き損し、衰亡し、又は盗み取られるおそれがあると認めるときは、文化庁長官は、管理団体、所有者又は管理責任者に対し、管理方法の改善、保存施設の設置その他管理に関し必要な措置を命じ、又は勧告することができる。
(同2項省略、第百二十二条〜第百二十四条省略)

(現状変更等の制限及び原状回復の命令)
第百二十五条　史跡名勝天然記念物に関しその現状を変更し、又はその保存に影響を及ぼす行為をしようとするときは、文化庁長官の許可を受けなければならない。ただし、現状変更については維持

の措置又は非常災害のために必要な応急措置を執る場合、保存に影響を及ぼす行為については影響の軽微である場合は、この限りでない。

(同2～6項省略)

7　第1項の規定による許可を受けず、又は第3項で準用する第四十三条第3項の規定による許可の条件に従わないで、史跡名勝天然記念物の現状を変更し、又はその保存に影響を及ぼす行為をした者に対しては、文化庁長官は、原状回復を命ずることができる。この場合には、文化庁長官は、原状回復に関し必要な指示をすることができる。

(第百二十六条～第百三十三条省略)

第八章　重要文化的景観
(重要文化的景観の選定)
第百三十四条　文部科学大臣は、都道府県又は市町村の申出に基づき、当該都道府県又は市町村が定める景観法(平成十六年法律第百十号)第八条第2項第一号に規定する景観計画区域又は同法第六十一条第1項に規定する景観地区内にある文化的景観であって、文部科学省令で定める基準に照らして当該都道府県又は市町村がその保存のため必要な措置を講じているもののうち特に重要なものを重要文化的景観として選定することができる。

(同2項省略、第百三十五条～第百四十一条省略)

第九章　伝統的建造物群保存地区
(伝統的建造物群保存地区)
第百四十二条　この章において「伝統的建造物群保存地区」とは、伝統的建造物群及びこれと一体をなしてその価値を形成している環境を保存するため、次条第1項又は第2項の定めるところにより市町村が定める地区をいう。

(伝統的建造物群保存地区の決定及びその保護)
第百四十三条　市町村は、都市計画法(昭和四十三年法律第百号)第五条又は第五条の二の規定により指定された都市計画区域又は準都市計画区域内においては、都市計画に伝統的建造物群保存地区を定めることができる。この場合においては、市町村は、条例で、当該地区の保存のため、政令の定める基準に従い必要な現状変更の規制について定めるほか、その保存のため必要な措置を定めるものとする。

2　市町村は、前項の都市計画区域又は準都市計画区域以外の区域においては、条例の定めるところにより、伝統的建造物群保存地区を定めることができる。この場合においては、前項後段の規定を準用する。

3　市町村は、伝統的建造物群保存地区に関し、地区の決定若しくはその取消又は条例の制定若しくはその改廃を行った場合は、文化庁長官に対し、その旨を報告しなければならない。

4　文化庁長官又は都道府県の教育委員会は、市町村に対し、伝統的建造物群保存地区の保存に関し、必要な指導又は助言をすることができる。

(重要伝統的建造物群保存地区の選定)
第百四十四条　文部科学大臣は、市町村の申出に基づき、伝統的建造物群保存地区の区域の全部又は一部で我が国にとってその価値が特に高いものを、重要伝統的建造物群保存地区として選定することができる。

2　前項の規定による選定は、その旨を官報で告示するとともに、当該申出に係る市町村に通知してする。

(第百四十五条～第百四十六条省略)

第十章　文化財の保存技術の保護
(選定保存技術の選定等)
第百四十七条　文部科学大臣は、文化財の保存のために欠くことのできない伝統的な技術又は技能で保存の措置を講ずる必要があるものを選定保存技術として選定することができる。

2　文部科学大臣は、前項の規定による選定をするに当たっては、選定保存技術の保持者又は保存団

体（選定保存技術を保存することを主たる目的とする団体（財団を含む。）で代表者又は管理人の定めのあるものをいう。以下同じ。）を認定しなければならない。
(同3項以下省略、第百四十八条～第百五十二条省略)

第十一章　文化審議会への諮問
第百五十三条　文部科学大臣は、次に掲げる事項については、あらかじめ、文化審議会に諮問しなければならない。
一　国宝又は重要文化財の指定及びその指定の解除
二　登録有形文化財の登録及びその登録の抹消（第五十九条第一項又は第2項の規定による登録の抹消を除く。）
三　重要無形文化財の指定及びその指定の解除
四　重要無形文化財の保持者又は保持団体の認定及びその認定の解除
五　登録無形文化財の登録及びその登録の抹消（第七十六条の八第1項又は第2項の規定による登録の抹消を除く。）
六　登録無形文化財の保持者又は保持団体の認定及びその認定の解除
七　重要有形民俗文化財又は重要無形民俗文化財の指定及びその指定の解除
八　登録有形民俗文化財の登録及びその登録の抹消（第九十条第3項で準用する第五十九条第1項又は第2項の規定による登録の抹消を除く。）
九　登録無形民俗文化財の登録及びその登録の抹消（第九十条の六第1項又は第2項の規定による登録の抹消を除く。）
十　特別史跡名勝天然記念物又は史跡名勝天然記念物の指定及びその指定の解除
十一　史跡名勝天然記念物の仮指定の解除
十二　登録記念物の登録及びその登録の抹消（第百三十三条で準用する第五十九条第1項又は第2項の規定による登録の抹消を除く。）
十三　重要文化的景観の選定及びその選定の解除
十四　重要伝統的建造物群保存地区の選定及びその選定の解除
十五　選定保存技術の選定及びその選定の解除
十六　選定保存技術の保持者又は保存団体の認定及びその認定の解除
2　文化庁長官は、次に掲げる事項については、あらかじめ、文化審議会に諮問しなければならない。
一　重要文化財の管理又は国宝の修理に関する命令
二　文化庁長官による国宝の修理又は滅失、毀損若しくは盗難の防止の措置の施行
三　重要文化財の現状変更又は保存に影響を及ぼす行為の許可
四　重要文化財の環境保全のための制限若しくは禁止又は必要な施設の命令
五　国による重要文化財の買取り
(同六～十号省略)
十一　重要有形民俗文化財の管理に関する命令
十二　重要有形民俗文化財の買取り
(同十三～十七号省略)
十八　遺跡の現状変更となる行為についての停止命令又は禁止命令の期間の延長
十九　文化庁長官による埋蔵文化財の調査のための発掘の施行
二十　史跡名勝天然記念物の管理又は特別史跡名勝天然記念物の復旧に関する命令
二十一　文化庁長官による特別史跡名勝天然記念物の復旧又は滅失、毀損、衰亡若しくは盗難の防止の措置の施行
二十二　史跡名勝天然記念物の現状変更又は保存に影響を及ぼす行為の許可
二十三　史跡名勝天然記念物の環境保全のための制限若しくは禁止又は必要な施設の命令
二十四　史跡名勝天然記念物の現状変更若しくは保存に影響を及ぼす行為の許可を受けず、若しくは

その許可の条件に従わない場合又は史跡名勝天然記念物の環境保全のための制限若しくは禁止に違反した場合の原状回復の命令

(同二十五～二十六号省略)

二十七　重要文化的景観の管理に関する命令

(同二十八～二十九号省略、第百五十四条～第百八十一条省略)

第十二章　補足
第三節　地方公共団体及び教育委員会

(地方公共団体の事務)

第百八十二条　地方公共団体は、文化財の管理、修理、復旧、公開その他その保存及び活用に要する経費につき補助することができる。

2　地方公共団体は、条例の定めるところにより、重要文化財、重要無形文化財、重要有形民俗文化財、重要無形民俗文化財及び史跡名勝天然記念物以外の文化財で当該地方公共団体の区域内に存するもののうち重要なものを指定して、その保存及び活用のため必要な措置を講ずることができる。

3　地方公共団体は、条例の定めるところにより、重要文化財、登録有形文化財、重要無形文化財、登録無形文化財、重要有形民俗文化財、重要無形民俗文化財、登録有形民俗文化財、登録無形民俗文化財、史跡名勝天然記念物及び登録記念物以外の文化財で当該地方公共団体の区域内に存するもの(前項に規定する指定を行っているものを除く。)のうち、その文化財としての価値に鑑み保存及び活用のための措置が特に必要とされるものを当該地方公共団体の文化財に関する登録簿に登録して、その保存及び活用のため必要な措置を講ずることができる。

4　第2項に規定する条例の制定若しくはその改廃又は同項に規定する文化財の指定若しくはその解除を行った場合には、教育委員会は、文部科学省令の定めるところにより、文化庁長官にその旨を報告しなければならない。

(第百八十三条～第百八十四条省略)

(出品された重要文化財等の管理)

第百八十五条　文化庁長官は、政令で定めるところにより、第四十八条(第八十五条で準用する場合を含む。)の規定により出品された重要文化財又は重要有形民俗文化財の管理の事務の全部又は一部を、都道府県又は指定都市等の教育委員会が行うこととすることができる。

(同2項、第百八十六条省略)

第百八十七条　都道府県又は指定都市の教育委員会は、次の各号に掲げる者の求めに応じ、当該各号に定める管理、修理又は復旧につき委託を受け、又は技術的指導をすることができる。

一　重要文化財の所有者(管理団体がある場合は、その者)又は管理責任者(第八十条において準用する第三十一条第2項の規定により選任された管理の責めに任ずべき者をいう。)　当該重要文化財の管理(管理団体がある場合を除く。)又は修理

二　重要有形民俗文化財の所有者(管理団体がある場合は、その者)又は管理責任者(第八十条において準用する第三十一条第2項の規定により選任された管理の責めに任ずべき者をいう。)　当該重要有形民俗文化財の管理(管理団体がある場合を除く。)又は修理

三　史跡名勝天然記念物の所有者(管理団体がある場合は、その者)又は管理責任者　当該史跡名勝天然記念物の管理(管理団体がある場合を除く。)又は復旧

2　都道府県又は指定都市の教育委員会が前項の規定により管理、修理又は復旧の委託を受ける場合には、第三十九条第1項及び第2項の規定を準用する。

(第百八十八条～第百九十二条省略)

第十三章　罰則

第百九十三条　第四十四条の規定に違反し、文化庁長官の許可を受けないで重要文化財を輸出した者は、五年以下の懲役若しくは禁錮又は百万円以下の罰金に処する。

第百九十四条　第八十二条の規定に違反し、文化庁長官の許可を受けないで重要有形民俗文化財を輸出した者は、三年以下の懲役若しくは禁錮又は五十万円以下の罰金に処する。

第百九十五条　重要文化財を損壊し、毀棄し、又は隠匿した者は、五年以下の懲役若しくは禁錮又は百万円以下の罰金に処する。
2　前項に規定する者が当該重要文化財の所有者であるときは、二年以下の懲役若しくは禁錮又は五十万円以下の罰金若しくは科料に処する。
第百九十六条　史跡名勝天然記念物の現状を変更し、又はその保存に影響を及ぼす行為をして、これを滅失し、毀損し、又は衰亡するに至らしめた者は、五年以下の懲役若しくは禁錮又は百万円以下の罰金に処する。
2　前項に規定する者が当該史跡名勝天然記念物の所有者であるときは、二年以下の懲役若しくは禁錮又は五十万円以下の罰金若しくは科料に処する。
第百九十七条　次の各号のいずれかに該当する者は、五十万円以下の罰金に処する。
一　第四十三条又は第百二十五条の規定に違反して、許可を受けず、若しくはその許可の条件に従わないで、重要文化財若しくは史跡名勝天然記念物の現状を変更し、若しくはその保存に影響を及ぼす行為をし、又は現状変更若しくは保存に影響を及ぼす行為の停止の命令に従わなかった者
二　第九十六条第2項の規定に違反して、現状を変更することとなるような行為の停止又は禁止の命令に従わなかった者
第百九十八条　次の各号のいずれかに該当する者は、三十万円以下の罰金に処する。
一　第三十九条第3項（第百八十六条第2項において準用する場合を含む。）において準用する第三十二条の二第5項の規定に違反して、国宝の修理又は滅失、毀損若しくは盗難の防止の措置の施行を拒み、又は妨げた者
二　第九十八条第3項（第百八十六条第2項において準用する場合を含む。）において準用する第三十九条第3項において準用する第三十二条の二第5項の規定に違反して、発掘の施行を拒み、又は妨げた者
三　第百二十三条第2項（第百八十六条第2項において準用する場合を含む。）において準用する第三十九条第3項において準用する第三十二条の二第5項の規定に違反して、特別史跡名勝天然記念物の復旧又は滅失、毀損、衰亡若しくは盗難の防止の措置の施行を拒み、又は妨げた者
第百九十九条　法人の代表者又は法人若しくは人の代理人、使用人その他の従業者がその法人又は人の業務又は財産の管理に関して第百九十三条から前条までの違反行為をしたときは、その行為者を罰するほか、その法人又は人に対し、各本条の罰金刑を科する。
第二百条　第三十九条第1項（第四十七条第3項（第八十三条で準用する場合を含む。）、第百二十三条第2項、第百八十六条第2項又は第百八十七条第2項で準用する場合を含む。）、第四十九条（第八十五条で準用する場合を含む。）又は第百八十五条第2項に規定する重要文化財、重要有形民俗文化財又は史跡名勝天然記念物の管理、修理又は復旧の施行の責めに任ずべき者が怠慢又は重大な過失によりその管理、修理又は復旧に係る重要文化財、重要有形民俗文化財又は史跡名勝天然記念物を滅失し、き損し、衰亡し、又は盗み取られるに至らしめたときは、三十万円以下の過料に処する。
　　　　　　　　（第二百一条以下省略）

　　附　則　（令和四年六月一七日法律第六八号）　抄
（施行期日）
1　この法律は、刑法等一部改正法施行日から施行する。

博物館関連法令集

J 公開承認施設に関する規定等（抄）（平成八年八月二日 文化庁告示第九号）
（改正 平成八年八月三十日 文化庁告示第十二号）

「重要文化財の所有者及び管理団体以外の者による公開に係る博物館その他の施設の承認に関する規定」

（趣旨）
第一条 文化財保護法（昭和二十五年法律第二百十四号。以下「法」という。）第五十三条第１項ただし書の規定に基づく公開承認施設の承認に関しては、この規程の定めるところによる。

（承認）
第二条 文化庁長官は、重要文化財の公開の促進を図るため、公開承認施設として適当と認められる博物館等の施設を承認する。
2 前項の承認（以下「承認」という。）には、届出により公開を行うことができる重要文化財の種別を付すことができる。
3 承認は、当該承認のあった日から起算して五年を経過した日にその効力を失う。

（承認の基準）
第三条 承認の基準は、次のとおりとする。
一 博物館等の施設の設置者が、重要文化財の公開を円滑に実施するために必要とされる経理的基礎及び事務的能力を有しており、かつ、重要文化財の公開に係る事業を実施するにふさわしい者であること。
二 博物館等の施設の組織等が、次に掲げる要件を満たすものであること。
イ 重要文化財の保存及び活用について専門的知識又は識見を有する施設の長が置かれていること。
ロ 博物館法（昭和二十六年法律二百八十五号）第五条第１項に規定する学芸員の資格を有する者であり、文化財の取扱いに習熟している専任の者が二名以上置かれていること。
ハ 博物館等の施設全体の防火及び防犯の体制が確立していること。
三 博物館等の施設の建物及び設備が、次に掲げる要件を満たし、文化財の保存又は公開のために必要な措置が講じられていること。
イ 建物が、耐火耐震構造であること。
ロ 建物の内部構造が、展示、保存及び管理の用途に応じて区分され、防火のための措置が講じられていること。
ハ 温度、相対湿度及び照度について文化財の適切な保存環境を維持することができる設備を有していること。
ニ 防火及び防犯のための設備が適切に配置されていること。
ホ 観覧者等の安全を確保するための十分な措置が講じられていること。
ヘ 博物館等の施設が同一の建物内で他の施設（商業施設を除く。）と併設して設置されているときは、文化財の保存又は公開に係る設備が、当該博物館等の施設の専用のものであること。
ト 博物館等の施設が同一の建物内で商業施設と併設して設置されているときは、当該博物館等の施設が、文化財の公開を行う専用の施設として商業施設から隔絶（非常口を除く。）していること。
四 博物館等の施設において、承認の申請前五年間に、法第五十三条第１項に基づく重要文化財の公開を適切に三回以上行った実績があること。 （第四条以下省略）

第Ⅱ部註

（註Ⅱ部-1）博物館法施行規則第二十四条第３項の「当って」は公用語「当たって」の脱字とみられます（同第２項には「当たって」とあります）。ただし慣用的に許容もされていますから、原文のまま引用します。同じことは、文化財保護法第四条の第３項と同第七十一条第２項でも散見できます。
（註Ⅱ部-2）文化財保護法第四十五条第１項の「必要な施設をする」は、「必要な施設を設置する」の脱字と推察されますが、原文のまま引用しています。

1　参考文献（日文）

　本書は、博物館学の初歩に重点をおいて出版されています。したがって、まだまだ博物館学の奥行きは広大であると認識しましょう。以下では、さらに博物館学を深く学ぼうと考えている皆さんのため、本書引用の文献のみならず、その延長上に位置づけられる参考文献の数々も、紙幅の許す範囲で掲載しておきましょう。

愛知県陶磁資料館学芸課編 1995『瀬戸の陶芸：1300 年の歴史と今』愛知県陶磁資料館
青木　豊 1985『博物館技術学』雄山閣
青木　豊 2006『史跡整備と博物館』雄山閣
青木　豊 2010「博物館学史序論」『博物館學紀要』第 34 輯、國學院大學博物館学研究室 1-14 頁
青木　豊 2012「第 2 章 博物館論」『博物館学Ⅰ 博物館概論＊博物館資料論』学文社 17-39 頁
青木　豊ほか編 2018『改訂増補 博物館学文献目録』雄山閣
青木　豊・中村　浩・前川公秀・落合知子 2018『博物館と観光』雄山閣
淺野敏久編 2013『エコミュージアムと大学博物館』丸善出版
網干善教・小川光暘・平祐　史編 1985『博物館学概論』全国大学博物館学講座協議会関西部会
新井重三編 1979『博物館学講座 第 1 巻 博物館学総論』雄山閣
新井重三・加藤有次編 1981『博物館学講座 第 10 巻 参考資料集』雄山閣
新井重三 1995『「実践」エコミュージアム入門 – 21 世紀のまちおこし』牧野出版
ICOM 日本委員会編 2023『第 26 回 ICOM プラハ大会報告（チェコ共和国）』
伊藤寿朗・森田恒之編 1978『博物館概論』学苑社
伊藤寿朗 1991『ひらけ、博物館』岩波書店
伊藤寿朗 1993『市民のなかの博物館』吉川弘文館
岩崎仁志 2009「萩型狛犬について」『山口考古』第 29 号、山口考古学会 69-86 頁
岩崎友吉 1977『文化財の保存修復』日本放送協会
印南敏秀 2012「第 1 章 2．生涯学習と博物館」『新時代の博物館学』芙蓉書房出版 44-46 頁
梅棹忠夫 1981『博物館と美術館』中公新書
梅野光興 2016「地方消滅時代の地域博物館」『もっと博物館が好きっ！』教育出版センター 65-72 頁
大堀　哲・水嶋英治編 2012a『博物館学Ⅰ 博物館概論＊博物館資料論』学文社
大堀　哲・水嶋英治編 2012b『博物館学Ⅱ 博物館展示論＊博物館教育論』学文社
岡田　要ほか編 1961『地域社会発展のための文化センターとしての博物館の役割に関する博物館学的研究』日本博物館協会
岡本太郎 1952「四次元との対話 −縄文土器論−」『みづゑ』2 月号（1952 №1）、美術出版社 3-18 頁
小川光暘 1980「Ⅰ-1 ヨーロッパの博物館史」『博物館学講座 2　日本と世界の博物館史』雄山閣出版 3-19 頁
小川義和・五月女賢司編 2018『挑戦する博物館』ジダイ社
小川義和編 2019『協働する博物館』ジダイ社
小川義和・五月女賢司編 2021『発信する博物館』ジダイ社
加藤有次 1977『博物館学序論』雄山閣
加藤有次編 1980『博物館学講座 第 3 巻 日本の博物館の現状と課題』雄山閣
加藤有次・前川公秀 1980「Ⅳ-1 博物館の資料」『博物館学講座 第 3 巻 日本の博物館の現状と課題』雄山閣 113-117 頁
加藤有次 1980「Ⅰ　わが国の博物館の概観と設立状況」『博物館学講座 第 3 巻 日本の博物館の現状と課題』雄山閣 3-56 頁
加藤有次 1996『博物館学総論』雄山閣

参考文献

加藤有次・鷹野光行・西源二郎・山田英徳・米田耕司編 1999『新版 博物館学講座 5 博物館資料論』雄山閣出版

加藤有次・鷹野光行・西源二郎・山田英徳・米田耕司編 1999『新版 博物館学講座 10 生涯学習と博物館活動』雄山閣出版

加藤有次・鷹野光行・西源二郎・山田英徳・米田耕司編 1999『新版 博物館学講座 11 博物館情報論』雄山閣出版

加藤有次・鷹野光行・西源二郎・山田英徳・米田耕司編 1999『新版 博物館学講座 12 博物館経営論』雄山閣出版

加藤有次・鷹野光行・西源二郎・山田英徳・米田耕司編 2000『新版 博物館学講座 1 博物館学概論』雄山閣出版

加藤有次・鷹野光行・西源二郎・山田英徳・米田耕司編 2000『新版 博物館学講座 3 現代博物館論』雄山閣出版

加藤有次・鷹野光行・西源二郎・山田英徳・米田耕司編 2000『新版 博物館学講座 4 博物館機能論』雄山閣出版

加藤有次・鷹野光行・西源二郎・山田英徳・米田耕司編 2000『新版 博物館学講座 9 博物館展示法』雄山閣出版

加藤有次・鷹野光行・西源二郎・山田英徳・米田耕司編 2001『新版 博物館学講座 6 博物館調査研究法』雄山閣出版

金山嘉昭 2001『日本の博物館史』慶友社

金山嘉昭 2003『地域博物館の提唱 博物館学入門』慶友社

金山嘉昭 2012『公立博物館の NPO に任せたら』同成社

金山嘉昭 2021「学芸員を研究職と認定する制度について」『博物館の未来を考える』中央公論美術出版 67-82 頁

金子健一編 1997『瀬戸・美濃系大窯とその周辺』愛知県瀬戸市埋蔵文化財センター

河島伸子ほか編 2020『新時代のミュージアム:変わる文化政策と新たな期待』ミネルヴァ書房

川添 登編 2001『地域博物館への提言』ぎょうせい

木場一夫 1949『新しい博物館』日本教育出版社

北九州市立自然史・歴史博物館編 2022『年報 令和 4 年度』

君塚仁彦・名児耶明編 2012『現代に活きる博物館』有斐閣ブックス

久々忠義・塚田一成編 2006『桜町遺跡発掘調査報告書 縄文土器・石器編 I 第 1 分冊』富山県小矢部市教育委員会

倉田公裕編 1979『博物館学講座 第 8 巻 博物館教育と普及』雄山閣

倉田公裕 1979『博物館学』東京堂出版

倉田公裕・矢島國雄 1997『新編 博物館学』東京堂出版

栗原祐司 2022『基礎から学ぶ博物館法規』同成社

黒板勝美編 1911『西遊弐年 欧米文明記』文会堂

黒沢 浩 2015『博物館教育論』講談社

幸泉満夫 2014「博物館資料学の新たな可能性」『法文学部論集 人文学科編』第 37 号、愛媛大学法文学部 87-126 頁

幸泉満夫 2016a「地方国立大学における博物館学芸員養成課程の現状と展望」『全博協紀要』第 19 号、全国大学博物館学講座協議会 81-91 頁

幸泉満夫 2016b「英国ロンドン市立博物館の低年齢児童に対する歴史系教育」『法文学部論集 人文学科編』第 41 号、愛媛大学法文学部 39-54 頁

国立科学博物館編 1977『国立科学博物館 100 年史』第一法規出版

小林 克 2009『新博物館学 これからの博物館経営』同成社

駒見和夫 編 2024『総説 博物館を学ぶ』同成社

佐々木朝登編 1981『博物館学講座 第7巻 展示と展示法』雄山閣
佐々木進 1980「Ⅰ-3 アジアの博物館史」『博物館学講座2 日本と世界の博物館史』雄山閣出版 35-45頁
佐々木時雄 1975『動物園の歴史』西田書店
佐々木利和・松原　茂・原田一敏 2007『新訂 博物館概論』放送大学教育振興会
佐野　鼎 1860『萬延元年訪米日記』金澤文化協會
椎名仙卓 1988『日本博物館の発達史』雄山閣
椎名仙卓 1993『図解 博物館史』雄山閣
椎名仙卓 2000『図解 博物館史〈改訂増補〉』雄山閣出版
椎名仙卓 2005『日本博物館成立史 博覧会から博物館へ』雄山閣
椎名仙卓 2010『博物館の災害・事件史』雄山閣
滋賀県立琵琶湖博物館編 1997『開館までのあゆみ』
滋賀県立琵琶湖博物館編 2022『25周年記念資料集』
滋賀県立琵琶湖博物館編 2023『年報 令和4年度版』
四国ミュージアム研究会編 2016『もっと博物館が好き！』教育出版センター
柴　正博編 2023『博物館と学芸員のおしごと【博物館概論】』東海教育研究所
柴田敏隆編 1979『博物館学講座 第6巻 資料の整理と保管』雄山閣
島根県立古代出雲歴史博物館編 2007『授業に役立つ 古代出雲歴史博物館活用の手引き』
下津谷達男編 1981『博物館学講座 第9巻 博物館の設置と運営』雄山閣
ジョージ・E.ハイン／鷹野光行訳 2010『博物館で学ぶ』同成社
人口戦略会議 2024『人口ビジョン 2100 - 安定で、成長力のある「8000万人国家」へ-』
関　秀夫 1993『日本博物館学入門』雄山閣
関　秀夫 2005『博物館の誕生 町田久成と東京帝室博物館』岩波書店
瀬戸市 1992『瀬戸川文化プロムナード計画策定調査報告書』
瀬戸市経営戦略部経営戦略室編 2017『第6次瀬戸市総合計画』瀬戸市
千地万造編 1978『博物館学講座 第5巻 調査・研究と資料の収集』雄山閣
全国大学博物館学講座協議会西日本部会編 2012『新時代の博物館学』芙蓉書房出版
曽我謙悟 2012『行政学』有斐閣
高階秀爾編 2002『増補新装 西洋美術史』美術出版社
鷹野光行 2000「博物館の分類」『新版博物館学講座1 博物館学概論』雄山閣出版 199-212頁
鷹野光行 2010『博物館特論 －博物館と考古学の接点を求めて』慶友社
鷹野光行・西源二郎・山田　亮・米田耕司編 2011『新編 博物館概論』同成社
ダグラス・A・アランほか編／国際博物館会日本委員会翻訳 1965『博物館組織 その実際的アドバイス』国際博物館会
竹内順一 1985「第三世代の博物館」『冬晴春華論叢』第3号、瀧崎安之助記念館 73-88頁
棚橋源太郎 1930『眼に訴へる教育機関』宝文館
棚橋源太郎 1932『郷土博物館』刀江書院
棚橋源太郎 1947『世界の博物館』講談社
棚橋源太郎 1950『博物館学綱要』理想社
棚橋源太郎 1953『博物館教育』創元社
棚橋源太郎 1957『博物館・美術館史』長谷川書房
高橋　巧・尾方隆幸 2010「ガンガラーの谷ガイドツアーとジオサイトとしての可能性」『沖縄地理』第10号、沖縄地理学会 35-40頁
高橋雄造 2008『博物館の歴史』法政大学出版局
玉井明子・久　隆浩 2000「伝統的窯業産地における地域資源を保全活用した住民参加型観光ルート整備の問題」『都市計画論文集』第35巻、日本都市計画学会 685-690頁

参考文献

玉村雅敏 2013『地域を変えるミュージアム』英治出版
段木一行 1998『博物館資料論と調査』雄山閣
丹青研究所 1993『ECOMUSEUM －エコミュージアムの理念と海外事情報告－』
千葉県立中央博物館編 2023『年報35 2022年度（令和4年度）』
鶴見英成編 2023『新訂 博物館概論』放送大学
鶴田総一郎 1956「第3章Ⅲ 博物館の分類について」『博物館学入門』理想社 53-55頁
辻　秀人編 2012『博物館危機の時代』雄山閣
土屋正臣 2020「ミュージアムとまちづくり」『新時代のミュージアム』ミネルヴァ書房 181-207頁
土家由岐雄 1970『かわいそうなぞう』フォア文庫
登岩建造 1970『古美術品保存の知識』第一法規出版
徳島博物館研究会編 2002『地域に生きる博物館』教育出版センター
富岡直人・松岡智子・德澤啓一編 2024『拡大する文化財・文化遺産 博物館資料新論』雄山閣
中川成夫 1988『博物館論考』雄山閣
中村たかを 1992『博物館学概論』源流社
中村　浩・青木　豊編 2016『観光資源としての博物館』芙蓉書房出版
中村由克 2019「遺跡出土の石器・石製品の石材」『桑野遺跡』福井県あわら市教育委員会 177-191頁
西野嘉章 1995『博物館学 －フランスの文化と戦略』東京大学出版会
日本博物館協会編 1956『博物館学入門』理想社
萩市編 2021『萩まちじゅう博物館 基本計画・行動計画 改訂版』
博物館学研究会編 1972『博物館と社会』
長谷川栄 1994『新しい美術館学』三交社
長谷川栄 1997『新しいソフト・ミュージアム』三交社
羽田耕治 1999「見せる、魅せる観光施設にあたって考えたいこと①」『地域開発』Vol.422、日本地域開発センター 91-93頁
浜口哲一 2000『放課後博物館へようこそ：地域と市民を結ぶ博物館』地人書館
平野裕子 2024「無形文化遺産としての和食」『拡大する文化財・文化遺産 博物館資料新論』雄山閣 109-122頁
樋口秀雄・椎名仙卓 1980a「Ⅱ-4 大正期における博物館の発達」『博物館学講座2 日本と世界の博物館史』雄山閣出版 77-91頁
樋口秀雄・椎名仙卓 1980b「Ⅱ-5 昭和期における博物館の発達」『博物館学講座2 日本と世界の博物館史』雄山閣出版 91-100頁
樋口秀雄編 1981『博物館学講座 第2巻 日本と世界の博物館史』雄山閣
広瀬浩二郎編 2016『ひとが優しい博物館』青丘社
広瀬　鎮編 1979『博物館学講座 第4巻 博物館と地域社会』雄山閣
富士川金二 1968『博物館学』成文堂
藤田祐樹 2019『南の島のよくカニ食う旧石器人』岩波書店
藤野一夫 2022「芸術文化観光学の理念 －その理論枠組のために－」『芸術文化観光学研究』第1号、芸術文化観光専門職大学 8-22頁
フランソワ・デバレ, アンドレフランソワ・メレス編／水嶋英治訳 2022『博物館学・美術館学・文化遺産学基礎概念事典』東京堂出版
古川　薫 1983『歴史散歩 城下町萩』新日本教育図書
洞地区景観整備基準策定委員会 2000『都市景観形成重点地区整備基準 －洞地区編－』
間多善行 1983『新説 博物館学』ジー・ツー
松宮秀治 2003『ミュージアムの思想』白水社
増田寛也 2015「人口減少時代を乗り越えて －地域から福島の将来を考える－」『第48回原産年次資料』1-9頁

水嶋英治 2012「第1章 博物館学論」『博物館学Ⅰ』学文社 8-16 頁
文化庁文化財第二課編 2022『記念物の保護のしくみ』
モスタファ・エル・アバディ著／松本慎二訳 1991『古代アレクサンドリア図書館 よみがえる知の宝庫』中公新書 72 頁
森本和男 2010『文化財の社会史 近現代史と伝統文化の変遷』渓流社
文部科学省・三菱総合研究所 2010『図書館・博物館等への指定管理者制度導入に関する調査研究報告書』
安高啓明 2014『歴史のなかのミュージアム』昭和堂
山口県萩市 2021『萩まちじゅう博物館 基本計画・行動計画』
山口県立山口博物館編 2012『山口博物館 100 年のあゆみ』山口県立山口博物館開館 100 周年記念誌
山口県立山口博物館編 2023『館報 44 令和 4 年度』
山崎真治編 2018『サキタリ洞遺跡発掘調査報告書Ⅰ』沖縄県立博物館・美術館
米田耕司 2011「第4章 学芸員の役割」『新編 博物館概論』同成社 263-287 頁
吉本一雄・伊原慎太郎 1999「山口博物館 80 年のあゆみ」『研究報告』第 25 号、山口県立山口博物館 1-63 頁
ルース・ベネディクト 1946『菊と刀』講談社学術文庫

2　参考文献（英独文）

Amy Lonetree 2012 Decolonizing Museums: Representing Native America in National and Tribal Museums. University of North Carolina Press.
Bruno Brulon Soares 2019 A History of Museology: Key authors of museological theory. ICOFOM.
Carbonell B. M. (ed) 2004 Museum studies: an anthology of contexts. Oxford: Blackwell.
Edward P. Alexander, Mary Alexander, Juilee Decker. (eds) 2017 Museums in Motion: An Introduction to the History and Functions of Museums: American Association for State and Local History. Rowman & Littlefield.
George Ellis Burcaw 1997 Introduction to Museum Work: American Association for State and Local History book series Introduction to Museum Work, George Ellis Burcaw. Rowman Altamira.
Graham Black 2012 The Engaging Museum: Developing Museums for Visitor Involvement. Taylor & Francis.
Greenberg R., Ferguson B. W., and Nairne S. (eds) 1996 Thinking about exhibitions. London: Routledge.
Hooper-Greenhill E. 2000 Museums and the interpretation of visual culture. New York: Routledge.
Hubert Locher 2004 Museen als Medien - Medien in Museen: Perspektiven der Museologie. Vlg. Dr. C. Muller-Straten.
I. Maroevic 1998 Introduction to Museology: The European Approach. Vlg. Dr. C. Muller-Straten.
John H. Falk, Lynn D. Dierking. (eds) 2000 Learning from Museums: Visitor Experiences and the Making of Meaning: American Association for State and Local History. AltaMira Press.
John H Falk 2009 IDENTITY AND THE MUSEUM VISITOR EXPERIENCE. Left Coast Press.
Karp I. and Lavine S. D. (eds) 1991 Exhibiting cultures: the poetics and politics of museum display. Washington: Smithsonian Institution Press.
Klaus Schreiner, Heinz Wecks 1988 Terminological Dictionary of Museology Studies on Museology. Berlin.
Knell S., Watson S, and Macleod S. (eds) 2007 Museum revolutions: how museums change and are changed. London: Routledge.
Macdonald S., and Fyfe G. (eds) 1996 Theorising museums: representing identity and diversity in

a changing world. Oxford, Blackwell.

Macdonald S. (ed) 2006 A companion to museum studies. Oxford: Blackwell Publishing.

Manvi Seth and C. V. Ananda Bose. 2012 Of Muses, Museums & Museology. Shubhi Publications.

Marstine J. (ed) . 2006 New museum theory and practice: an introduction. Oxford: Blackwell.

Martin R. Scharer 2003 Die Ausstellung: Theorie und Exempel. Vlg. Dr. C. Muller-Straten.

Neickel Caspar Friedrich 1927 Museographia. de publicado en Leipzig.

Nina Simon 2010 The Participatory Museum. Museum 2.0.

Peterson Paul E., 1981 City Limits. University of Chicago Press.

Preziosi D., and Farago, C. (eds) 2004 Grasping the world: the idea of the museum. Aldershot: Ashgate.

Sharon Macdonald 2008 A Companion to Museum Studies: Blackwell Companions in Cultural Studies. Wiley.

Sherman Daniel J., and Rogoff I. (eds) 1994 Museum culture: histories, discourses, spectacles. Minneapolis: University of Minnesota Press.

Sonja Thiel, Johannes C. Bernhardt (eds) 2023 AI in Museums: Reflections, Perspectives and Applications. Transcript Verlag.

Stephen Weil 2012 Making Museums Matter. Smithsonian Institution.

Vergo P. (ed) 1989 The new museology. London: Reaktion.

あ と が き

　著者はもともと、地方の、けっして大きくはない博物館の一学芸員でした。2004年の採用当時はちょうど、小泉純一郎内閣下における"官から民へ"の「聖域なき構造改革」政策の拡大推進、その真っただ中の頃でした。着任間もない頃、先輩学芸員の方々からは、兎にも角にも「指定管理者制度」反対、そう暗に指導されていたように記憶します。そしてほどなく、著者自身も同じような考え方に陥っていました。

　転機が訪れたのは2008（平成二十）年、いわゆるリーマンショックに端を発した世界的な大不況の頃でした。雇用情勢の急速な悪化により、当時、著者のいた地方の町でも、大量の失業者が発生しました。そうした情勢を受け、厚生労働省が急遽「緊急雇用対策事業」を打ち出し、ほどなく、地方の公的機関でも対応が迫られることになります。著者の所属していた博物館も公立ゆえ、即対応が必須でした。そしてそのとき、なぜか著者が同事業の統括責任者に選ばれたのです。

　著者の勤めていた博物館では、一部の分野を除いてボランティア募集そのものの経験にとぼしく、当時の政策はまさに"青天の霹靂"でした。すべてが、手探りだったわけです。ともあれ、博物館が対応すべき募集定員の枠だけは、最初から30名と決められていました。

　人口19万人ほどの小さな町です。しかし公募を開始したところ、驚くほどに応募が殺到しました。著者はこの時、採用面接を通してはじめて、地域市民の方々一人一人と真剣に意見を交わし、博物館を、地域のなかで客観的に見ることの大切さに気付きはじめたのです。まだ若かった著者にとっては、思いもよらない人生の転機でした。

　ほどなく、総勢30名が博物館に集結します。その大半は近所の主婦層でした。学芸員資格を持つ方など、だれもいません。上司からは、「とにかく何か、毎日の仕事を用意しろ」、その繰り返しでした。

　当初、著者自身も仕事だから仕方なく…、そういう後ろ向きな姿勢で臨んでいました。館内各部門の資料整理や写真撮影、そして、普及教材づくりを分担してお願いすることで無難に切り抜けよう、内心そう考えていたわけです。いわゆる公務員対応でしたね。けれども、最初の1ヶ月を経るなかで、考え方が急速に変わっていったのです。

　30名の皆さんの日々の熱意、何より、毎日明るく、楽しそうに作業に従事していただける姿を見て、この時、ようやく確信がもてたわけです。それまで、

あとがき

　博物館の仕事は学芸員と関係職員の身内だけで進めるもの、そう思い込んでいた自分自身の浅はかさに、心底、気付かされました。
　以降、いっしょに作業を進めることが、次第に楽しみになっていきます。成果も、飛躍的に積み上がっていきました。そして半年も経った頃には、すっかり、全員と仲良しになったのです。仕事のあとには時々、みんなで宴会を開くまでになっていました。
　こうして著者は、地域市民と博物館の協働というスタイルの重要性に、ようやく、気付くことができたわけです。その昔、すでに大学生時代にも伊藤寿朗氏の名著『市民のなかの博物館』（1993年、吉川弘文館）などに触れてはいましたが、その真髄、つまりその本当の意味を、実践のなかではじめて、理解できたと今日、振り返ります。
　のち、市民の皆さんとの信頼の輪もますます拡大していきました。けれども、軌道に乗りはじめていた2010（平成二十二）年の秋、ゆえあって急遽、地方大学への転職が決まってしまい、新たに大学で博物館学の授業を担当することになります。急遽、愛着のあった博物館を去ることになったわけです。道半ば、何度も、何度も後ろ髪を引かれる思いでした。ただ、そのころに経験できた、楽しくも貴重な思い出の数々が、いまの大学における博物館教育の源泉となっているのも確かです。
　本書は、そうした著者自身の過去の実践経験から、市民の皆さんと手を取り合い、大勢で博物館や地域の未来を築いていくことの大切さを次世代の皆さんへと伝えたい、そういう想いがすべてであり、そうした想いから最後に、第Ⅰ部第Ⅵ章を加えた次第です。昨今、ようやく世間を騒がせはじめた「人口減少問題」とも、実のところ、不可分のテーマであったことに気付いてもらえたでしょうか。
　日本各地でつちかわれてきた風土や歴史、そして、長年にわたって蓄積されてきた地方博物館の活動歴の多くには、今後の日本を救う、さまざまな方途が潜むものと期待されます。
　本書を通じて、博物館のすばらしさにあらためて気付いてもらえればと、切に願っています。

2025（令和七）年1月7日

幸泉満夫

■著者略歴■
幸泉　満夫（こいずみ　みつお）
1973 年　徳島県生まれ
2004 年　博士（文学 広島大学）
2004 年　山口県立山口博物館 学芸員（考古学担当）
2010 年より　国立大学法人 愛媛大学法文学部 准教授（博物館学 兼 考古学担当）

〔主な業績〕
『西日本の縄文土器』（真陽社・共著、2010 年）、「博物館資料学の新たな可能性」『法文学部論集』第 37 号（愛媛大学、2014 年）、「英国ロンドン市立博物館の低年齢児童に対する歴史系教育」『法文学部論集』第 41 号（愛媛大学、2016 年）、「地方国立大学における博物館学芸員養成課程の現状と展望」『全博協紀要』第 19 号（全国大学博物館学講座協議会、2017 年）、『初期農耕関連具類の出現と対馬暖流ベルト地帯』（日本学術振興会科学研究費成果学術書Ⅱ、セキ印刷・単著、2023 年）、『対馬暖流をめぐる先史時代の土器文化』（雄山閣・単著、2024 年）など

文化観光立国時代の◆やさしい博物館概論

2025 年 1 月 15 日　第 1 刷発行

著　者
幸　泉　満　夫

発行者
奥村侑生市

発行所
株式会社 芙蓉書房出版
〒 162-0805
東京都新宿区矢来町 113-1
神楽坂升本ビル 4 階
TEL 03-5579-8295　FAX 03-5579-8786
http://www.fuyoshobo.co.jp

印刷・製本　モリモト印刷

定価はカバーに表示してあります。
落丁・乱丁本はお取替えいたします（古書店で購入されたものを除きます）。
なお、本書のコピー、スキャン、デジタル化等の無断複製は著作権法上での例外を除き禁じられています。

© KOIZUMI Mitsuo 2025　Printed in Japan
ISBN 978-4-8295-0892-3 C3030